U0491538

两希文明哲学经典译丛

包利民 章雪富 主编

悬搁判断与心灵宁静
希腊怀疑论原典

[古罗马] 塞克斯都·恩披里克 著

包利民 龚奎洪 唐翰 译

Philosophical Classics of Hellenistic-Roman Times

中国社会科学出版社

图书在版编目(CIP)数据

悬搁判断与心灵宁静：希腊怀疑论原典／(古罗马) 塞克斯都·恩披里克著；包利民等译． —北京：中国社会科学出版社，2017.8

(两希文明哲学经典译丛／包利民 章雪富主编)

ISBN 978-7-5161-9668-7

Ⅰ. ①悬… Ⅱ. ①塞…②包… Ⅲ. 怀疑论派—古希腊 Ⅳ. ①B502.33

中国版本图书馆 CIP 数据核字(2017)第 002928 号

出 版 人	赵剑英
责任编辑	凌金良　陈　彪
责任校对	郝阳洋
责任印制	张雪娇

出　　版	中国社会科学出版社
社　　址	北京鼓楼西大街甲 158 号
邮　　编	100720
网　　址	http：//www.csspw.cn
发 行 部	010-84083685
门 市 部	010-84029450
经　　销	新华书店及其他书店

印刷装订	环球东方（北京）印务有限公司
版　　次	2004 年 11 月第 1 版
	2017 年 8 月第 2 版
印　　次	2017 年 8 月第 1 次印刷

开　　本	650×960　1/16
印　　张	19
插　　页	2
字　　数	264 千字
定　　价	55.00 元

凡购买中国社会科学出版社图书，如有质量问题请与本社营销中心联系调换
电话：010-84083683
版权所有　侵权必究

2016年再版序

我们对哲学的认识无论如何都与希腊存在着关联。如果说人类的学问某种程度上都始于哲学的探讨，那么也可以说，在某种程度上我们都是希腊的学徒。这当然不是说希腊文明比其他文明更具优越性和优先性，而只是说人类长时间以来都得益于哲学这种运思方式和求知之道，希腊人则为基于纯粹理性的求知方式奠定了基本典范，并且这种基于好奇的知识探索已经成为不同时代人们的主要存在方式。

希腊哲学的光荣主要是与苏格拉底、柏拉图和亚里士多德联系在一起。这套译丛则试图走得更远，让希腊哲学的光荣与更多的哲学家——伊壁鸠鲁、西塞罗、塞涅卡、爱比克泰德、斐洛、尼撒的格列高利、普卢克洛、波爱修、奥古斯丁等名字联系在一起。在编年史上，他们中的许多人已经是罗马人，有些人在信仰上已经是基督徒，但他们依然在某种程度上、或者说他们著作的主要部分仍然是在续写希腊哲学的光荣。他们把思辨的艰深诠释为生活的实践，把思想的力量转化为信仰的勇气，把城邦理念演绎为世界公民。他们扩展了希腊思想的可能，诠释着人类文明与希腊文明的关系。

这套丛书被冠以"两希文明哲学经典译丛"之名，还旨在显示希腊文明与希伯来文明的冲突相生。希腊化时期的希腊和罗马时代的希腊已经不再是城邦时代的希腊，文明的多元格局为哲学的运思和思想的道路提供了更广阔的视域，希腊化罗马时代的思想家致力于更具个体性、时间性、历史性和实践性的哲学探索，更倾心于在一个世俗的世界塑造一种盼望的降临，在一个国家的时代奠基一种世界公民的身份。在这个时代并且在后续的世代，哲学不再只是一个民族的事业，更是人类知识探索的始终志业；哲学家们在为古代哲学安魂的时候开启了现代世界的图景，在历史的延续中瞻望终末的来临，在两希文明的张力中看见人类更深更远的未来。

十年之后修订再版这套丛书，寄托更深！

是为序！

包利民　章雪富

2016 年 5 月

2004年译丛总序

西方文明有一个别致的称呼，叫做"两希文明"。顾名思义是说，西方文明有两个根源，由两种具有相当张力的不同"亚文化"联合组成，一个是希腊—罗马文化，另一个是希伯来—基督教文化。国人在地球缩小、各大文明相遇的今天，日益生出了认识西方文明本质的浓厚兴趣。这种兴趣不再停在表层，不再满意于泛泛而论，而是渴望深入其根子，亲临其泉源，回溯其原典。

我们译介的哲学经典处于更为狭义意义上的"两希文明时代"——这是两大文明在历史上首次并列存在、相遇、互相叩问、相互交融的时代。这是一个跨度相当大的历史时代，涵括公元前3世纪到公元5世纪的八百年左右的时间。对于"两希"的每一方，这都是一个极为具有特色的时期，它们都第一次大规模地走出自己的原生地，影响别的文化。一方面，这个时期史称"希腊化"时期；在亚历山大大帝东征的余威之下，希腊文化超出了自己的城邦地域，大规模地东渐教化。世界各地的好学青年纷纷负笈雅典，朝拜这一世界文化之都。另一方面，在这番辉煌之下，却又掩盖着别样的痛楚；古典的社会架构和思想的范式都在经历着剧变；城邦共和体系面临瓦解，曾经安于公民德性生活范式的人感到脚下不稳，感到精神无所归依。于是，"非主流"型的、非政治的、"纯粹的"哲学家纷纷兴起，企图为个体的心灵宁静寻找新的依据。希腊哲学的各条主要路线都在此时总结和集大成：普罗提诺汇总了柏拉图和亚里士多德路线，伊壁鸠鲁／卢克来修汇总了自然哲学路线，怀疑论汇总了整个希腊哲学中否定性的一面。同时，这些学派还开出了与古典哲学范式相当不同的、但是同样具有重要特色的新的哲学。有人称之为"伦理学取向"和"宗教取向"的哲学，我们称之为"哲学治疗"的哲学。这些标签都提示了：这是一个在剧变之下，人特别关心人自己的幸福、宁静、命运、个性、自由等的时代。一个时代应该有一个时代的哲学。那个时代的哲学会不会让处于类似时代中的今人感到更多的共鸣呢？

另外，东方的另一个"希"——希伯来文化——也在悄然兴起，逐渐向西方推进。犹太人在亚历山大里亚等城市定居经商，带去独特的文化。后来从犹太文化中分离出来的基督教文化更是日益向希腊—罗马文化的地域慢慢西移，以至于学者们争论这个时代究竟是希腊文化的东渐、还是东方宗教文化的西渐？希伯来—基督教文化与希腊文化是特质极为不同的两种文化，当它们最终遭遇之后，会出现极为有趣的相互试探、相互排斥、相互吸引，以致逐渐部分相融的种种景观。可想而知，这样的时期在历史上比较罕见。一旦出现，则场面壮观激烈，火花四溅，学人精神为之一振，纷纷激扬文字、评点对方，捍卫自己，从而两种文化传统突然出现鲜明的自我意识。从这样的时期的文本入手探究西方文明的特征，是否是一条难得的路径？

还有，从西方经典哲学的译介看，对于希腊—罗马和希伯来—基督教经典的译介，国内已经有不少学者做了可观的工作；但是，对于"两希文明交汇时期"经典的翻译，尚缺乏系统工程。这一时期在希腊哲学的三大阶段——前苏格拉底哲学、古典哲学、晚期哲学——中属于第三大阶段。第一阶段与第二阶段分别已经有了较为系统的译介，但是第三阶段的译介还很不系统。浙江大学外国哲学研究所的两希哲学的研究与译介传统是严群先生和陈村富先生所开创的，长期以来一直追求沉潜严谨、专精深入的学风。我们这次的译丛就是集中选取希腊哲学第三阶段的所有著名哲学流派的著作：伊壁鸠鲁派、怀疑派、斯多亚派、新柏拉图主义、新共和主义（西塞罗、普鲁塔克）等，希望向学界提供一个尽量完整的图景。同时，由于这个时期哲学的共同关心聚焦在"幸福"和"心灵宁静"的追求上，我们的翻译将侧重介绍伦理性—治疗性的哲学思想；我们相信哲人们对人生苦难和治疗的各种深刻反思会引起超出学术界的更为广泛的思考和关注。另外，这一时期在希伯来—基督教传统中属于"早期教父"阶段。犹太人与基督徒是怎么看待神与人、幸福与命运的？他们又是怎么看待希腊人的？耶路撒冷和雅典有什么干系？两种文明孰高孰低？两种哲学难道只有冲突，没有内在对话和融合的可能？后来的种种演变是否在当时就已经显露了一些端倪？这些都是相当有意思的学术问题和相当急迫的现实问题（对于当时的社会和人）。为此，我们选取了奥古斯丁、斐洛和尼撒的格列高利等人的著作，这些大哲的特点是"跨时代人才"，他们不仅"学贯两希"，而且"身处两希"，体验到的张力真切而强烈；他们的思考必然有后来者所无法重复的特色和原创性，值得关注。

  这些，就是我们译介"两希文明"哲学经典的宗旨。

  另外，还需要说明两点：一是本丛书中各书的注释，凡特别注明"中译者注"的，为该书中译者所加，其余乃是对原文注释的翻译；二是本译丛也属于浙江大学跨文化研究中心系列研究计划之一。我们希望以后能推出更多的翻译，以弥补这一时期思想经典译介之不足。

包利民 章雪富

2004 年 8 月

目 录

2016年再版序 | 1
2004年译丛总序 | 1
中译者导言 | 1

皮罗学说概要

第一卷 怀疑论的一般特征

1. 关于各种哲学体系的主要区别 | 3
2. 关于怀疑论的论证 | 4
3. 关于怀疑论的命名 | 4
4. 怀疑论是什么 | 4
5. 关于怀疑论者 | 5
6. 怀疑论的原则 | 5
7. 怀疑论也独断吗? | 6
8. 怀疑论有没有教义原则? | 6
9. 怀疑论讨论自然学吗? | 7
10. 怀疑论否认呈现吗? | 7
11. 怀疑论的标准 | 8
12. 怀疑论的目的是什么? | 8
13. 导向悬搁判断的一般的"式" | 10
14. 关于十式 | 10

15. 关于五式 | 31
16. 关于二式 | 33
17. 批驳原因研究者的式 | 34
18. 怀疑论的表达式或"公式" | 35
19. 论表达式"谁也不更" | 35
20. 无言或不断定 | 36
21. 论表达式"或许"、"可能"、"也许" | 37
22. 论表达式"我悬搁判断" | 37
23. 论表达式"我什么也不决定" | 38
24. 论表达式"一切都是不确定的" | 38
25. 论表达式"一切事物都是无法理解的" | 39
26. 论表达式"我没有理解"和"我不理解" | 39
27. 论表达式"对于一切论证都可以找到同样有效的对立论证" | 39
28. 有关怀疑论表达式的补充说明 | 40
29. 怀疑论的思想方式与赫拉克里特哲学的不同 | 41
30. 怀疑论的思想方式与德谟克利特哲学的不同 | 42
31. 怀疑论与犬儒派的区别 | 43
32. 怀疑论与普罗塔戈拉的区别 | 43
33. 怀疑论与学园派哲学的区别 | 44
34. 医学中的经验派是否就是怀疑论? | 48

第二卷 概述对于逻辑学的怀疑

1. 怀疑论者能够研究独断论者的命题吗? | 50
2. 批评独断论者的起点 | 53
3. 论标准 | 53
4. 确实存在着真理标准吗? | 54
5. 论"由于谁"(或主体方面)的标准 | 55

6. 论"通过什么"（或手段方面）的标准 | 60

7. 论"根据什么"之标准 | 65

8. 论"真实的"和"真理" | 67

9. 确实存在着"真实的东西"吗？ | 68

10. 论征象 | 71

11. 存在着指示性的征象吗？ | 73

12. 论证明 | 79

13. 证明存在吗？ | 81

14. 论三段论 | 93

15. 论归纳法 | 95

16. 论定义 | 96

17. 论划分 | 98

18. 论把名字划分成被指称的事物 | 98

19. 论部分与整体 | 99

20. 论种与属 | 100

21. 论共同属性 | 103

22. 论诡辩 | 103

第三卷 概述对自然学和伦理学的怀疑

1. 关于自然学部分 | 111

2. 作用因 | 111

3. 论神 | 112

4. 论原因 | 115

5. 存在着原因与结果吗？ | 116

6. 论质料因 | 119

7. 物体可以理解吗？ | 121

8. 论混合 | 126

9. 论运动 | 128

10. 论位移运动 | 128
11. 论增加和减少 | 133
12. 论减去和加上 | 134
13. 论换位 | 137
14. 论整体和部分 | 137
15. 论物理变化 | 139
16. 论生成和毁灭 | 140
17. 论静止 | 142
18. 论空间 | 143
19. 论时间 | 148
20. 论数 | 151
21. 论哲学的伦理学部门 | 156
22. 论好、坏、不好不坏的东西 | 156
23. 存在着天然就是好的、坏的或无所谓好坏的事物吗？ | 159
24. 什么是所谓的"生活技艺"？ | 162
25. 存在着"生活技艺"吗？ | 173
26. 人类当中出现了生活技艺吗？ | 176
27. 生活技艺能教吗？ | 177
28. 教育的内容存在吗？ | 177
29. 存在着教师和学生吗？ | 178
30. 学习方法存在吗？ | 180
31. 生活技艺有益于它的拥有者吗？ | 182
32. 为什么怀疑论有时故意提出缺乏说服力的论证呢？ | 183

批判学校教师（选译）

第一卷 导论·批判语文学家

批判学校教师概论 | 195
1. 存在学习的学科吗？| 189
2. 论被教授的学科 | 189
3. 论物体 | 191
4. 论教师和学生 | 194

批判语文学家 | 202
1. 批判语文学家 | 196
2. "语文学技艺"的不同含义 | 197
3. 对"语文学"的诠释 | 200
4. 语文学的部分 | 208
5. 论语文学的技艺部分 | 209
6. 论音节 | 215
7. 论名词 | 221
8. 论言说的部分 | 225
9. 论正字法 | 227
10. 论希腊语的习惯用法 | 229
11. 论词源学 | 242
12. 历史的部分自相一致吗？| 244
13. 论作家的部分 | 249

第二卷 反占星术士 | 267

译名对照表 | 282

中译者导言

怀疑论与伊壁鸠鲁学派、斯多亚学派共同构成"希腊晚期哲学"。它们于"希腊化时期"（公元前334年—30年）发轫之际形成于希腊本土，其后绵延不断，成了跨度近千年的地中海各大国的主要哲学思潮。

与古典哲学的充沛创造精力和宏大理论气魄相比，"晚期哲学"显得薄弱、逊色，似乎象征着希腊哲学的衰落与终结，似乎没有什么创见。不过，我们认为，无论是作为特定时代的特定意识形态，还是作为理论发展的一个环节，晚期希腊哲学都有古典哲学无法替代的贡献。这一点，随着近现代历史和哲学的发展，将愈益为人们所清晰意识到。对古代智慧这一阶段的研究必将日益受到重视。

怀疑论的基本目的——心灵的宁静

怀疑论与其他晚期希腊哲学的一个共同特点是旗帜鲜明。虽然其哲学论证也可以叠床架屋，纷繁交错，但是他们对于自己的目的十分清楚，十分"执著"，可以说"一根红线贯彻始终"。这种一贯不变的精神就是怀疑论的强烈的伦理目的性：一切理论活动服务于"心灵的宁静"。

我们可以用一个简单的三段式来概括整个怀疑主义的理论结构的逻辑轮廓：（1）以"心灵宁静"为目的；（2）以"结束独断"（悬决）为达到"心灵宁静"的最佳途径；（3）以不可知论为达到"结束独断"的理

论基础。蒂孟曾记载：怀疑论创始人皮罗的最终目的是寻求幸福，为此要回答三个问题：什么是万物的本性？我们对它应采取什么态度？这一态度将给我们带来什么结果？皮罗自己的答案是：（1）我们无法判定感觉与意见是否与客体一致，无法认识事物的终极本性，没有公认的标准可以裁决人们的意见分歧。（2）所以，我们不能相信自己的认识，应当"悬而不断"；对任何事物都说"既存在又不存在"，或"既不存在又不不存在"。（3）这一"不断定"的结果就是"不动心"状态，又称"平静安宁"（tranquility），或"无动于衷"（αταραχια），或摆脱烦恼。

何种烦恼？一种还是几种？严格地说，怀疑论实际上有两重目的，或是企图帮助人们解决两类烦恼。一类烦恼是与日常生活有关，这是大多数人都会遇上的，即生活中的坏的际遇。怀疑论不认为自己能够帮助人对于遭遇厄运保持完全的"心灵宁静"，但至少可以帮助他们情绪起伏不至于太剧烈。另一类烦恼是纯粹哲学的，即那些在哲学研究中陷入各种冲突的观点之中，找不到出路，烦恼不已的研究者。怀疑派并不自称能够帮助人达到完全的"心如止水"，一个怀疑论者会感到冷或感到渴的，他受伤时也用不着矫情说"不痛"。但是，即使在这些情况下，普通人也受到了双重的烦扰，一种是痛感本身，另一种则是认为这些遭遇是"本性上的坏事"之信念。怀疑论者认为自己拒斥了这些附加上去的"本性坏"之信念，就避开了遭受更多的烦恼。所以怀疑论说：怀疑论的目的是使心灵对冲突和争议保持宁静，对必然发生的事保持温和的态度。

心灵的宁静上升为全部哲学的核心，这是特定时代的反映。小苏格拉底派开始的"自由"精神在晚期希腊哲学这里变得日益严重，而且那种激扬任气、愤懑不平的格调也一变而平淡冲和、超然事外，回避对政治的直接批评。伊壁鸠鲁、怀疑论、斯多亚派，虽然三足鼎立，互不相让，但实际上都体现着"内的觉醒"与"外的否定"这一共同的时代精神。内在的自由被如此突出地推崇，被视为不可为一切收益所牺牲；相反，它足以充当一切论证合法性的支点。这是怀疑论的千言万语所要阐明的第一点，也是它的"终极目的"。

怀疑论的基本方法：反对理论

那么，怎么达到这一目的呢？谁妨碍了这一目的呢？怀疑论的特色在此清楚地表现出来：是"独断论"、是哲学、是理论给人们带来的最大的烦恼。

怀疑论指出，自己一开始也是想与其他人一样，企图通过研究和解决冲突来使心灵安宁。但后来发现冲突无法解决，只能对冲突双方何是何非悬搁判断，认识到一切都无法确切地知道。这样，心灵反而豁然平静下来。怀疑派喜欢说自己曾经经历过这样一个类似于画家阿派勒斯所经历的"思想历程"：

有一次，阿派勒斯画马，想画出马的唾沫，但他失败了，气得他把用来擦笔上油彩的海绵扔向画面。未曾料到，海绵留下的痕迹却产生了马的唾沫的效果。同样地，怀疑派曾希望通过在感性及思想的对象的种种分歧之中作出是非判定来获致宁静。由于做不到，他们悬搁判断。这时他们却发现平静好像是偶然似的随着悬搁判断而出现了，就像影子随着物体出现一样。

怀疑论一旦确立只有对事物的客观性不做断定才能够引向"心灵平静"，便自觉地全方位努力论证人的一切客观认识都必然陷入无法解决的困境。在这一"全盘质疑"工作当中，怀疑论对哲学展开了系统的批判。应当说，这种批判是具有反讽意味的。因为怀疑论大量使用的是"独断论"自己所积攒起来的巨大论证"军火库"（不仅智者，即便正面建设的哲学家中，难道缺乏那些"操两可之说，设无穷之词"的人吗？善辩乃至好辩是希腊人的特点）。怀疑论为了证明关于任何对象的正反两个命题都可以同等地加以证明，即"既是又不是"，或"既不是又不是不是"，从希腊哲学史的长足发展中举出许许多多的论证，把它们对峙起来，形成"二

3

律背反"。最后得出结论：我们不得不"悬搁一切判断"、彻底放弃理论活动。怀疑论喜欢讲的是：不是我们要这样过不去，是你们哲学家的话必然导致这样的自然结果。这种对理论的独特仇视，这种反哲学的"哲学"，这种切入敌人的心脏解构敌人的战术，这种"回到生活"的号召，难道不让我们想到所谓"后现代"哲学？

怀疑论的分期发展及其著作

怀疑论历经几百年，其发展大致可以分为四个时期：

（一）创始阶段，以皮罗（Pyrrho，公元前365—前275年）和蒂孟（Timon，公元前320—前230年）为代表。皮罗被公认为怀疑主义创始人，怀疑论因此也叫"皮罗主义"。

（二）"柏拉图中学园"中的怀疑主义。主要是被人称为"柏拉图之后学园的两位最伟大的领袖"的阿尔凯西劳斯（Arcesilaus，公元前268—前241年领导学园）与卡尔尼亚德（Carneades，公元前217—前132年）。

（三）皮罗主义在罗马时期的复兴。公元前后的安尼西德穆斯（Aenesidemus）与稍后的阿格里巴（Agrippa）在学园思辨的怀疑主义影响下，走向理论化、系统化，著书立说，创建体系。

（四）公元二世纪前后，以梅诺多图（Menodotus）和塞克斯都（Sextus Empiricus）等人为代表的最后一代怀疑论者。这些人多为"经验派"或"方法派"医生。梅诺多图（公元前70—公元15年）是安尼西德穆斯与塞克斯都之间皮罗派中影响最大的领袖。塞克斯都则是皮罗派理论的集大成者。怀疑论的基本思想保存于塞克斯都·恩披里克的著作中，后人的研究主要以此为依据。

从内容上看，现存的塞克斯都著作可以分为三种：

第一种是《皮罗学说概要》，一共有三卷。第一卷是对怀疑主义一般特征的介绍，第二、三卷则分别批评"独断论"的逻辑学、自然哲学及伦理学。我们这里全部译出。

第二种是五卷本的《反独断论者》(也可译为《反对理论家》),第一、二卷为"反逻辑学家";第三、四卷为"反自然哲学家",第五卷为"反伦理学家"。

第三种是《批判学校教师》,分为批判语文学家,反演说家,反几何家,反算术家,反占星术士,反音乐家六卷。

第二、三种,即《反独断论者》和《批判学校教师》又可以统称:《反博学家》。

我们的翻译旨在介绍塞克斯都这些著作的精神全貌。为此,我们翻译第一种即《皮罗学说概要》的全部,因为这部书概括了怀疑论思想的基本纲要。第三种著作即《批判学校教师》开始了新的主题,有不少值得介绍的有意思的内容,所以我们翻译它的导论,并选译了其中富有特色的"批判语文学家"和"反占星术"两卷,以飨读者。

翻译和注释的主要依据是 Loeb 古典丛书本。为了保证质量,整个翻译是反复细致的集体工作的成果。分工是:《皮罗学说概要》的第一卷由包利民翻译,唐翰翻译第二卷,龚奎洪翻译第三卷。《批判学校教师》(先译)的《导论·批判语文学家》由龚奎洪翻译,《反占星术士》由唐翰翻译。稿子译出来后,焦华红、华林江、唐翰和李春树参加了校对工作。最后,包利民统校全部翻译。

包利民
2004 年 7 月

皮罗学说概要

第一卷　怀疑论的一般特征[①]

1．关于各种哲学体系的主要区别

任何研究的自然结果必然是下列三种之一，研究者或是找到了真理；或是认为真理不可知、不可理解；或是继续从事探究。所以，同样关于哲学所研究的对象，有人宣称已经发现了真理，有人断言真理不可被把握，有人继续求索。那些宣称已经发现了真理的人是"独断论者"，举例来说，尤其是亚里士多德，还有伊壁鸠鲁、斯多亚派以及其他某些人。克莱多马库斯（Cleitomachus）和卡尔尼亚德（Carneades）以及其他的学园派把真理看成是不可把握的。怀疑论者则继续研究。这样，人们似乎可以合情合理地把哲学分成三种主要类型：独断论、学园派和怀疑论。其他的学派最好由其他的人去说，我们目前的任务是扼要地描述怀疑论。首先我们要指出，我下面要说的一切，并没有断定其事实真是如此；我只是像一个编年史家那样，按照事实当下向我呈现的样子，简单地记下每件事实。

---

① 凡加括号的标题为中译者根据文义所加。——中译者注

2．关于怀疑论的论证

在怀疑论哲学中，有一类论证（或一个部门）被称为"一般的"，还有一类被称为"专门的"。在一般的论证中，我们将提出怀疑论的特征，表述它的意图和原则，它的逻辑方法、标准和目的；还有它导向悬而不决的"式"或"方式"；以及在何种意义上我们采用怀疑论的公式，还有怀疑论和与之相近的哲学的区别。在专门的论证中，我们将陈述对于所谓哲学的几个部门的批判。让我们从一般论证开始，首先看看赋予怀疑论的几个名称。

3．关于怀疑论的命名

怀疑论在历史上有多种不同的名称。由于其积极从事研究和探询活动，它也被称作"研究派"；从研究者在研究后的心境出发，它得名"悬而不决派"；由于如有些人说的那样，他们有怀疑和追寻的习惯，或者由于他们对肯定与否定不作决定的态度，他们也被称作"困惑派"；由于皮罗看起来比前人更加彻底、公开地致力于怀疑论，又被称作"皮罗派"。

4．怀疑论是什么

怀疑论是一种能力或心态，它使用一切方式把呈现与判断对立起来，结果由于对立的对象和理性的同等有效性，我们首先产生心灵的悬而不决状态，接着产生"不被扰乱"或"宁静"的状态。我们称它为一种"能力"，并不指什么微妙的含义，只是指"能够"的意思。我们说的"呈现"指感知的对象，我们把它们与思想或"判断"的对象进行对照。"用一切方式"

可以与"能力"一词联系起来，此处的能力是我们说过的那种通常的意义所理解的"能力"一词；也可以与"把呈现与判断对立起来"联系在一起，因为我们以各种各样的方式把它们对立起来，于是有呈现与呈现的对立，判断与判断对立，或判断与呈现对立。为了把所有这些对立包容进来，我们采用"以一切方式"的说法。我们也可以把"以一切方式"与"呈现与判断"联系起来，以便使我们不必去研究呈现是如何呈现的，或者思想对象是如何进行判断的，只在简单的意义上使用这些词。"对立的判断"一语，并不指否定或肯定，而只是当成"冲突的判断"的同义词。"同等有效性"是指在可能性和不可能性上的相同，表明冲突中的判断没有一个在可能性上优先于其他。"悬而不决（悬疑）"是一种心灵的休憩，即既不否定也不肯定任何事物。"宁静"是灵魂的不被扰乱、平静的状态。宁静是如何随着悬而不决判断而进入灵魂的，我们将在本卷12"怀疑论的目的是什么？"中加以解释。

5．关于怀疑论者

在对怀疑论体系的定义中，"皮罗派哲学家"已经被隐含地包括于其中，皮罗派哲学家就是拥有这种"能力"的人。

6．怀疑论的原则

怀疑论的起因在我们看来是希望获得心灵的宁静。有才能的人受到事物中的矛盾的困扰，怀疑自己应当接受哪种选择，就去研究事物中何真何假，希望能够通过解决这些问题而获得宁静。怀疑论体系主要的基本原则是：每一个命题都有一个相等的命题与之对立，因为我们相信这一原则带来的结果就是停止独断。

7．怀疑论也独断吗？

当我们说怀疑者有意回避独断时，我们并不和某些人一样，在广义的"同意一件事"的意义上使用"断言"(dogma)一词，因为怀疑者是承认作为感性印象之必然结果的感受的。比如，他在感受到热或冷的时候，他不会说："我觉得我不热或不冷。"当我们说"他不独断"时，"独断"的意思只是有人所用的那个意思，即"赞同(assent to)科学研究中的不明对象"，因为皮罗派哲学家不承认任何不明白的事物。进一步说，即使是在列举怀疑论关于不明白事物的公式——比如公式"谁也不更（可取）"，或"我什么也不断定"，或其他我们下面就要谈到的公式时，他也不独断。因为独断论者在独断事情的时候是把它当作确实存在的东西，而怀疑论并不在任何绝对的意义上提出这些公式；因为他认识到，正像"一切都是错的"这一公式在宣称其他事情是错的同时也宣称了该公式本身是错的一样，"没有任何东西是真的"也是如此；"谁也不更（可取）"的公式也宣称了自己和其他事物一样"也不更"可取，从而把自己和其他事物一起否定了。其他的公式也是如此。故而，独断论者把自己的对象当实质性真理提出来，怀疑论者表述自己的公式的方式却是要让它们实际上也被自己所否定了；这样的表述不能算独断。更重要的是，在表述这些公式的时候，他表达的只是向他显现的事情，以非独断的方式说出他自己的印象，不对外部实在作任何正面的肯定。

8．怀疑论有没有教义原则？

在回答"怀疑论有没有教义原则"时，我们也遵循同样的思路。如果人们把"教义原则"定义为"遵循一系列相互依赖并依赖现象的教条"，并把"教条"(dogma)定义为"承认一个不明白的命题"，那么可以说怀疑论没有教义原则。但如果把"教义原则"定义为"这样一种程序，即依据现象，遵守一定的推理——即那种表明如何能看上去正当地（'正当'是广义的，不仅指德性）生活而且有助于人们悬而不决的推理"，那么，我们说怀疑论者有教义原则，因为我们确乎遵循这样的推理——它是与现象一致的，并能为我们指出一种与我们国家的习俗、法律及体制，以及我们的本能感受一致的生活。

9. 怀疑论讨论自然学吗？

在"怀疑论者应当讨论自然学问题吗？"的问题上，我们的回答也是类似的。因为一方面，在对于任何自然学中独断地讨论的问题作出确信的、肯定的判断的意义上，我们不讨论自然学；而另一方面，就我们的思维方式——即给每一个命题对立一个同等有效的相反命题——而言，以及就我们的追寻心灵宁静的理论而言，我们是讨论自然学的。这也是我们看待所谓"哲学"中的逻辑学部门和伦理学部门的态度。

10. 怀疑论否认呈现吗？

那些说"怀疑论者否认呈现"或现象的人，在我看来那是不熟悉我们学派的表述。我们并不推翻那些我们必然感受到的感性印象。这些印象就是呈现。当我们探问背后的客体是否正如它所呈现的这样时，我们肯定了它呈现这一事实。我们的怀疑并不涉及呈现本身，而只涉及对呈现的判断——这与怀疑呈现本身不是一回事。比如，蜂蜜对我们呈现为甜的（这个我们是承认的，因为我们通过感觉觉得甜）；但是它本身是否甜，我们就不能确定了，因为这已经不是呈现，而是对于呈现的判断。即使我们真的批判呈现，我们也不是想要否认呈现，而是要指出独断论者的草率。如果理性是一个诡计多端的家伙，它把呈现从我们的眼皮底下夺走，那么，我们当然要在有关不明白的事情上去怀疑它，不要由于跟着它而草率行事。

11. 怀疑论的标准

我们坚持呈现，这也可以从我们关于怀疑论学派的标准的讨论中看出来。"标准"一词有两种用法。它可以指"判定信念的真假的尺度"（我们在下面会批判这种用法）；它也可以指行为的标准——在生活行为中我们根据这些标准做某些事情或不做某些事情。我们现在讨论的是后一种用法上的标准。怀疑论的标准是"呈现"，它基本上指感觉呈现。因为这属于感情和非主动性的感受，它不在可以怀疑之列。所以，我认为没有人会争论背后的对象有这种或那种呈现；争论的焦点是：背后的对象是否真的像它呈现的那个样子。

坚持呈现，这就使我们按照通常的生活规则非独断地生活，因为我们无法完全不行动。这一生活的准则具体又可分为四种：一方面是自然的指导，一方面是情感的驱使，一方面是法律和习俗的传统，再一方面是技艺的教化。自然的指导使我们通过它们自然地能够感觉和思考；情感的驱使是诸如饥渴令人去饮食；习俗和法律的传统使我们据以认为生活中的虔敬是善，不虔敬是恶；技艺的教化是使我们不至于不懂技艺。但是我们并非独断地说这些话的。

12. 怀疑论的目的是什么？

我们的下一个主题是怀疑论体系的最终目的。所谓"终极目的"就是"一切行为和思考都是为了它而做的，但是它却不是因为其他的事物而存在的"东西。或者换句话说，是"追求的最终对象"。我们肯定怀疑论的终极目的是对于意见之争保持灵魂的平静状态，面对不可避免的事情情绪平和。怀疑论做哲学研究，希望判定感觉印象中谁真谁假，希望通过解决这些问题获得安宁；可是却发现自己陷入了同等有效的矛盾命题中。他无法决定谁真谁假，只好悬搁判断。当他陷入这种悬而不决状态之中后，面对意见之争的宁静却出现了。因为一个相信事物有本性上的好与坏的人永远处于不宁静当中：当他没有获得他认为是本性上的好东西时，他就相信自己遭受着本性上坏的东西的折磨，他要追求那些他认为是好的东西；但是当他得到了好东西后，他还是不断烦恼，这既是因为他的非理性的和非节制的狂喜，也因为他害怕命运变化；他用尽了一切办法来避免失去他认为是好的东西。但是，一个不断定任何本性上的好与坏的人，既不会过分热心地追求什么，也不会过分努力地逃避什么；这样，他就不会感到烦恼。

事实上，怀疑论曾有过画家阿派勒斯曾经的经历。有一次，阿派勒斯画马，想画出马的唾沫，但他失败了，气得他把用来擦洗画笔上油彩的海绵扔向画面。未曾料到，海绵留下的痕迹却产生了马的唾沫的效果。同样地，怀疑论曾希望通过在感性及思想的对象的种种分歧之中作出是非判定来获致宁静。由于做不到，他们悬搁判断。这时他们却发现平静好像是偶然似的随着悬搁判断出现了，就像影子随着物体出现一样。我们不是说怀疑派能够完全不受扰乱，而是说他们只受必然发生的事情的扰乱，因为我们认为他会有时感到冷或渴，以及遭受其他类似的麻烦。但是，即使在这一情况下，普通人也受到两种困扰，一种是感受本身，另一种，同样激烈地，是认为这些遭遇是"本性上的坏事"之信念。怀疑论者由于拒斥在这些情况中附加上去的"本性坏"之信念，就避开了遭受更多的烦恼。所以我们说，在有关意见的事情上，怀疑论的最终目的是宁静；在不可避免的事情上，是"平和的感受"。不过有些著名的怀疑论者还加上了一个定义："在研究中悬搁判断。"

13. 导向悬搁判断的一般的"式"

我们既然已经说过宁静伴随悬搁判断而来，下面的任务就要解释我们怎么达到这一悬而不决。一般地说，这是把事情对立起来的结果。我们或者把呈现与呈现对立起来，或者把思想的对象相互对立起来，或者把呈现与思想对立起来。比如，当我们说"同一座塔从远处看是圆的，走近看是方的"时，我们就是把呈现与呈现对立起来。当我们对那些从天体运行的有序性推论出天命存在的人提出一个相反的事实：好人常常过得差，坏人常常享着福，并由此推出天命不存在，这就是把思想与思想对立起来。至于思想与呈现对立的例子，可以举阿那克萨戈拉反对"雪是白色的"时的论证："雪是冻住的水，而水是黑色的，所以雪是黑色的。"换个角度，我们有时把现在的事情与现在的事情对立起来，比如前面讲的；有的时候把现在的事情与过去的和未来的事情对立起来，比如当有人向我们提出一个我们无法反驳的理论时，我们回答说："正像在贵学派创始人诞生之前，贵派的理论虽然已经存在，但是还显得不那么确实可信；同样，很可能与你所提出的对立的理论现在已经存在了，只是我们还不太知晓而已。所以，我们不应当承认你的这个在目前显得可信的理论。"

但为了更精确地理解这些对立，我将描述"悬而不决"得以产生的各种"式"；同时，我们对它们的数目和可信性不作任何正面肯定，因为它们也许是不可靠的，也许比我提到的还要多。

14. 关于十式

早期的怀疑论一般认为导向悬而不决的"式"有十个，并冠之以与"式"同义的名字，如"论证"或"立场"。基于产生的依据不同，它们分别是：(1)动物的种类；(2)人的不同；(3)感官结构的不同；(4)环境条件的不同；(5)位置、间隔和处所的不同；(6)媒介物的不同；(7)对象数量与构造的不同；(8)相对性；(9)发生的多寡；(10)教育、习俗、法律、传说和教义信仰的不同。以上的排序不分先后。

这些式还可以进一步分为三大类：根据进行判断的主体的式，根据被判断的对象的式，以及根据双方的式。十式中的前四种式可以归入"根据主体的式"（因为进行判断的主体要么是一头动物，要么是一个人，要么是一种感官，并且总是处于一定的环境条件之中）；第7、10式涉及的是"被判断的对象"；第5、6、8和第9式则涉及了主体和客体双方。进一步来说，这三种式又都可以归入"相对性"（关系）的范畴之下。所以，相对性是最高的种，"三式"是属，十式是亚属。有关这些式的数量就大致谈到这里。下面我们阐发它们的论证力量：

第一式是说：由于动物之间的不同，同样的对象不会产生相同的印象。这一点我们是从它们的不同产生方式和不同的身体构造推论出来的。就产生（繁殖）的方式而言，有的动物不是通过性的结合产生的，有的是通过性的结合产生的。非性繁殖的生物中，有的是从火里产生的，比如壁炉中可以看到的微生物；有的来自腐水，比如蠓虫；有的来自变酸的酒，比如蚂蚁；有的从泥土中出生，如蚱蜢；还有的来自泥沼，比如青蛙；有的从烂泥中出现，如蠕虫；有的从灰尘中出生，如甲虫；有的从植物中出生，如毛毛虫；有的从果子里出生，如从野生无花果中出生的五倍子；还有的从腐败的动物尸体中出生，比如蜜蜂从公牛尸体中出生，黄蜂从死马中出生。就有性繁殖的动物而言，有的——事实上是大部分——来自同一种类的父母，有的来自不同种类的父母，比如骡子。在动物中，一般来说，有的出生时就是活的，比如人；有的生下来时是蛋，比如说鸟；有的是一堆肉，比如熊。很自然，这些千差万别的繁殖方式会造成各种动物的感觉互相不同。这是它们的感觉之所以分歧、不和及冲突的一个原因。

而且，在身体的最主要部分——尤其是那些自然功用就是进行判断和感知的身体器官——方面的不同，也足以产生感性印象上的众多分歧。在我们常人看来是白的东西，黄疸病人把它说成是黄的，红眼病人则说成是血红的。既然有的动物天生就是黄眼，有的是红眼，有的是粉红眼，有的动物还有其他颜色的眼睛，我推测它们对相同事物的色彩感觉必不相同。再者，如果我们盯着太阳看了一段时间后再低头看书，字母看上去就显得是金黄色的和圆滚滚的。那么，既然有的动物的眼睛中天生就有光亮，从中散发出精微流动的光束，即使在夜色中也能看得见，我们只得承认，它们对于外在物体的感受必然也与我们不一样。玩杂技的人通过在灯心上涂抹铜锈或墨鱼汁，能让站在边上的人一会儿显得像是铜色的，一会儿显得像是黑色的——不过就是通过增添了一点点物质而已。显然，我们有更充分的理由推论，当不同的汁液混合在动物的眼睛中的时候，外物的印象必然就会显得不同。再者，如果从一边压迫眼球，所见事物的形状、大小则变成狭且长了。因此，所有瞳孔是斜且长的那些动物——比如山羊、猫以及类似的动物——的感觉印象，自然就会与圆眼动物的感觉印象不一样。镜子由于构造的不同，有时也会把外物反映成非常小——比如当镜子是凹进去的时候；有时又把外物反映成长且窄的——比如当镜子凸起时。有的镜子还把外物照得头足颠倒。那么，既然有的动物的视觉器官确实长得凸出脸外，而有的动物的眼睛却凹陷进去，有的则是平板的，那么，它们的感觉印象应是相当不同；同一个物体，在狗、鱼、狮子、人和蝗虫看来，无论在大小还是在形状上，必然不一样；它们所产生的每种形象会由于接受印象的眼睛不同而不同。

其他感官也是这样。比如就触觉而言，贝壳动物、皮肉动物、长刺的动物和长羽毛的动物、长鳞的动物，它们的触觉怎么可能一致？就听觉而言，耳朵管道宽的动物和耳朵管道窄的动物，长着毛茸茸耳朵的动物和长着平滑耳朵的动物，对声音的感觉当然也就不同。当我们自己把耳朵塞起来和不塞的时候，我们的听觉就不一样。味感也会由于动物的不同而不同。因为，当我们在感冒和体液过多时，其感觉都与当我们头里面充血时的感觉不一样，对别人感到甜蜜的味道很排斥，觉得它有毒；那么，我们很有理由推论：动物们既然有的天生就松软多汁，有的充血，有的黄胆汁或黑胆汁极为丰富，对于味觉的对象必然会产生不同的印象。味觉也是如此，因为有的动物的舌头粗糙且干，有的却极为潮湿。我们自己当舌头很干燥的时候，比如发烧的时候，拿来的食物令人觉得味如嚼蜡，苦不堪言——据说这是由我们身上此时占上风的液体所引起的。那么既然动物的味觉器官不同，各自当中占上风的液体不同，那么，它们对于真实对象的印象势必不同。因为，正如同样的食物在消化之后在有的地方变成静脉，有的地方变成动脉，有的地方变成骨头，有的地方变成筋腱，或是别的什么器官，由于不同的接受地方而显现出不同的能力；——而且，就像同样的纯粹的水在被树根吸收后，在有的地方变成树皮，在有的地方变成树枝，在有的地方变成花，最后，在有的地方变成无花果、梨头或是各色水果；——而且就像音乐家吹入笛子的同一个气息有时变成尖声，有时变成低音；他在六弦琴上的同一种弹拨有时发出深沉之音，有时发出尖声；——同样，由于在感受的动物的身体结构的不同，外物将会显得不一样。

这一点还可以更为清楚地从动物对好恶的趋避中看出。甜油对人很相宜，对甲虫和蜜蜂就难以忍受；橄榄油对人的身体有益，可是当把它倒在黄蜂和蜜蜂身上时，可就毁了它们了。海水对人来说苦涩有毒，鱼却饮之乐之。猪喜欢在臭到极点的烂泥中打滚，而不喜欢到洁净的水中玩。有的动物吃草，有的动物吃灌木，有的动物吃树，还有些动物则吃草籽，还有的吃肉喝奶。有的动物吃干食，有的爱吃新鲜的，有的吃生的，有的喜欢吃烧熟的。总之，对于有的动物可口的，对于其他的动物则难吃、讨厌、有害。所以，鹌鹑吃毒参而肥壮，猪吃菲沃斯草而长膘；猪还爱吃火龙，就像鹿爱吃有毒的生物、吞食蠓虫一样。故而，当人吞下蚂蚁或树上的小虫时，感到难受抽紧；但是熊在生病的时候却通过舔食它们而能自我疗治。只要被橡树枝碰到一下，毒蛇就会瘫痪；而被梧桐叶子碰到了，蝙蝠也会瘫痪。大象看到公羊赶紧逃走，狮子害怕公鸡，海怪怕豆荚爆开的声响，老虎怕鼓声。人们还可以举出许许多多的其他例子，但是，为了不让陈述过分冗长，让我们总结如下：如果同一种东西对有的动物可口，对别的动物难吃，而愉快与否又依赖于感觉，那么，不同的动物对于相同的对象得到的感觉是大不相同的。

但是，如果同样的东西由于动物的种类不同就显得不同，那么我们能说出的就只是我们人自己关于对象的印象，至于它的本质，只好悬而不决。我们自己不能判定我们的印象和其他动物的印象孰是孰非，因为我们自己也卷入争端，所以我们也需要一个判官，而没有资格由自己评判。此外，不管是使用证据还是不使用证据，我们都不能论证我们的印象高于非理性的动物的印象。因为，我下面将证明证据很可能不存在。此外，所谓证据必须对于我们或者是明白的，或者是不明白的。如果它是不明白的，我们就不会信任它；如果它对于我们是明白的，那么，因为人们还不清楚什么才是"对于动物是明白的"，而证据对于我们人——作为动物——是明白的，那么，我们还得追问证据本身是否是像它显现出来的那样真实可靠。打算用可疑的东西来证明正在讨论的东西，是荒谬的；① 因为那样，同样一个东西将既是被相信的，又是不被相信的——就它支持别的东西来说，它是被相信的；就它还需要被证明而言，它又是不被相信的。这当然是不可能的事情。所以，我们不可能拥有用来证明我们自己的感觉印象比非理性的动物更加正确的证据。这样，如果由于动物的差异，它们的感觉不一样，而且无法在它们当中判定高下，那么，我们就必须对于外部事物悬搁判断。

我们还可以添说几句，在人与所谓非理性动物的感觉之间做些比较。因为，在我们的坚实的论证之后，我们觉得完全可以和那些自负的吹牛

---

① 所谓循环论证。

大王——独断论者们——逗逗乐子。作为一个规则，我们学派把非理性动物作为一个总体和人比较。但是独断论者吹毛求疵地说这样的比较不公平，我们就加上几句，进一步开开玩笑，仅仅从一种动物入手论证，比如就说狗，据说这是动物中最微不足道的。即使在这个例子中，我们也能证明动物在其感觉上一点也不比我们差。

独断论者自己也同意狗的感觉比人强。它的嗅觉比我们灵敏，因为它靠嗅觉能找到看不见的野兽；它的眼睛也比我们看得快；它的耳朵非常机敏。至于理性官能，据说一种理性是内在于灵魂中的，一种理性是表达于外的。让我们首先考察内在的理性。根据这些独断论者——他们是我们现在的主要论敌斯多亚派——的说法，内在理性是关于趋利避害的，是关于有助于此的技艺的知识的，是关于与自己的本性及激情有关的美德的。但是，我们用来举例进行论证的狗，它也会趋利避害：它追逐食物，并从举起的鞭子下逃开。他也拥有获取有利的东西的技艺——逐猎技艺。而且他甚至不缺"美德"，因为如果"公正"在于给予各人应得的东西，那么，狗欢迎并保护朋友和恩主，驱赶陌生人和敌人，当然也就不缺公正了。而美德不会孤立存在，总是互生共存，那么狗必然同时也拥有别的美德。而哲学家说过，甚至人的大多数都还没有美德呢！狗也是勇敢的，这一点从它对进攻的抵抗中就可以看出；狗还是智慧的，因为荷马证明了这一点，他吟唱道：奥德修没有被自己家里的所有人认出来，却只被他的狗阿古斯认出来了，它既没有被奥德修的外貌变化所迷惑，也没有失去原来的把握性印象；就这一点而言，它对印象的保存明显比人要强。而且，根据对非理性动物特别感兴趣的克昌西波的说法，狗甚至还拥有著名的"辩证法"。此人至少说过：狗使用了复杂的第五式无法证明的三段论。① 当狗跑到一个三岔路口时，在它闻过了两条猎物不

---

① 斯多亚派认为有五种三段论，它们无法证明，因为它们不需要证明，而是作为基础证明其他的论证。复杂三段论的形式是："或者 A 或者 B 或者 C 存在；如果 A 和 B 都不存在；那么 C 存在。"

曾走过的路之后，就不再闻下去，而是立即冲上第三条路。这位老学者以为，狗实际上是这样推理的："猎物或者是走这条路，或者是走另一条路，或者是走那条路；但是，它没有走这条和另一条路，所以它必然走的是那条路。"还有，狗还能明白和减缓自己的疼痛；因为当它脚上扎了一根刺时，它急忙在地上搓脚或是用牙咬，把它弄掉。如果它身上受了伤，因为脏污的伤口难以愈合、清洁的伤口好得快，狗会轻柔地舔去伤口上沾上的灰尘。还有呢，狗能令人叹为观止地遵循希波克拉底（Hippocrates）的指令：休息才能治好脚。它只要伤了脚，就会抬起脚来，尽量让它不承受压力。当狗因为有害液体而感到难受，它就会吃草，这样它就能呕吐出有害的东西，恢复健康。如果我们选择用来进行论证的这种动物能够选择有益的东西、避开有害的东西，而且还拥有找到有益东西的技艺、能够知道并减缓自己受到的伤害，并且不缺德性——既然这一切都标志着内在理性的完善，那么，在这个意义上可以说狗是很完善的了。我想，这就是为什么有的哲学家们爱用这种动物的名字来命名自己的缘故。①

　　至于外部理性或者言语，现在没有必要来讨论；因为就连独断论者自己也矢口否认言语会妨碍德性的获得，为此他们还在学习阶段就刻意练习保持静默；②再说，如果一个人是哑巴，别人不会因此说他是非理性的。不过这些就不提了。我们确实看到动物——我们论证的主角——发出人一样的声音；比如八哥，还有其他的动物。再把这也放在一边吧。即使我们并不理解所谓非理性的动物的声音，它们还是有可能进行交谈的；因为我们在听外国人说话时，我们也不理解，听上去也像是某种单调的胡言乱语。再说，我们听到狗在驱赶人的时候会发出一种声音，当它们在狂吠的时候，又会发出另一种声音；在挨打的时候发出不同的声音，

---

① 犬儒派。
② 毕达哥拉斯派。

在献媚讨好时又发出一种全然不同的声音。所以，一般来说，无论是狗还是其他所有的动物，只要你仔细观察，就会发现它们在不同的场景下会发出极为不同的声音。故而，所谓非理性的动物完全可以说是拥有外在理性的。但是，如果拿动物与人相比，在感觉上、内在理性上、甚至在外在理性或言语上，它们都丝毫不差的话，那么，它们的感觉印象的可靠性就一点也不会比我们差了。

我们也可以根据每种非理性动物进行论证来达到同样的结论。比如说，谁能否认鸟儿非常聪明而且运用外在理性？因为它们不仅知道现在的事情，而且知道将来的事情，它们用预先的鸣叫以及其他的迹象来表明它们有着先见之明。

我前面已经讲了，我进行这些比较只是一些余论而已，因为我认为我们已经充分证明了，我们不能说我们自己的感觉印象比非理性动物来得高明。如果非理性动物的感觉印象的可靠性不比我们的差，而且它们的印象会由于动物种类的不同而不同，那么，虽然我能说出背后的物体的本性对我显出来是怎样的，我根据上面讲的原因，将不得不对现象背后的真实本性悬而不决。

这就是导向悬而不决的第一式。我们说过，第二式是根据人当中的不同，因为退一步讲，我们为了论辩的需要，即使先假设人比非理性动物更值得信赖，我们也还会发现：在人本身当中的分歧仍然会导向悬而不决。人据说是由身体和灵魂组成的。我们在这两个方面都相互不同。

因此，就身体而言，不同的人的体格和脾性或特性不同。印度人的外形与斯基亚人（Scythian）是不同的。差异据说主要是由主导体液的不同所导致的。主导体液的不同又会产生感觉印象的不同，正如我们在第一式里指出的那样。而且，人们在趋避外物上也表现出极大的不同。印度人喜欢某些东西，我们喜欢另一些，而不同的喜好表明我们对背后客体所接受的印象是不同的。就我们各自的特性而言，我们也是不同的，有些人消化牛肉比消化石鱼更容易；有的人稍饮淡酒就腹泻。据说有位阿提卡（Attica）的老妇吞下了三斤毒参，一点儿事都没有；里西斯（Lysis）喝了四打兰（度量单位）罂粟汁也不曾受伤。亚历山大王的管家德摩风（Demophon）晒太阳或是洗热水澡都会发抖，在阴影地中却感到温暖。阿开亚（Argive）的雅典阿哥拉（Athenagoras）不会受到蝎子和毒蜘蛛的伤害；西拉阳人（Psyllaeans）被蛇和小毒蛇咬了后不会受伤，埃及的坦提里塔人也不会受到鳄鱼的伤害。而且，住在梅罗埃湖另一边的埃塞俄比亚人，他们居住在阿斯塔布斯河的河岸上，吃毒蛇和其他的蛇毫无问题。卡西斯的路费努斯吃了毒参之后非但既不呕吐、也不为排毒难受，而且还能像喝一般的饮料一样吞下和消化。爱骆非尔的克率塞姆如果吃了胡椒就会犯心脏病；外科医生首台里科只要闻到了炸海鱼的味道就会拉肚子。阿开亚的安德鲁非常耐渴，他不用喝水就跨越了整个利比亚的无水区。提拜里乌斯·恺撒能在夜间视物；亚里士多德提到一个色雷斯人总是有一个幻觉，感到有人走在自己前面。

　　独断论者搜集了许多关于人在身体方面差异的例子，我们只要举出其中这一小部分就行了；由此我们也可以推断人在灵魂上的不同；因为身体在某种意义上是灵魂的表现；这一点可以由相面术证明。但是，对于人的理智上千差万别的最有力证明是独断论者们关于什么是趋避的对象以及其他事情上的分歧说法。诗人就此也发表了不少高见，比如品达就说：

　　　　王冠和疾驰的骏马带来的奖品
　　　　使这个人开心；但是另一个人却感到快乐乃是
　　　　睡在豪宅的金床之中；
　　　　有人甚至感到快乐在于驾轻舟
　　　　航行在大海的波浪之间。

荷马说："一件东西让这个人高兴，另一件东西让另一个人喜欢。"悲剧中也充满这样的格言；比如：

> 如果美好和智慧的东西对于所有的人都是一样的，
> 那么就再也不会有任何争吵不休了。

再如：

> 这事真奇怪——同一个东西，
> 有人害怕，有人欢喜。

既然选择和回避建立在快乐和不快乐之上，而快乐和不快乐又建立在感觉和感性印象之上，那么，有人选择别人所回避的东西，这一事实就能逻辑地推出：他们对于同一个东西的感受不同；因为，否则的话他们应当同样地选择或回避同一个东西。如果同一个东西对于不同的人产生不同的感觉，那么我们只能合理地走向悬而不决。因为，我们尽管完全可以说出各种外在物体对于我们所显现出来的样子，我们却不知道它们实际上是什么。因为我们或者相信所有人，或者相信某些人。但是，如果我们相信所有人，我们就是在试图做不可能的事情，接受矛盾。如果我们相信某些人，那么请告诉我们，谁的意见是可靠的？柏拉图派会说："柏拉图的"；伊壁鸠鲁派会说："伊壁鸠鲁的"；其他也依此类推。这样，它们之间争执不下的分歧还是把我们带到了悬而不决。再者，那些说我们应当"服从多数"的人，说的全然是幼稚之见，因为无法把每个人都悉数问到，以了解让大多数人高兴的是什么；因为我们完全可能一点儿也不知道某个种族，在这个种族中，我们这里少见的情况在那儿却十分平常，而我们这里寻常之事在那里却难得一见——比如，很可能他们大多被蜘蛛咬了之后不会感到疼痛，虽然可能少数人偶然会觉得疼。

在其他前面所提到的"特性"上，也可能是如此。因此，人当中的差异必然也能为导向悬而不决增添一条理由。

独断论者们——人类当中非常自爱的一群——断言说：在判断事情的时候，他们的看法比其他人的更为可取。我们知道这一宣称是荒谬的，因为他们也是矛盾论争的一方。如果在判断表象的时候他们已经肯定了自己更可靠，那么，由于这样已经信任了自己的判断，在判断开始之前他们就自我证明了。不过，为了论证即使在一个人——比如他们所谓的"贤人""贤哲"——的基础上，还是必然导向悬而不决，我们将采取第三式。

第三式根据的是感官的差异。各种感官相互不同，这是很明显的。比如，在眼睛看来一幅画显得缩进或突出，但是摸上去并非如此。蜜使有些人的舌头感到舒服，对眼睛则不然；所以我们不能知道它本身到底如何。甜油也是如此，因为它闻上去香，尝起来难吃。斯波机草也是如此，它刺激眼睛，但是不会弄痛身体的其他部位；就其本性而言，我们无法说它到底会不会引起身体的疼痛。雨水对眼睛有益，但是它使气管和肺粗糙。橄榄油也是如此，虽然它令表皮感到舒适。痉挛鱼放在手足尖时造成手足痉挛，但是放在身体的其他部位时，不会引起任何伤害。所以，我们无法说这些东西的真实本性是什么，尽管我们可以说出各种东西当下对我们显得是怎样的。

还可以列出一长串例子。但是，为了避免冗长，我们将按照本书的计划，只说以下这一点：任何感性现象看来都是一种复合物，如苹果看来是光滑的、香的、甜的、黄色的。但它到底是真的具有这些属性，还是实际上只有一种属性，只是由于人的感官不同而略显得有所不同的属性；或者它的属性比它显现出来的要多，但是其中有些属性我们感觉不到？这一切都是不清楚的。一方面，苹果可能具有不止一种属性，这可以通过我们上面所说过的话进行论证：食物被身体吸收后，水被树吸收后，气息在吹入笛子、喇叭以及类似的乐器后［变化成多种东西］；同样，苹果也可能只有一种属性，但是在不同结构的感官的感知下，显现为各种属性。另一方面，苹果可能拥有比显现出来的属性更多的属性，这一点可以这样来论证：我们可以想象一个人出生时拥有触觉、味觉与嗅觉，但是不能听与看。那么，他就会认为可见对象与可听事物是不存在的，只有他所能把握的三类感性性质才存在。所以，很可能我们也是如此，我们只有五官感觉，只能感觉到我们所能够感觉到的苹果的那些属性；而苹果可能还有其他的属性，能影响其他的感官，尽管我们由于不拥有这些感官就无法感觉到这些属性及其客体。

有人会反驳："但是自然使感官与感觉对象对应。"但我们会反问：哪一种"自然"？关于自然实在性本身，独断论者有如此之多的、尚未解决的争论意见！如果一个平常的人来断言自然的存在问题，独断论者会否认之；如果一个哲学家来断言，那么他本人就是争执的一方，从而他自己就有待判定，而不是去充当裁判。如果几种可能都存在：或者只有我们所感到的这些属性存在于苹果之中，或者有许多的属性存在，或者甚至我们感受到的属性也不存在，那么，苹果的本性究竟是什么，就是不清楚的事情了。同样的论证也适用于其他的感觉对象。如果感觉不能把握外在对象，心智也不可能；那么，这一论证也使我们对于外在物体悬而不决。

即使就一种感觉本身——或甚至不考虑感觉——来论证，我们也可以导向悬而不决。这就是我们要采纳的第四式。

第四式依据的是"环境"。所谓"环境"指的是环境情况或性格。① 这一式讲的是自然的或不自然的状态，或醒或睡，或年老或年少，或静或动，或恨或爱，或空虚或充实，或迷醉或清醒，或惧或勇，或喜或悲。由于心态是自然的还是不自然的，对象会产生不同的印象。疯癫状态中的人会听到魔鬼之吼，我们却没听见。他们还常常说闻到了草药味或乳香味或诸如此类的香味或其他许多东西，虽然我们什么也没有闻到。而

---

① 即感觉主体当下的心理的和生理的状态。

且，热水倒在发烧的部位，显得温吞水似的。充血之眼会把我们看上去挺正常的衣服看得艳黄。同样的蜜糖我尝上去很甜，得了黄疸病的人尝起来很苦。如果有人说是体液的某种混合使处于不自然状态中的人对于背后对象产生了不适当之印象，那么我们会回答：健康的人也有混合之体液，它岂不会也能使外部客体显得不同？客体的本性如一，只不过对于所谓"处于不自然状态中"的人显得如此，对于健康的人显得不同。因为，把调整外在物体能力归于这些体液，而不归于那些体液，纯然是想象而已。因为正如健康人对于健康人来讲是处于自然的状态之中，但对于病人来讲是处于不自然的状态中。同样地，病人也处于一种对于健康人是不自然、对于病人却是自然的状态中。所以对于病人，我们也必须承认具有相对的"自然状态"性。

醒与睡也会带来不同的印象，因为我们醒的时候不会想象在睡梦中会想象到的东西，在睡梦中也不会想象醒着的时候所想象的东西，所以我们的印象的存在和非存在不是绝对的，而是相对的，它们相对于我们的睡与醒的不同状态。可能我们在睡梦中看到了被我们醒着的时候认为是不实在的东西，虽则不是完全不实在；因为它们存在于我们的睡梦中，就像醒着的时候的实在存在着，尽管不存在于睡梦中。

年龄也是差异的一个原因。同样的气候对于年老者显得寒冷，对于壮年人就显得温和。同样的颜色对于年老者显得模糊，对于壮年人显得鲜明；同样，同一个声音对于前者模糊难辨，对于后者清晰可闻。人在不同年龄段喜欢和讨厌的东西也不一样，比如孩子们都喜欢玩球和环圈，成年人选择的是别的东西，老年人喜好的又不一样。从这里我们也可以得出结论：年龄的不同会使得同一个背后的对象带来不同的印象。

实在的对象之所以显得不一样的另一个原因是运动与静止。我们站立不动时看上去静止的那些东西，当我们航行经过它们的时候，显得像是在运动。

爱与恨也是一个原因，正像有的人很讨厌猪肉，有的人却很喜欢吃猪肉。因此，米南达①说：

注意看他的样子，他看到这个之后，
变成啥样了！多么幸福啊！
这些美好的事情，带来了最为美好的面容。
情人眼里出西施，即使所爱的人可能是东施。

饥饿与吃饱也是原因，因为同样的食品对于饥者很诱人，对于吃饱了的人会生厌。

醉酒与清醒也是一种原因，因为醉时人们会干出清醒时视为非常羞耻的事。

先前的经历也是一种原因，因为同样的酒在吃过枣子或无花果的人喝起来显得酸，在刚吃过腰果的人喝起来则显得甜；浴室中的水蒸气使刚进来的人感到暖洋洋的，但在澡堂子里面泡了很久出来的人则感到寒冷。

害怕和勇敢也是一个原因，正像在胆小鬼看起来可怕吓人的东西，在胆大的人看来不算什么。

悲哀和欢乐也是一个原因，因为同样的事情对于悲伤的人可能难以承受，对于欢快之中的人可能觉得欣然美好。

既然我们看到性情是造成如此之多的分歧的原因，而人在不同的时候的性情又是非常的不同，无疑，我们将很容易说出对象对于每个人所显出来的本性，但是我们不能进一步说出它的真实本性是什么，因为分歧无法得到解决。企图断定是非的人必然处于某一状态中或是不处于任何状态中；但是，说他不处于任何状态中，比如既不健康又不生病，既不运动又不静止，没有一定的年龄，并且不具有任何其他的状态，乃是荒谬之极。如果裁判的人处于某种状态中，那么他也是争论中的一方，

---

① 米南达是所谓"新喜剧"诗人。

他就不可能成为判定感觉印象的公正判官，因为他自身也被自己处于其中的状态搞混。比如，不能由醒者去比较醒者与睡者的印象，也不能让健康人去比较自己与病者的印象，因为我们倾向于肯定当下呈现的东西而非不在场的东西：当下的东西正在影响着我们。

从另一个角度说，印象上的分歧也无法解决。因为，说一种印象比别的印象可靠、或者一种环境比另一种环境可靠的人，或者是毫无证据地这么说的，或者是使用证据论证的；但是，他既不能不借用这些手段就这么说（因为那样的话就没有人相信他），也不能运用证据这么说。因为如果他要评判印象，他就要运用标准来评判；而这一标准或是真实的，或是虚假的。但是，如果它是虚假的，那就没有人会相信他；而如果他宣布它是真实的，他或是有证据，或是没有证据；但是，如果没有证据，没有人会相信他；如果有证据，那么证据又必须是真实的，以免别人不相信。那么，他将在判定证据之前还是之后来肯定他用来确证标准的证据呢？如果没有判定，那么没有人会相信他；如果判定了，那么他一定要说他是通过一个标准进行判定的。但是那个标准的成立又有待证据，而那个证据的成立与否又要靠标准来衡量，因为证据总是需要一个标准来确定其真实性的，而标准又需要一个证据来确定其真实性。如果前面不存在真实的标准，证据就不可能是真实的；如果事先不用证据确证，也不可能肯定一个标准的真实性。这样，标准和证据二者都卷入到循环论证之中，所以两者都不可信了；因为它们两者都得仰赖对方的可靠性，每一个都和对方一样缺乏可靠性。所以，如果一个人在肯定一种印象的时候既不是没有证据和标准，也不是有证据和标准，那么，由不同的性情状态所产生的印象上的分歧就无法得到解决；这样，这个式也就把我们带到了对外在物体的本性悬而不决。

第五式根据的是位置、距离和处所。即，只要位置、距离和处所中有任何一种不同，同一个对象就会显得不同。比如，同一个门廊从其一角看，就显得截短了；但从中间看，就处处对称；同一条船在远处显得小而静止，在近处看就显得大而运动；同一座塔在远处显得是圆的，近处一看，是方的。

这些都是距离带来的差异。至于"处所"造成的效果是：一盏灯在太阳下显得昏暗，在黑暗中显得明亮；同一支桨在水中显得是弯的，离水之后却显得是直的；蛋在禽肚里软，出来则硬；猫眼宝在山猫肚子里的时候是液体，在空气中就变硬了；珊瑚在海中软，在空气中硬；同一个声音是由风琴还是由笛子吹出来的，听上去就不一样。

由"位置"而产生的差异的例子是：同一幅画，平放时显得光滑，以某个角度前倾时，显出有凹凸。鸽子的脖子也会由于前倾角度的不同而显出不同的颜色。

既然所有感性的对象都必须在一定的位置，从一定的距离，处于一定的处所中被感知，而这些都会各自产生大量有分歧的印象，那么，我们就因为这一式而被迫对对象本身的性质悬而不决。任何试图认为某种印象更为可靠的人，都是徒劳无益的。因为如果他不拿证据就这么讲，没有人会相信他；如果他拿出证据，他如果说证据是假的，那当然是毁了自己；而如果他说证据是真实的，那么他又必须有别的证据来证明这一点，而对于后面的证据又得再拿出证据，因为它也必须是真实的，这样会导致无穷倒退。但是，提出无限倒退的论证是不可能的；所以，他即使使用证据也不能肯定某种印象比另一种印象更可靠。这样，如果一个人无论用证据还是不用证据都不能评判印象的高下，我们不得不作出悬而不决的结论；因为，尽管我们无疑能说出各种对象在一定的位置或一定的距离或一定的处所呈现给我们的样子，我们却由于前面说到的理由，无法说出它的真实本性。

第六式是建立在"混合"的影响上的。由于对象从来也不会直接作用于我们的感官，而必然总是混杂于某种其他事物，那么，我们只能知道外物及伴随它一起被感知的混合后的结果，但无法确切地知道外在的、背后的对象是什么样子。对象从来也不会直接作用于我们的感官，而必然总是杂混于某种其他事物,故而,它的现象总是不一样的。这一点我想是一目了然的。比如,我们的面色在温暖的空气中是一种颜色,在冰冷的空气中却显得是另一种颜色,所以,我们说不出我们的面色实际上是怎么样的,只能说出它与其他各种中介结合时所显出的样子。同一种声音在稀薄的空气中与浓厚的空气中听上去会有所不同,气味在热澡堂中或太阳下就比在冷空气中更刺鼻,浸入于水中的身体也比在空气中轻。

不仅有外在的混合物,我们的眼睛里面也一样有膜和液体。既然看到的东西无法与这些东西分开来,它们就无法被精确地认识到,因为我们所看到的已经是混合后的结果。因此,黄疸病人看到的一切东西都是黄色的,红眼病人看一切尽是血红。同一种声音,在开阔地带听上去是这样的,在狭窄弯曲的地方听起来又是那样的;在晴朗的空气中和混浊的空气中听上去不一样,很可能我们无法把握纯粹状态下的声音,因为耳朵也有弯曲和狭窄的管道,充满着据说是从头脑中分泌出来的雾状物。再者,鼻子中和舌头上也有东西,我们必须在与这些东西的结合中,而不是在其真实的纯粹状态中,去把握味觉和嗅觉的对象。所以,因为这些混合物的存在,感官不能把握外部实在对象的准确本质。

心灵也不能把握对象的准确本质,首先,心灵的向导是感觉,而感觉已经出错了;而且很可能,心灵自己也会在感觉传导过来的信息上加上某种混合物;因为我们看到,在独断论者认为是人的"主导部分"的所在地的那些地方,不管是脑中还是心中或是任何他们认为的地方,都有某种体液。这样,由于这一式,我们看到我们无法说出事物自身的真实本性,因此我们只能悬而不决。

第七式依据的是对象的数量和结构,"结构"的意思是一般意义上的"构成方式"。很明显,通过这一式我们也必然会对事物的真实本性悬而不决。比如羊角的锉屑散开来时看上去是白的,但在结合在角上时,则显得是黑的。银屑分开单个地看,显得是黑的,但结合成一大块时就显白。大理石削成片时显得发白,但结合在一大块时显得发黄。小石子分散开来显得粗糙,结合成一堆则显得平滑。当荷里波药处于精细的粉状时会让人呛住,但当它粗糙的时候则不会如此。酒少喝一点儿强身,喝多了会把人放翻。食品也会因为吃下去的量的多少产生不同的效果;比如,吃得太多常常会让身体消化不良或是拉肚子。所以,在这些情况中,我们可以分别描述羊角的碎末或是整块羊角的性质,银子的小粒或小粒的组合体的性质,大理石的削片或整块大理石的性质,以及小石子、荷里波药、酒、食物等的相对性质,但论及对象的独立的、本真的性质时,便无能为力了,因为结合的不同,导致了感觉印象的分歧。

一般来说,有益的东西过量时也会带来伤害,而过量摄入会带来伤害的东西如果少许吃一点,则没有问题。我们在药品的效果上所看到的情况对此就是很好的证明,因为药品的精确的混合使整个药物有益健康,但是,有时在称量中哪怕多加了一点点,混合出来的药物不仅无益于健康,而且会极为有害。这可以说明数量和结合方式的不同会破坏我们对于外部事物的真实本性的认识。因此,这一式可能也会把我们带回到悬而不决的状态,因为对于外部事物的真实本性我们不能下任何绝对的判断。

第八式依据的是相对性[或"关系"]。这一式说的是:既然一切事物都是相对的[处于关系之中],我们对其独立的、本真的性质只有悬而不决。不过,我们应当注意这一点:在此,我们也像在别的地方一样,尽管我们用"是"而非"显得"的话语方式,我们真实的意思是:"一切事物都显得是相对的。"这句话的含义有两个方面。第一是指相对于进行判断者(因为被判断的外物相对于他而显现),第二是指伴随的感觉,比如左边相对于右边。事实上,我们已经论证了所有的事物都是相对的;比如就判断者而言,对象总是要相对于某个确定的动物或人或感官而显现,并且相对于如此这般的环境;就伴随的感觉而言,每个物体都在与某种特定的混合物或方式或结合或数量或位置的关联中显现。

还有其他的专门论证可以证明万物的相对性：独自存在的东西与相对的东西有无不同？如果没有不同，则它们也都是相对的；如果它们不同，那么，既然一切不同的东西都是相对于别的东西（因为"不同"之名来自它和那个与之不同的东西的关联），独自存在的东西也是相对的。再说，独断论者认为，在存在的东西中，有的是最高的种，有的是属，有的既是种又是属；而所有这些都是相对的；所以万物都是相对的。还有，他们说有的存在者是完全明白的，有的是不明白的，明白的事物可以指明，不明白的事物被明白的事物所指明；因为他们认为"明白的东西是不明白的东西的现象"。但是指明与被指明都是相对关系，所以，一切都是相对的。再如，有些事物是相同的，有些是不相同的；有些相等，有些不相等；这些都有相对性；所以，万物都是相对的。甚至肯定万物并非都是相对的人，也断定了万物的相对性，因为通过他反对我们的论证，他表明了"并非万物都是相对的"这句话本身是相对于我们而言的，而不是普遍有意义的。

在建立了万物的相对性后，我们面临的显然就是这一结论：我们将无力说出在自身的纯粹状态之下的各个事物的本性，而只能说出在其相对状态中所显出来的特性。所以，我们必须对对象的真实本性悬而不决。

接下来是第九式，它依据的是事物出现的频率。下面我就来解释。太阳当然比彗星更夺目。但是，因为我们老是看见太阳，很少看到彗星，所以，我们为彗星所震慑，甚至视其为神兆，而太阳却丝毫引不起人的吃惊。如果我们很少看到太阳的东升和西落，看到的是它突然照亮万物，又突然把万物投入黑暗，那么，我们就会对太阳感到震惊。地震也不会在第一次经历它和多次经历它的人当中产生同样的恐慌。大海使第一次看到它的人如何激动啊！美女会令初见者惊羡，经常看到她的人则熟视无睹。另外，少见的东西会被视为珍贵，多见并易得者则不然。如果水为罕有，那它会比现在视为珍贵的东西宝贵多少倍啊！如果黄金如石子一样遍布大地，谁还会看重并收藏它呢？

既然同一样东西会由于出现次数的不同而显得有时引人注目、有时平淡无奇，那么，虽然我们有可能可以了解事物在出现次数不同的情况下对我们所显现的不同表象，但对事物的绝对的本性不可能有所了解。所以，这一式也令我们对于它们悬而不决。

第十式主要是与伦理学有关的，它建立在行为规则、法律、传说信念和独断论者概念的分歧上。行为规则是对于一种生活方式或一个具体行动的选择，选择者或者是一个人，或者是许多人——比如，或是第欧根尼所选择的，或者是拉科尼亚人所选择的。法律乃是国家成员之间成文的契约，违背它将受到惩罚。习惯或习俗（两个词的词义相同）是一群人对于某种行为的共同采纳，违背它不会真的受到惩罚；比如，法律明文规定禁止通奸，而我们的习俗禁止在公共场合下性交。传说信念是对于非历史性的、虚构的事件的接受，比如克诺努斯的传说，这类故事很多人信以为真。"独断论者概念"是接受似乎是被类比或某种证明所建立起来的事实，比如万物的元素是原子，或是同质体，或是最小者，① 或是其他什么东西。

我们将既把它们各自对峙起来，又把它们相互对峙起来。比如习俗与习俗的冲突：埃塞俄比亚人给孩子文身，我们却不然；波斯人认为穿及足之染鲜亮色彩的长袍好看，我们却认为难看；印度人在公共场合性交，大多数其他民族视其为可耻。法律与法律的对峙：罗马人在宣布放弃继承父亲的财产后就可不必代父偿付债务，罗底亚人则得偿付。斯基亚人的法律要求把陌生人作为牺牲献给猎神（Artemis），我们的法律却禁止在祭坛上献活人祭。行为规则与行为规则的对立：第欧根尼与阿里斯底波斯的行为准则是对立的，拉科尼亚人与意大利人的行为规则也是对立的。传说信念之间的对立：如在有的故事中，人和众神之父是宙斯；

---

① 第一种观点是原子论；第二种是阿那克萨戈拉；第三种是第奥多罗斯·克诺努斯（Diodorus Cronos），此人是小苏格拉底派中的麦加拉学派哲学家，大约生活在公元前300年。

在有的故事中，众神之父却是乌凯诺斯（Oceanos）——"众神的海母，生育了它们的赛蒂斯（Tethys）"。我们也把独断论者概念与独断论者概念对立起来：有的人说只有一种元素，有的说有无数，有的说灵魂是有死的，有的说是不朽的；有的说人间事情受神圣的天命控制，有的却认为没有天命。

我们也把习惯与别的事物对立起来，比如与法律的对立：波斯人习惯于同性恋，罗马法律却禁止之。罗马人禁止通奸，而马萨格太人（Massagetae）却视其为一个无所谓的习俗，正如欧多克索（Eudoxus）在其《游记》第一卷中提到过的那样。我国对于母子通婚是禁止的，但是波斯人的习俗却允许这样的婚姻。在埃及人那里，兄妹结婚是习俗，但是我们的法律是禁止的。习惯与行为准则的对立：大多数人在隐秘之处行房事，克拉底（Crates）[①] 却在公共场合与西帕奇娅（Hipparchia）做爱。第欧根尼露出一个肩膀四处走动，我们却按习俗方式穿着。习惯与传说也是对立的：传说中说克诺努斯吞下了自己的孩子，我们的习惯却要求保护自己的后代。我们的习俗是尊重神，因为神良善无邪，但是诗人却把神描写成受伤和相互妒忌。习俗也与独断论者对立：我们的习俗是向神祷告，祈求保佑，伊壁鸠鲁却宣称神根本不听我们；阿里斯底波斯认为身着女装无所谓，而我们却深以为耻。

我们也指出行为准则与法律的差别：法律禁止打自由民或是世家子弟，全能赛手们（Pancratiasts）却按照他们遵循的生活准则相互击打。虽然法律禁止杀人，角斗士却相互残杀。我们也把传说信念与行为规则对立起来：传说中讲赫拉克勒斯在奥姆法勒的宫殿中"勤劳纺织羊毛，承受奴役"，干了许多苦活，这是大家甚至稍微干一点儿都不愿意的苦活。但是赫拉克勒斯的行为规则却十分高贵。我们也把行为规则与独断论者的概念对峙起来：运动员追求荣誉，视其具有极大之价值，为此在生活

[①] 克拉底是一位犬儒派哲学家，大约生活在公元前 320 年。

中勤学苦练,但是许多哲学家却独断地宣称荣誉是毫无价值的事情。至于法律与传说信念的对立则是:诗人把神描写成从事通奸、同性恋,而我们的法律却禁止这些事情。法律与独断论者概念的对立:克吕西波说母子通婚或兄妹通婚是无所谓的事情,法律对此却严加禁止。我们也把传说信念与独断论者概念对立起来:诗人说宙斯下凡和凡间女人做爱,独断论者们却认为这是根本不可能的事情。诗人说宙斯由于为萨培顿伤心,"向大地滴下大块的血",而独断论者的信条之一就是神是不受外界影响的。这些哲学家还批驳了"马羊人怪"的传说,说那根本不存在。

我们还可以就上面所说的各种对立举出许多例子,但是在我们的简洁讨论中,这些就够了。既然从这一式看出对象中存在如此众多的差别,我们不能指出哪些特性属于它们的真实性质,而只能指出哪些是根据那些特殊规则、法律、习俗等而属于它的性质。通过第十式,我们对于外部事物的真实本性还不得不悬而不决。所以,通过所有十式,我们最终导向的是悬而不决。

15. 关于五式

这是由稍后的怀疑论者传下来的引向悬而不决的方式,其内容:第一是由于意见分歧,第二是由于无穷倒退,第三是由于相对性,第四是由于假设,第五是由于循环论证。"由于分歧"的式乃是让人注意:由于常人和哲人们都会对事物产生无始无终的冲突看法,我们难以决断取舍什么,只能悬而不决。由于"无穷倒退"的式是:我们用来作为证据解决争端的东西,自身还需要别的证据,而别的证据又需要另外的证据,如此无穷后推下去,找不到论证的出发点,所以只能悬而不决。"由于相对性"的式我们已经讲过了:即对象总是在与判断者和伴随感觉的关联中呈现出诸如此类的现象,所以我们对其真实性质只能悬而不决。"由于假设"的式是:当独断论者被逼进"无穷倒退"论证时,不是通过论证确定自己的立场，而是简单地宣布某个东西作为出发点。"循环论证"的式是：用于证明讨论中的主旨的证据本身需由被论证者证明，此时，由于我们无法确立二者中的任何一方，我们只能对二者都悬而不决。

　　所有研究的事物都逃不出这五个式，这一点我们下面将简短论说。被研究者或是感性对象，或是理性对象，但无论它们是哪种，都是争论不休的对象；因为有的人说只有感性对象是真的，有的说只有理性对象是真的，有的说某些感性对象、某些理性对象是真的，[①]他们会说这些争议的是非能否被判定吗？如果他们说不能，那么我们已经说了：只好悬而不决；因为，对于无法解决的争端是无法下论断的。如果他们说能够解决，我们要问：根据什么来解决？先以感性对象为例（因为我们的论证建立在感性之上），它由感性的对象还是思想对象来判定呢？如果他们说是感性对象，那么既然我们正在研究感性对象，则那对象自身又须要用另一个事物来确证它；而那个事物又得是一个感性对象，它还得再用另一个感性事物来确证自己。如此，则会引向"无穷倒退"。如果感性对象应当由思想对象来判定，那么由于思想对象自身也在争议之中，这一思想对象又须受审视和确证。它从何处得到确证呢？如果从思想对象，那它也会陷入同样的"无穷倒退"；如果从感性对象，那么既然人们用理性对象来确证感性对象，现在又用后者来确证前者，于是便陷入"循环论证"的式。

　　如果我们的对手为了逃避这一结论，擅自宣称一个命题为论证出发点，不对之加以论证，那么，他就陷入"任意假设"之式而无法逃避。因为，如果提出假设的人值得信赖，我们在任何时候提出相反的假设，也一样值得信赖。进一步，提出假设的人只是设定真实的东西，那么他这种不证明而假设的方式会引起人们对他的说法的怀疑；如果提假设的人设定的是虚假的东西，他论证的基础就崩溃了。再者，如果假设能帮助证明，

[①] 三种观点的典型代表可以举出：伊壁鸠鲁、柏拉图、亚里士多德。

那还不如直接就把要讨论的观点给设定了，为何还要去设定用来证明观点的中介手段呢？但是，如果你认为不经证明就可设定观点，乃是荒谬之举，那么，设定用以建立观点的东西，一样也是荒谬之举。

很明显，一切感性事物都是相对的——它们相对于拥有感觉的人。因此很明显，对于任何提出来的感性对象，都可以很容易地启用五式中的一式。对"思想对象"也可以同样论证。因为，如果说它们是无法解决的争端所在，那么，我们的悬而不决的结论就自然得出；如果争端能够解决，那么，如果这依靠的是另一个思想对象，则我们不得不陷入"无穷倒退"；如果这依靠的是一个感性对象，那么我们陷入"循环论证"，因为感性对象本身还被争论不休，无法通过自身解决（由于无穷倒退之式），还需要思想对象的帮忙，正像思想对象需要感性对象的帮忙一样。由于这些原因，提出假设来肯定任何东西的人，违反了逻辑。进一步讲，思想对象是相对的，因为它们之所以被如此命名，就是因为他们相对于思想的人。况且，如果它们当真拥有据说它们所拥有的属性，那么人们就不会为之争论不休了。所以思想对象也逃不出五式，因此，在所有情况之下，我们都不得不对呈现的对象悬而不决。

那些就是"较晚近的怀疑论者"传下来的五式。不过他们提出五式，并不是要取代十式，而是要与十式结合起来，以便用更多的方式和更完全的方法揭露独断论者的轻率。

16. 关于二式

他们还传下来导向悬而不决的"两式"："认识"究其可能无非是这两种：或是直接地认识，或是间接地（通过他物）认识。如果证明了没有任何东西能够直接地或是通过其他事物认识，那就可以对一切事物怀疑。他们认为，直接认识是不可能的，这很明显。自然哲学家在一切事情上，无论是感性对象还是思想对象，都争执不下，无法解决，因为我们既不能使用感性的标准，也不能使用理性的标准——我们能使用的一切标准都有争议并因此不可靠。他们也反对间接地（由他物）来认识（即论证）的可能，理由是：如果用来证明其他东西的东西自身必须先被另一个东西所证明，则必然或者陷入"无穷倒退"，或者陷入"循环论证"。如果一个人设定说，那用以证明别的东西的东西是通过自身就具备真实性的，那么上面的论证已经驳倒了这一做法：没有任何东西可以通过自身得到认识。不过，对于自身冲突如何能够或是经由自己，或是通过其他东西得到认识，我们保持怀疑，因为真理的或认识的标准是不清楚明白的，而"标示"（signs）理论也将在下一卷中被我们驳倒。

就现在来说，关于导向悬而不决的各种式的这些讨论已经足够了。

17. 批驳原因研究者的式

正如我们教授导向悬而不决的传统的式一样，有些怀疑论者还提出了对具体的"推因论"(aetiologies)或原因理论进行怀疑的式，以抨击独断论者，因为独断论者对这些理论有特别的自豪感。安尼西德穆斯(Aenesidemus)提出了八式，据此检验独断论者的"推因"理论，指出它们无一正确。其中第一：既然推因论整体来说是关于不明事物的，就不能被来自现象的任何公认证据所证明。第二，在有充裕的余地可以把所研究对象归于各种原因时，有些独断论者却常常只用一种方式来解释对象的原因。第三，他们给有序事件指定的原因并无秩序。第四，当他们知道了现象界发生的方式时，便以为也把握了不明事物的发生方式；可是实际上不明白事物虽然可以以同样的方式发生，但完全可能不一样，而是有其独特之处。第五，所有这些理论实际上都是在按照自己对于元素（始基）的特别假定，而非根据任何公认的方法在指说"原因"。第六，他们常常只承认能被他们自己理论所解释的那些事实，对于那些与自己理论相冲突的事实，就弃而不顾，虽然它们也具有同等可信性。第七，他们所定下的"原因"常常不仅与现象冲突，而且与他们自己的假设冲突。第八，常常当现象可疑而他们研究的事物也同样可疑时，他们把关于同样可疑的事物的理论建立于同样可疑的事物的基础上。安尼西德穆斯还说，对于这些人的原因理论的批驳也可以混合使用上面当中的几个式。

很可能导向悬而不决的五式就足以反驳原因理论了。因为一个人提出某种原因时，它或是与所有的哲学体系、怀疑论以及现象一致，或是不一致。不过，可能无法提出一个与所有这些都一致的原因，因为一切东西，无论明白的还是不明白的，都是有争议的。但是，如果提出来的原因不与这些一致，人们就会要求这一理论对提出来的原因再提出原因说明；如果他用明白的原因来说明明白的原因，或是用不明白的原因说明不明白的原因，他就陷入了无限倒退；如果他让明白的和不明白的东西相互为因，那他又陷入了循环论证。如果他在某个点上停下来，他就或者宣称那个原因被前面的论断所建立，那他陷入了相对性，破坏了他的命题的绝对实在性；或者他就全然做出假设，而这又会被我们逮着。所以，这些式无疑能揭示独断论者在其原因理论上的鲁莽轻率。

18. 怀疑论的表达式或"公式"

在使用这些"式"和其他那些导向悬而不决判断的式中，我们会说出一些表达我们的怀疑态度和心态的话，比如"谁也不更"，"什么也不决定"等。所以，我们下面的任务就是依次讨论这些表达式。让我们从"谁也不更"开始。

19. 论表达式"谁也不更"

这个表达式，我们有的时候表述为"谁也不更"（Not More），有的时候表述为"并不更"（Nowise More）。但是我们不是像有的人所想的那样，是在具体研究中使用"谁也不更",在一般情况下使用"并不更",而是毫不区别地使用两者。现在我们把它们当作同义词来讨论。这一表达式是不完全的。正如当我们说"一个双层"时,我们是在隐含地说"一个双层楼房";当我们说"一平方",我们隐含地说"一平方道路"。当我们说"谁也不更"时,我们隐含地所说的乃是"这个不比那个更如何,高不比下更怎样"。有的怀疑论者用"什么"替换"不",得出公式"(为)什么这个比那个更",其中的"什么"在此标识原因;于是公式的意思就是:"为什么这个比那个更……"实际上,人们经常用疑问句替代肯定句,比如:"宙斯的新娘,哪个人不认识她?"也可以用肯定句替换疑问句,比如:"我问的是蒂昂是否还活着。"以及"我问你为什么见到诗人要吃惊"。而且,米南达也曾用"什么"而不是"为什么"表达疑问:"(为)什么,我被丢在后面了?""谁也不更"这一表达式表明我们觉得陷入了"相反者等效"(equipoise)之感受,这是由于对立的对象的同等有效性。至于"同等有效性",我们指的是在向我们显出的或然性上的等同性。我们说的"对立的"是指一般的冲突,"相反者等效"指我们拒绝认可任何一种可能。

至于"并不更"的表达式,虽然它显出一种肯定或否定的样子,我们并不在这个意思上使用它。我们只是以松散的和不精确的意义使用它,或者用它代表一个疑问句,或者代表这样的短语:"我不知道这些事情中我该肯定什么,否定什么。"我们的目的是要指出我们面前的状况,至于用什么表达式来表示它们,我们无所谓。所以这一点要强调一下:我们使用"并不更"的表达式时,不是正面地肯定这话确实是真的和确定的,只不过是表达它对我们显现出来的样子。

20. 无言或不断定

有关"不断定"我们要说的是这些:"断定"一词有两个含义:一

般的和特别的。在一般的意义上它表达肯定或否定，比如"这是白天"，"这不是白天"。在特别的含义上它只表达肯定，而否定不被叫做"断定"。"不断定"是避免一般意义上的断定，它既包括肯定，也包括否定。故而"不断定"是我们拒绝肯定也拒绝否定任何东西的一种心灵状态。所以，很显然，我们使用这一表达式不是表明事物实际上是必然导向不断定的，而是表明我们在说这话的当下，就有关问题而言，正好出于这样的心态中。还要记住的是：我们既不肯定、又不否定的东西乃是关于不明白的领域所提出的独断命题，因为我们对作用于我们的感受和迫使我们不得不承认的事情是顺服的。

21. 论表达式"或许"、"可能"、"也许"

表达式"或许"、"或许不"、"可能"、"可能不"、"也许"和"也许不"，代表的是表达式"或许是这样，或许不是这样"，"也许是，也许不是"。同样，为了简约，我们用"可能不"代表"可能这不是"，用"也许不是"而不是用"也许这不是"。用"或许不"而不是"或许这不是"。不过这里我们也不纠缠于语词之争，也不研究表达式是否代表了实在，只是像我所说的，以松散的方式使用它们。很明显，这些表达式表示不断言。当一个人说"也许是这样"时，他当然隐含地肯定了看上去相矛盾的表述："也许不是这样"，因为他拒绝使用正面的肯定："这是这样。"这也适合于所有其他的表达式。

22. 论表达式"我悬搁判断"

"我悬搁判断"指的是"我无法说出眼前的观点中哪一个是应当相信或不相信的"，这表明有关事情在其可信性和缺乏可信性上对我们显得是一样的。至于它们是否真的一样，我们不做任何肯定的断言，我们只陈述我们在观察时它们向我们所显现的样子。"悬搁"一词来自心灵的"被悬起来"的事实,也就是它由于所研究的命题的正反等效性而既不肯定、也不否定。

23. 论表达式"我什么也不决定"

关于表达式"我什么也不决定",我要说的是:"决定"在此不是指任何东西,而是指对于不明白的事情的肯定。因为这个意义上的事情,怀疑论是不决定的——甚至连这个命题"我什么也不决定"本身,也不独断地决定;因为这不是作为一个独断的假设提出的,而是一个标识我们心态的表达式。所以,当怀疑论者说"我什么也不决定"时,他的意思是:"我现在处在这样的心态下:对于有关的问题既不独断地肯定、也不否定。"他这么说,只不过是在非独断地陈述有关问题对他所显现的样子,并没有在自信地宣称什么,只是在解释他自己的心态。

24. 论表达式"一切都是不确定的"

不确定是一种心态,是我们对独断研究的对象、也就是不明白的事物既不肯定,也不否定。所以,当怀疑论者说"一切都是不确定的"时,他说的"是"是"在他看来";而"一切"并不是指存在的一切事情,只是指他正在考查的独断论者所研究的不明白的事物;"不确定"指的是对立的事情或任何冲突的事情在可信性和不可信性上没有谁更优越些。正像人们在说"四处走走"的时候,暗含着说"我四处走走";当说"一切都是不确定的"的时候,也暗含了这样的意思:这是"就我而言"或"对我显得"。故而,这一表达式相当于说:"我所考查的所有独断研究的对象,在我看来都显得在可信性和非可信性上不比与之冲突的命题更为可取。"

25. 论表达式"一切事物都是无法理解的"

我们在使用表达式"一切事物都是无法理解的"时,态度也一样。因为我们对于"一切"的解释与上面相似;而且我们也一样加上"对于我来说"的短语;这样,这一表达式要传达的意思就是:"我所考察的所有独断论者研究的事物在我看来都是无法理解的。"这么说并不是要正面地肯定独断论者所研究的对象真的是无法理解的,而只是要表达一下说话人的心态。他要说的是:"我意识到直到现在为止,由于对立面的等效,我本人对什么都不理解;因此人们用来推翻我的立场的论证也与我所要说的毫无关系。"

26. 论表达式"我没有理解"和"我不理解"

表达式"我处于不理解的状态"和"我不理解"都是标识一种个人心态,这是怀疑论者在那一时刻不肯定或否定任何所研究的不明白的东西。从上面我们关于其他表达式的讨论中不难理解这一点。

27. 论表达式"对于一切论证都可以找到同样有效的对立论证"

当我们说"对于一切论证都可以找到同样有效的对立论证"时,我们的意思是指我们已经研究过的"一切论证",并且我们不是在简单意义上运用"论证"这个词,而是特指独断地确立论点(也就是说对于不明显的事情论述),而且是通过任何可能的方法确立论点,不过不一定借助于前提和结论的方法。① 我们说的"同等有效",是就可信性或不可信性而言的;并且,我们在"冲突的"(conflicting)的一般意义上运用"对立的"这个词;而且,我们还在思考中增加"在我看来"这个短语。因此,无论何时,当我们说"对于一切论证都可以找到同样有效的对立论证"时,我实际上所说的是:"对于我所研究过的、独断地确立论点的每个论证,在我看来都存在另一个对立的独断地确立论点的论证,在可信性和不可信性上两者同等有效。"所以,这个短语所道出的不是一种独断论,而是在表达一种对经历此事的人来说十分明显的心态。

但是有些人也用这样的形式表达,"对于一切论证,都对峙一个同样有效的相反论证"。该种形式的表达意在给出一种命令——"对于独断地确立论点的每一个论证,让我们对峙一个也是独断地研究的、在可信性和不可信性方面与前者同等有效的、并且与之矛盾的论证"。因为他们的这个表述是讲给怀疑论者听的,尽管他们用的是不定式的形式"都对峙",而不是命令式的"让我们对峙"。他们向怀疑论者表达这命令,目的是防止他们万一由于独断论者的误导而放弃怀疑论的研究,或是由于匆忙轻率而丧失怀疑论者所赞颂的"宁静"。我在前面说过,怀疑论者认为宁静依赖于普遍的悬而不决的判断。

28. 有关怀疑论表达式的补充说明

我们已经用概要的方式充分地解释了所提出的怀疑论公式。至于其余的,可以从这些推导出来。说到怀疑论的所有公式,首先要记住:我们对于它们的绝对真理性不作任何肯定的断言,因为我们说过,它们可能被自己所驳倒——它们被包括在它们所要怀疑的事物之中;这就像泻药不仅驱除体液,而且把自己排出来一样。我们还说:我们在运用这些

---

① 即三段论的方法。

判断时并没有对它们涉及的对象作权威性的解释，而是不精确的，或松散的，因为如果你在表达上较真，就不是怀疑论者了。此外，即使对这些表达式也不赋予绝对意义，只是相对的，相对于怀疑论的意义，这么做是有好处的。此外我们必须记住，我们并不是把它们普遍地运用于一切事情上，而只是用于不明白事物和独断研究的对象。我们仍然谈论对我们呈现的东西；至于外部对象的真实本性，我们不做任何正面判断。在我们看来，这么一来，所有那些针对怀疑论表达式所进行的诡辩攻击都可以被驳回了。怀疑论公式只叙述对我显现之事，这与对外部客体的真实本性作出断定，是截然不同的。在我看来，这样一来，所有针对怀疑论公式的诡辩都可以被反驳了。

我们既然已经讨论了怀疑论的意图或目的，它的划分、标准和目的，以及悬而不决的各种方式，讨论了怀疑论的公式，我们就阐明了怀疑论的特征；我们下面的任务就是简短地解释它和与之相近的哲学体系的差别，以便使我们能够更清楚地理解"悬而不决"的思想路向。让我们从赫拉克里特哲学开始。

29. 怀疑论的思想方式与赫拉克里特哲学的不同

赫拉克里特哲学与我们的怀疑论的思想方式的不同是一目了然的，因为赫拉克里特对很多不明白的事情做出了独断的判断，然而前面已经讲过，我们并不是这样做的。诚然，安尼西德穆斯和他的信徒们过去常说怀疑论的方式是通向赫拉克里特哲学之路，因为，认为同一事物是相反的现象的主体的观点会导向认为同样的东西是相反的实在物的主体；怀疑论者说同一事物是相反的现象的主体，而赫拉克里特主义者则进一步断言它们的实在性。但是，我们对此的回应是：同样的东西具有相反的现象，这个看法并不是怀疑论者的一个教条，而是一个事实，这个事实并非仅仅为怀疑论者所感受到，其他哲学家乃至所有人都会感受到这个事实；因为当然没有人敢说健康人品尝蜂蜜感到不甜，或者黄疸病患者品尝蜂蜜感到不苦。正如我们以及所有其他哲学家那样，赫拉克里特主义者也是从人类的普遍的正确前提为起点的。因此，如果他们是从怀疑论的任何一个公式（诸如"所有的东西都是不可理解的"、"我什么都不决定"或某些相似的表达式）中推导出他们的理论，即"同一个东西是相反的实在物的主体"，那么他们能得出他们所断定的结论；但是，由于他们的起点是我们和所有其他哲学家乃至普通人所经验到的印象，大家都在使用同一类贯通的素材①，那么，为什么要宣称我们的思想方式——而不是任何其他哲学甚或普通观念——是通向赫拉克里特哲学之路呢？

情况毋宁说是如此：怀疑论的方式远非是对赫拉克里特哲学知识的帮助，恰恰相反，实际上是一个障碍。怀疑论者否认赫拉克里特的所有的独断命题，批评它们是匆忙草率的言说，批驳赫拉克里特的"宇宙大火"论，批驳赫拉克里特的"同样的东西是相反的实在物的主体"的观念，并且嘲弄赫拉克里特在他的每个教条中所表现出来的独断的轻率行为。恰如我在前面所说的那样，怀疑论者总是一再地说"我不理解"和"我什么也不决定"，而这些是与赫拉克里特主义者相冲突的。说一种思想方式是通向与之冲突对立的理论体系的途径，当然是荒谬的；因此，说怀疑论的方式是通向赫拉克里特哲学之路，也是荒谬的。

30. 怀疑论的思想方式与德谟克利特哲学的不同

然而也有人说德谟克利特哲学与怀疑论有共同之处，因为两者似乎都运用同样的素材；因为，从蜂蜜对某些人是甜的、对其他人是苦的这个事实中，德谟克利特推断蜂蜜实际上既不甜也不苦，并且因此宣布"谁也不更"（not more），而这是一个怀疑论公式。然而，怀疑论者和德谟

---

① 即感性印象中得出的一般经验和观察。

克利特学派是在以不同的方式运用"谁也不更"这个表达式；因为德谟克利特的学派用它来表达任何一种选择都是不真实的，我们却用它来表达我们无法知道两种现象是否都是真实的或是都不是真实的。所以，在此我们还是存在分歧，并且当德谟克利特说"但是实际上是原子和虚空"（他用"实际上"而非"真实地"）时，我们之间的分歧就变得特别明显了。我们和他的不同乃是：他说原子和虚空真实地存在着。尽管他是从现象的不一致出发的，但我认为他那样说是多余的。

31. 怀疑论与犬儒派的区别

有些人断定昔兰尼派[①]的教义和怀疑论是一回事，因为它肯定：能够认识的唯有心灵状态。但是昔兰尼派认为快乐和身体的平静运动是终极目的，而与此相反，我们认为终极目的是"宁静"，所以昔兰尼派的教义不同于怀疑论。诚如我在"论终极目的"那一节中所论述的那样，无论快乐是否出现，那些肯定快乐是终极目的的人必然会遭受烦忧。再说，我们对于外在对象的本质悬搁判断，而昔兰尼派则宣称那些对象拥有人们所无法理解的真实本质。

32. 怀疑论与普罗塔戈拉的区别

普罗塔戈拉也认为"人是万物的尺度，是存在物存在的尺度，是非存在物不存在的尺度"；他所说的"尺度"（measure）指的是标准(criterion)，"事物"(thing)指的是对象（the objects）；所以他实际上是在断言："人是所有对象的标准，是存在物存在的标准，是非存在物不存在的标准。"结果，他仅仅承认呈现于各个个体面前的事物，因而他引入了

---

① 小苏格拉底派中的"享乐主义"派。

相对性。并且由于这个原因，他似乎与皮罗主义者也有共同之处。然而，他们之间是有差别的；当我们准确地解释了普罗塔戈拉的观点后，我们就会看出他们之间的差别。

普罗塔戈拉的观点是这样的——事物处于不断的变动之中，随着它的流动，新增的事物不断地代替消亡的事物，感官由于生长和年龄以及身体的所有其他状况而变化、更替。普罗塔戈拉还认为所有现象的"原因"存在于事物之中。所以，事物依赖自身就能够成为所有那些人们所感知的事物。普罗塔戈拉说，人们由于他们的不同的性情，在不同的时间理解不同的事物；处于自然状态中的人们理解能呈现给处于自然状态中的人们的那些事物，处于非自然状态中的人们则理解能够呈现给处于非自然状态中的人们的那些事物。而且，同样的解释完全适用于年龄、睡眠或醒着状态以及其他情况的变化。因而，在普罗塔戈拉看来，人就成了真实存在的标准，因为呈现在人们面前的事物就存在，不对任何人呈现的事物也就不存在。

我们看到普罗塔戈拉对事物的流动性以及所有呈现的"原因"的实际存在做出了独断的说明，而这些正是我们要对之悬搁判断的不明白之事。

33. 怀疑论与学园派哲学的区别

有人确实说过学园派哲学与怀疑论是一样的。所以，我们下面的任务就是讨论这一断言。

根据大多数人的意见，学园派可以分为三种。第一种即最古老的，是柏拉图及其学派的；第二种或"中期学园"是波来穆（Polemo）之学生阿尔凯西劳斯（Arcesilaus）及其学派的；第三种或"新学园"是卡尔尼亚德（Carneades）及克莱托马库斯（Cleitomchus）的学派的。有人还在这之后加上"第四学园"，即菲罗（Philo）与查米达斯（Charmidas）学派；有人更把安提奥古斯（Antiochus）的学派算作"第五学园"。让我们从

44

老学园开始，考察这些哲学与我们的差异之所在。

柏拉图被有些人称为独断的，被有些人称为怀疑的，被有些人称为部分独断、部分怀疑的。因为在柏拉图的练习性对话中，苏格拉底被表现为或者是与听众玩笑似的谈话，或者在反击智者中被人看作像一个练习的、怀疑的角色。但是当柏拉图严肃地借助苏格拉底之口或蒂迈欧之口或是其他人物之口说话时，他是独断的。对于那些说柏拉图是独断论者或部分独断、部分怀疑的人，再说什么也都是多余的了，因为他们自己已经承认柏拉图与我们的不同。柏拉图到底是不是一个真正的怀疑论者，我们在《评论集》①中更充分地讨论了这一问题。现在，我们与梅诺多图(Menodotus)和安尼西德穆斯一致（他们是这一观点的主要支持者），简单地宣布：当柏拉图论及理型或天命，或德性的生活比邪恶的生活更可取时，如果他在断定这些是确切真理，他就是在独断；如果他把它们接受为更可信，那么他就是在或然性或非或然性上使一件事情比另外一件事情更加可取，因此，他就离开了怀疑论者的立场了。从我们迄今所说的可以明白地看出，这样的态度与我们相去甚远。

而且，即使柏拉图在所谓"练习"的时候讲过一些怀疑论的话，这也不能说明他是一个怀疑论者，因为只要有人在一件事情上独断过，或在可靠性和不可靠性上对任何一个印象表过态，或对于任何不明白的事情下过断言，那他就算是个独断论者，就像蒂孟(Timon)在论赛诺芬尼(Xenophanes)时说过的那样。蒂孟尽管多次表扬赛诺芬尼，甚至把自己写的《嘲讽》题献给他，他还是把他（赛诺芬尼）写成在悲叹：

我真希望获得充满智慧的心灵，
我朝两条路上看，但是狡猾的路欺骗了我，
我已年老，充满怀疑者的疑虑，
因为我无论向哪个方向探问，

---

① 即塞克斯都的《反独断论者》。

一切都融化为一和完全同一种东西；所有永恒存在的都回到同一自身本性，一路同化着一切。

因此，蒂孟称赛诺芬尼为"半虚荣的"，尚未完全脱离虚荣心，他说：

半虚荣的赛诺芬尼，荷马的谎言的嘲笑者，

为自己构建了一个远远超越于人之上的神，在所有方面都自身等同，不会受到攻击或批评，在思考中超越思想。

他称赛诺芬尼为"半虚荣的"，因为赛诺芬尼在一定程度上摆脱了虚荣；所谓"荷马的谎言的嘲笑者"，指的是赛诺芬尼批评了荷马说的那些谎言。赛诺芬尼与其他所有人的一般信念相反，独断地肯定一切是一，神与万事万物本质上是一体，是圆形的，无感情的，不变的和理性的。从这些观点看，赛诺芬尼和我们有很大差别。不过，我们已经说过，甚至柏拉图在某些事情上也提出过怀疑，但是他不能算是一个怀疑论者，因为他有的时候对于不明白的事物的实在性下过断言，或是认为一种不明白的事情的可靠性高于另一种。

柏拉图新学园的信众们虽然肯定一切都是无法理解的，但是与怀疑论还是不同。甚至就"一切都是无法理解的"这个命题本身来说，他们正面地肯定这一命题，而怀疑论认为有的事物可能是可理解的。不过，他们和我们最明显的区别是他们对事物的好与坏的断言上。学园派不像我们那样描述事物的好坏，因为他们在描述中当真相信，他们称作"好"的东西比相反的东西事实上要好，这是具有更大"或然性"的；在说到坏的事情上也一样。可是当我们说一件事情好或坏的时候，我们并没有附加上"我们的断言更具有或然性"的想法，而只是非独断地顺从生活的要求，以免完全失去行动的可能。至于感知觉的本质，我们说它们在或然性和非或然性上是同等的；而他们却说有的印象具有较大的或然性，有的具有较少的或然性。

在或然的印象上，他们是这样区分的：有的仅仅是或然的，有的是或然的而且检验过的，还有的是或然的、检验过的和"不可推翻"的。

比如有一条绳子卷放在暗室之中,一个人匆匆走入,他得到的就是"仅仅或然的印象":这是一条蛇;但是在细心地审视过各种情况(如它的纹丝不动,它的颜色以及它的其他属性)之后,它便显得像一条绳子,而这便是根据一个"或然的和仔细检验过的表象"。这样的印象也是"无法推翻的"或无法争议的。当阿尔塞斯提斯(Alcestis)去世后,据说赫拉克勒斯把她从地狱带回来给阿德麦图斯(Admetus),于是阿德麦图斯就有了一个阿尔塞斯提斯的"或然的、检验过的印象"。然而,由于他知道她已经死了,所以他的心从承认这一印象上退缩回来,转向疑惑不信。所以,新学园的哲学家们认为或然的而且检验过的印象比仅仅或然的印象更可取。而或然的、检验过的、无法推翻的印象又比这二者更可取。

再者,虽然学园派与怀疑论都说他们相信某些事情,他们在这里的差别还是一目了然的。因为"相信"一词有不同的含义,它可以意味着不抵抗而仅仅毫无积极性地跟随着,就像说一个孩子相信他的老师一样。但是有的时候它意味着认可一件仔细选择过的事情,伴以出自强烈欲望的同情感,比如不知节制的人相信主张奢侈的生活方式的人。既然卡尔尼亚德和克莱多马库斯的信众宣称他们的信念和对象的可信性伴随着强烈的认同,而我们说我们的信念不过是简单的顺从,不带有任何认同,那么,在此我们和他们必然也存在着分歧。

再者,就终极目的(或人生目的)而言,我们与新学园派也不同。他们当真宣称按照自己的理论生活,以或然性为生活的指导,我们却非独断地生活,服从法律、习俗和自然感受。如果我们不是以简要阐释为原则的话,我们还可以在这一差别上展开更多。

阿尔凯西劳斯——我们说过他是"柏拉图中期学园"的领袖和奠基者——在我看来与皮罗学说有许多共同之处,所以他的思想方式几乎与我们一样;因为他从未对任何事物的实在性或非实在性加以断定,他也不曾认为任何事物比起别的事物在或然性或非或然性上有什么不同,他对一切都悬而不决。他也说过终极目的就是悬而不决,伴随悬而不决而来的是宁静，正如我们所说的那样。他还说过对具体事物的悬而不决是好，认可具体事物是坏。只不过我们这么说的时候没有做正面肯定，只是依从它们向我们呈现的样子；他却认为自己是在对真实的事实下判断，故而他断言"悬而不决"自身真正的是好，"断定"则自身真正的是坏。我们不妨接受人们对他的评说：他第一眼看上去是个皮罗派，但是骨子里是一个独断论者。由于他用怀疑法检验他的同伴，看他们的本性是否适宜于接受柏拉图的教义，他被人看成是一个怀疑的哲学家；但是他对那些本性上有天赋的人传授柏拉图的教义。所以阿里斯顿称他是"柏拉图为头，皮罗为尾，第奥多罗斯（Diodorus）为身子",[①] 因为他也运用了第奥多罗斯的辩证法，虽然他本质上是一个柏拉图主义者。

菲罗说，对象就斯多亚派的真理标准——"理解的印象"——而言，是无法理解的；但是就对象本身的真实本性而言，是可以理解的。再者，安提奥库斯把斯多亚派的思想带进了学园派，结果有人说他"在学园中传授斯多亚哲学"，因为他试图证明斯多亚的思想在柏拉图那里已经有了。这样，怀疑论的"路向"（Way）与所谓柏拉图"第四、第五学园"的区别就一目了然了。

34. 医学中的经验派是否就是怀疑论？

某些人断言怀疑论哲学与医学中的经验派是完全一样的，因而我们不得不指出，由于经验派肯定地断定不明白的事物的不可理解性，所以它与怀疑论并不完全一样；怀疑论者如果接受了那个学说，就无法自洽。在我看来，怀疑论者会更容易采纳所谓"方法"（Method）；因为，似乎只有医学中的"方法派"避开对不明显事物的可理解性和不可理解性作出任意断定，从而避开了对它们的轻率处理；并且，方法派遵循现象，

---

① 荷马在《伊利亚特》中曾描写喷火怪："狮子的头，龙的尾巴，羊的身子。"

从中推导出看起来是有益的东西,这一点和怀疑论者的做法是一致的。我在前面曾指出,怀疑论者也和大家一样生活在日常生活之中,这分为四个方面:一是自然的指导,二是感受的驱使,三是传统的法律习俗,四是技艺的指导。因此,正如怀疑论者由于感受的驱使,在饥渴时就会去饮食那样,方法派医生根据病人感受而得出相应的治疗方法,比如病人受到鼓胀之苦,他就对之治以收缩,又用热的方法来治疗由于冷导致的收缩,或者看到流血,就用阻塞的方法加以治疗,就像人们因洗热水澡而不停流汗、身体放松,这时,他们为了不再出汗,就会急忙跑入凉爽的空气中去。很显然,有悖自然的身体情况会迫使我们采取办法去解决掉它的,因为即使是狗被荆棘刺伤时也会想办法把它除去。简而言之(我不想列举繁多例子,以免超出这一纲要式著作的应有限度),我认为方法派所描述的所有事实都能够归入"感受的驱使"之中,无论这是自然的还是违背自然的感受。

此外,这两种思想体系都在非独断论和非确定化的意义上运用词汇。正如我已经讲过,怀疑论在非独断论的意义上运用"我什么都不决定"、"我什么都不理解"这些表达式,同样,方法派医生也是以一种不断定的方式谈论"一般性"和"普遍"及其他类似的词汇。而且,他也在非独断论的意义上运用"迹象"这个词,表明明显的感受、自然的或反自然的症状引导他发现看起来合适的治疗方法,这些我在上面讲到关于饥渴以及其他感受时已经讨论了。因此,从这些以及其他类似的特征来看,我们认为医学中的方法派和怀疑论有某种极为相似之处;而且,尤其是与其他的医学学派相比,它与怀疑论的相近就更明显了。

既然我们已经对看起来与怀疑论最相近的几个学派进行了这些讨论,我们对怀疑论的一般说明、从而我们的《概要》的第一卷就可以到此告一终结了。

第二卷 概述对于逻辑学的怀疑

1. 怀疑论者能够研究独断论者的命题吗?

我们已经进行了批判独断论者的研究[①],当时我们回答了那些不断重复怀疑论无法研究或根本不可能察知他们所独断的对象的这类论调。这里让我们简明扼要地回顾一下所谓哲学由几个部分构成的问题。他们[②]坚持认为,怀疑论者或是理解或是不理解独断论者的命题,如果他说他理解,那么他怎么能够对他已经理解了的事物心存困惑?而如果他不理解,那么他也就不知道如何讨论他所不理解的那些问题。因为,就像对"还原到哪一步"及"通过两个前提"[③]等论证法一无所知的人,也就不能对它们说些什么。因此,对独断论者的任何一个命题都不了解的人就不能对其妄加评论。所以,怀疑论者完全无法研究独断论者的命题。

现在让那些作如是论的人们回答并告诉我们,他们是在什么意义上运用"理解"这个词的,是否仅仅指一种对讨论中的对象的实在性不做

---

① 指怀疑论的具体的反对独断论的著作。
② 即斯多亚派和伊壁鸠鲁派。
③ "还原到哪一步"的论证内容不详。"两个前提"的假设是这样的假言三段论:"如果 A 是如此,则 B 是如此,如果 A 不是如此,则 B 是如此;事实是 A 或者是如此,或者不是如此,所以 B 是如此。"

肯定的心灵观念，还是对讨论的对象的实在性有所肯定？如果他们说，在他们的论证中，"理解"意味着赞同一个"理解了的印象"——这个理解了的印象来自真实的对象，是与实际对象一致的心灵印记，而不是来自非真实的东西；①那么，也许他们自己都不希望说他们无法研究在这个意义上他们所不理解的东西。例如当一位斯多亚派的人批判伊壁鸠鲁派的"存在是可分的"或"神并不预知宇宙中的事件"或"快乐是善"时，这位斯多亚派对此是否理解呢？如果他已经理解了这些教条，那他就是断言了它们的真实性，自动向对手投降；如果他并不理解那些教条，那么他就不能对此说任何反对的话。

对于那些从某一学派出发打算对不同学派的信条做任何批判研究之辈，我们都将运用相似的论证来反驳他。这样他们就无法热衷于彼此攻击。或者毋宁说，事实上，只要"探询不可知之事是不可能的"这一点得到认可，整个独断论都将被驳倒，而怀疑论哲学则将被稳固地确立起来。因为独断论者对于不明白的对象提出了独断的命题后，会宣称他的命题是在对该对象已经理解之后抑或是尚未理解之前得出的。但是，如果他没有理解那个对象，他就不会获得信任；如果他已经理解了该对象，他要说明他是直接地、通过对象本身、由于对象给他留下的清晰印象理解该对象的，抑或是通过某种研究或探索。但是，如果他说不明白的对象给他造成了印象，他是通过该对象本身理解它的，直接而且清晰，那么在这种情况中，该对象就应该不是不明白的，而是对所有人都同样地清楚，是公认的无可争辩的事实。但是，关于每个不明白的对象，独断论者当中都存在着无休止的争论；所以，对于不明白的对象的实在性做出肯定断言的独断论者，不可能是由于该对象对他造成直接且清楚的印象而（在得出他的命题之前就）已经理解了该对象。另外，如果他的理

---

① 即所谓"apprehensive impression"，这是斯多亚派的认识标准。如果从字面翻译，可能应该翻译为"把握了的印象"更好；"理解"因此也可以翻译成"把握"，正好与汉语中的"把握"的意思相通。——中译者注

解是探索的结果，那么，他如何能在准确地理解对象之前就进行研究，而且不违反我们目前的假设呢？因为研究需要以对研究主题的正确理解为先决条件，然而对研究主题的理解反过来又要求在此之前对该主题的完整的研究。由于这一循环论证过程，他们就不可能研究那些不明白的事物，或对它们进行独断。如果他们当中的某些人希望让理解成为起点，我将迫使他们承认对象在被理解之前必须先被研究；而如果他们想从研究开始，那我会使他们承认：在研究之前他们必须理解他们所要研究的对象。所以，由于这些原因，他们既不能理解任何不明白的对象，也不能对它们做出肯定的命题。我认为，独断论的诡辩法的破产和提倡悬而不决的哲学的建立都会由此而自动出现。

然而，如果他们说在他们看来，先于研究的不应该是这一意义上的"理解"，而仅仅是心灵观念，那么，我们悬而不决的人也就可以探究不明白的事物的实在性了。因为，我认为怀疑论者并不排斥来自理智本身的心灵观念，只要理智产生于被动印象和明确的现象，而且根本不涉及被感知对象的实在性。如他们所说的那样，我们能够思想的，不仅仅是实在的事物，还有非实在的事物。因此，在研究和思想的过程中，悬而不决的人继续保持怀疑的心态。正如前面已经表明的那样，他会根据印象向他的呈现去认可经由主观印象所经历到的东西。现在我们需要考虑一下，是否即使在这种情况下，独断论者的研究也无法进行？对于那些承认对问题的实在本质无知的人们来说，继续对问题的研究并不是自相矛盾的；但对于那些确信自己对问题有精确了解的人们来说，情况就不一样了。因为对于后者，如他们自己所假定的那样，他们的研究已经达到了目标；然而对于前者来说，研究所赖以为基础的信念——即他们尚未发现真理——依然存在。

因此，在当下这个场合，我们不得不简要地研究所谓哲学的每个部门。由于独断论者对于哲学的构成存在着很多的争议——有些人说有一个部门，有些人说有两个，有些人说有三个，而且现在不方便详细地讨论这个问题，所以我们将公平而客观地解释那些对此似乎进行了充分论说的人的观点，并且把他们的观点作为我们讨论的主题。

2. 批评独断论者的起点

斯多亚派以及其他一些学派说哲学由三个部分，即逻辑学、自然学和伦理学构成，而且他们的教学开始于逻辑学，尽管关于恰当起点本身也有很多的争议。所以，我们将以一种非独断论的方式沿着他们的思路进行批评。由于所有这三个部分的主题都要求检验以及标准，并且关于标准的理论似乎包括在逻辑学部门当中，所以我们将从标准论及逻辑学部门开始。

3. 论标准

但是，首先我们必须注意到，"标准"这个词是在两个意义上运用的，其一，如他们所说，我们通过它判断实在性和非实在性；其二，我们用它作为我们生活的指导。由于我们已经在《论怀疑论》中讨论了其他意义上的标准，所以我们当下的任务就是讨论所谓的"真理标准"。

我们现在的论证所探讨的标准有三个不同的意义：一般的、特殊的和最特殊的。在"一般的"意义上，它被用来指称理解的每个尺度，在这个意义上，我们甚至可以把身体器官如视觉也说成是标准。在"特殊"意义上，它包括理解的各种技术性的尺度，例如尺子和圆规。在"最特殊"意义上，它包括的是对不明白的对象的理解的各种技术性尺度；但是在最后这种用法中，通常意义上的尺度（例如用来量度重量、长度之类的尺度）就不被看作是标准，标准只是那些逻辑上的尺度和独断论者用以判断真理的那些尺度。我们建议首先讨论逻辑上的尺度。但是逻辑上的尺度也在三个意义上被运用——主体的（of the agent）、认知工具的（of the instrument)、"判断之根据的"（of "according to what"）。所谓主体，指的是，比如说，一个人；认知工具可以是感知或是理智；"判断之根据"是指感觉印象，因为人们根据它们，从它们出发并使用上述认知工具之一来进行判断。

我认为做这些预先的评论是恰当的，只有这样，我们才可以认识到我们所讨论的确切主题是什么；下面我们就可以开始反对那些草率断言自己已经理解了真理的标准的人了，而且我们将从关于这个问题所存在的争论开始。

4. 确实存在着真理标准吗？

在那些论及标准的人当中，有些人已经宣称标准存在——例如斯多亚派和其他一些人，有些人则否认它的存在，他们之中有科林斯的塞尼亚德斯（Corinthian Xeniades）以及说"意见主宰着所有事物"的塞诺芬尼；而我们对真理标准存在与否则悬搁判断。对于这个争论，他们将或者说能够判定对错，或者不能判定；如果他们说这个争论无法判定对错，那么他们当下就认可了悬搁判断是合宜的；然而，如果他们说争论能得到判定，那么让他们告诉我们争论是通过什么被判定的，因为我们没有任何公认的标准，甚至不知道——而只是在研究——标准是否存在。此外，为了判定关于标准而来的争论，我必须拥有一个业已接受了的标准，通过它来对争论进行判断；而为了拥有一个业已接受了的标准，关于标准的争论又必须首先被判定。当这个论证因此而走向一种循环论证时，对于标准的发现就变得不可能了。我们不允许他们仅仅通过假设的方式就接受一个标准；然而，如果他们提出通过一个标准来判断另一个标准，那么，我们可以迫使他们陷入"无限倒退"。进一步讲，由于论证必然需要一个已经论证过了的标准，而这个标准又需要一个已经证实过了的论证，这样他们势必陷入循环推理。

因此，我们认为这已经充分暴露了独断论者在有关标准的学说上的草率。不过，为了使我们能够详尽地反驳他们，详尽展开论述这个话题亦无甚不可。然而我们不打算个别地、逐个地反对他们关于标准的看法，因为他们的争论是无休止的，那样做势必会把我们卷入一场混乱的讨论之中。但是，由于讨论中的标准是三部分的（主体、工具及"根据什么"），所以我们将依次讨论每一部分，并展示每一部分的不可理解性；因为这种方式必然使我们的说明显得既是有条理的又是全面的。让我们从主体这一部分开始，因为这方面的疑难似乎会涉及其他部分。

5. 论"由于谁"（或主体方面）的标准

就独断论者的那些陈述而言，"人"（如果他作为"主体"）在我看来不仅不可理解而且不可思议。至少我们都听说过柏拉图对话中的苏格拉底，就承认他不知道自己是一个人还是别的什么东西。而且，当他们希望展示"人"的概念时，他们首先发生分歧，继而说些谁都听不懂的话。

德谟克利特说："人就是大家都知道的。"按他这种说法，我们也知道狗，那么狗就成了人；而有些我们不知道的人，便不是人了。而且，如果我们通过这个概念来判断，那么世界上没有谁可以被称为人了，因为德谟克利特说人必须被大家都知道，而没有人会被所有的人知道。从这个批评的关联性中，不难看出我们并非以诡辩的方式论证。这个思想家接着说到："唯有原子和虚空真实地存在"，它们"不仅形成了动物的本体，而且形成了所有复合物的本体"。就这些话而言，我们无法形成关于人的特殊本质的概念，因为它们［原子与虚空］对所有事物都一样。但是，除此之外，再也没有什么存在着的本体了；所以，我们没有什么办法能区别人与其他动物，也无法形成一个关于人的精确的概念。

伊壁鸠鲁说：人是"具有生气的如此这般的一个物体"。这意味着："人"必须被指出来才能为人知晓。那么，没有被指出的人，就不是人了。如果被指出的是个女人，男人也就不是人了；然而如果被指出的是个男人，女人也就不是人了。我们由悬而不决的第四式里所了解到的环境差别中，多半也可以得出同样的推论。

其他人[①]曾经说："人是有生有死的、理性的动物，能接受理智和科学。"然而，悬而不决的第一式已经表明，没有动物是非理性的，所有动物都可以接受理智和科学，那么，就他们的这一命题而言，我们无法理解他们的意思是什么。该定义中包含的这些属性，或者是指"现实的"或完全的意义，或者是指潜在的意义[②]；如果指完全的意义，那么，还没有获得全部科学知识、理性未得到完全发展以及行将死亡的人，就不是人了；如果是指潜在意义，那么，具有完美的理性或已获得理智和科学知识的人，就不能称为人了。但是，后面的这个结论甚至比前者更为荒谬。

上面的论证表明，人的概念是不可能建立起来的。当柏拉图宣称"人是无毛、双足、长着宽指甲、能够接受政治科学的动物"时，即使是他自己也未对此作肯定地断言。如果人是如他所说的这样的一类事物，即"生成的"，但是从未拥有过绝对的"存在"，而在他看来，对并不真实存在的事物做肯定的宣称是不可能的，那么，甚至柏拉图也不会宣称他是在肯定地提出该定义，而毋宁说是以他通常的方式做出了一个或然性的命题。

但是，即使我们退一步，承认人是能够被思考的，我们也会发现人是不可被理解的(non-apprehensible)。人由身体与灵魂组成，但是，身体和灵魂可能都是不可理解的，所以，人是不可理解的。身体不能被理解，个中道理十分明显：对象的属性不同于对象本身。所以，当颜色或任何

---

① 指斯多亚派和逍遥派。
② 塞克斯都这是在用亚里士多德的"现实与潜能"的概念批判亚里士多德的理论。

相似的属性被我们感知到时，我们感知到的东西可能是身体的属性，但不是身体本身。他们说身体当然是三维的存在。因此，为了理解身体，我们就应当理解它的长度、宽度、深度。[但是我们并不理解这些。]因为，如果我们能察知深度的话，那么，我们也应该能察觉到金衣之下的银片了。因此，我们也不理解身体。

但是（即使）不考虑关于身体的争论，由于人的灵魂是不可理解的，人也是不可理解的。对灵魂的不可理解同样是明显的：在那些已经论述过灵魂的人当中，为了避免讨论那些冗长而无休止的争论，我们可以举出这些观点：有些人如麦锡尼的蒂凯阿库斯（Dicaearchus the Messenian）[①]断言灵魂不存在，而其他一些人断言灵魂存在，另有一些人悬搁判断。如果独断论者主张这个争论是无法判定的，那么他们就承认了灵魂的不可理解；然而，如果他们说这个争论是可以判定的，那么，让他们告诉我们他们是通过何种手段判定这个争论的。他们不可能说"通过感知"，因为他们认为灵魂是理智的对象；而如果他们说"通过理智"，那我们要说，由于理智是灵魂的最不清楚明白的部分——有些人尽管同意灵魂的真实存在，却在理智上意见分歧，由此可见一斑——如果他们提议通过知性来理解灵魂并判定这个争论，那么他们是在提议通过有较多疑问的事物来判定和建立有较少疑问的事物，这显然是荒谬的。故而，关于灵魂的争论通过理智也无法得以判定，所以，没有任何方法可以判定这个争论。既然如此，灵魂就是不可理解的；因此，人也就是不可理解的。

但是，即使假定我们承认人是可以理解的，也并不能说明对象就可以由人来判断。一个断言对象应当由"人"来判断的人，或者没有证据，或者有证据。如果没有证据，那也就不足为论了；如果有证据，则证据必须是真实的而且经受过检验的，而检验又需要通过某种标准来进行。

[①] 此人是亚里士多德的一位学生。

由于我们对检验证据本身的标准无法取得一致意见（我们仍然在研究"由于谁"这个标准），所以我们对于证据也就无法做出判断，进而也就无法证实我们所讨论的主题即标准。如果你没有任何证据，就断言对象应当由人来判断，那么你的断言是不可信的；所以我们不能肯定地断言"由于谁"（或主体）这个标准是人。而且，谁来判定主体的"标准"就是"人"呢？如果他们在没有一个判断（或标准）的情况下做出如此之断言，那么他们肯定无法令人信服；然而，如果他们说由人自己来判断，那就犯了"把还在争论中的东西设定为真"的错误；不过，如果他们让另外一个动物做裁判者，那么它们如何来选择那么一个动物，以便判断"人"是否是标准呢？如果他们在毫无判断的情况下就采纳了那个动物的观点，那是无法令人信服的；如果他们有一个判断，那么该判断本身又需要某种东西来判定。如果该判断是自我判定的，那么就存在着同样的荒谬性（因为这样一来，研究的对象就由研究的对象自己来判定了）；如果是通过"人"判定的，那么就会产生循环推理；如果是通过这两者之外的其他裁判者，我们将再一次寻求"由于谁"这个标准；这样的重复可以一直进行下去，以至无穷。所以我们不能宣称对象应当由"人"来判断。

但是，即使承认对象应当由"人"来判断，由于人们之间存在着很大的分歧，独断论者首先得一致承认，某个公认的、特定的人是大家都必然会倾听的人。只有在此之后，他们才能要求我们接受他作为标准。但是，如果他们对此都将无止无休地争论下去，"只要清水长流、大树常青"[①]，那么，他们如何能够说服我们草率地赞同任何一个人呢？如果他们说我们必须相信贤哲 (the Sage)，我们要问"什么样的贤哲呢？"是伊壁鸠鲁派的还是斯多亚学派的，昔兰尼派的还是犬儒学派的呢？他们将无法给出一个公认的答案。

[①] 这来自米达斯（Midas）墓碑上的刻文，柏拉图在《菲德罗》中曾引用。

如果有人要求我们应当中止对于贤哲的探究，而只是相信比所有其他人都更智慧的那个人，那么，他们首先会对谁比其他人更智慧这个问题进行争论。其次，即使他们一致同意谁是比现在及过去的人都更智慧的人，这个人也是不值得信任的。由于智慧容易发生巨大的、几乎是不可测算的发展或衰退，我们可以断言：对于一个比现在及过去所有其他人都更智慧的人来说，很有可能会出现另外一个人，比他还有智慧。如果要求我们相信一个据说比现在和过去的人都更智慧的人，那么，相信这个未来的、比他更加智慧的后继者将会更加恰当一些。当那个后继者出现后，我们又可以顺当地期望另外一个更加智慧的后继者的出现，如此下去，以至无穷。这些聪明人相互之间是否彼此赞同抑或彼此矛盾，这一点并不清楚。因此，即使有人学识渊博，比过去和现在的人都更加智慧，但由于我们不能肯定地断言将来不再会有人比他更加聪明（这一点不是清楚明白的），我们将总是不得不继续等待未来的那个更加智慧的人的判断，而永远不认可眼下的任何高人。

退一步讲，即便我们承认没有人现在、过去或将来会比我们假定的贤哲更加智慧，相信此人也还是不恰当的。贤哲在建构他们的教义时，喜爱提出不合理的教义，并使它们显得合理且真实，所以，每当这个聪明人提出一个命题时，我们无法知道他是在对事物进行如实的陈述，还是把实际上假的东西说成真的，并劝服我们把它认为是真的；鉴于他比所有其他人都更加智慧，他无法被我们批驳。所以我们不会赞同以这个人作为正确地判断事情的标准，因为尽管我们假定他说的可能是真理，然而我们也可以假定，由于他的极端聪明，他会把假命题当作真命题来维护。因此，在对命题的判断中，我们甚至不应当相信那个被认为是众人之中最聪明的人。

如果有人说真理的标准应该是"众人一致"，我们会说这毫无意义。首先，真理是稀少罕见的东西，所以一个人可以比大多数人更聪明；其次，对于任何一个标准而言，其反对者远多于赞同者；因为那些承认新的标准的人在反对某些人以为普遍赞同的旧标准,而且他们比那些赞同旧标准的人要多得多。除此之外,那些赞同的人或者性情不同或者有相同的性情。就讨论中的这个事情而言,他们当然不是处于多种不同的性情中;否则他们怎么能对此得出一致的命题呢?如果他们具有相同的性情,由于得出不同命题的人具有一种性情,而所有这些赞同的人也具有一种性情,那么就我们所具有的性情而言,在数量上也没有什么区别。因此我们不应当对多数人比对一个人更加注意;此外,我在"悬而不决"第四式中已经指出,由于数量而产生的判断分歧是不可理解的,因为个体的人是无数的,我们不可能调查并说明所有人的判断——全人类中大多数人肯定的是什么,少数人肯定的是什么。所以这也表明,基于人数多就对其判断认可,是荒谬的。

但是,如果我们不关注数量,我们将找不到判断对象的任何人,尽管我们已经做出了让步、承认了很多东西。因此,所有这些理由都表明判断对象的主体方面的标准是不可理解的。

由于其他标准或者是人的身体的一部分,或者是人的某一情感,或者是人的某一行为,所以它们已经都包括在这一标准之中了;我们下面的任务是依次讨论接下来的几个主题。虽然我认为那些标准实际上已经受到了充分的论述,然而为了使我们不至于看上去像在有意规避针对每种情况的批评,我们将超出我们的纲要,并对这些主题也稍作论述。

我们将首先讨论被称为"通过什么"(或认知手段)的这个标准。

6. 论"通过什么"(或手段方面)的标准

关于这个真理标准,独断论者之间的争论是很激烈的,甚至可以说是无休止的。然而,从系统地讨论的角度出发,我们认为,既然在他们看来"人"是判断事情的主体标准,而且"人"(他们自己也同意)除了感觉和理智之外没有其他判断的工具，那么，如果我们证明人不可能借助于感觉、理智或感觉与理智的结合来判断真理，我们就简明地回答了所有具体个别的观点了，因为所有这些个别的观点似乎可以被归入于这三种相互竞争的理论之中。首先，让我们从感觉说起。

有些人[①]断言感觉具有的乃是"空洞的"印象（感觉所理解的对象没有一个具有真实性的存在），另外一些人[②]说感觉的全部对象都真实地存在，还有一些人[③]说有些对象是真实的，有些对象是不真实的。我们也不知道应当赞同谁的说法。我们不能通过感知来判定这个争论，因为感知到底是虚幻的还是可以正确地认知的，这个问题正是我们现在讨论的话题；也不能通过其他的任何东西来判定这个争论，因为根据当前的假设，不存在其他任何进行判断的手段性标准。因此，是否感觉是虚幻的感受抑或可以认知真实的对象，这个问题将无法判定或理解。由此还可以推论：在对于事情的判断中，我们不应该仅仅求助于感觉，因为我们甚至不能断定感觉可以认知事物。

退一步讲，即便我们承认感觉是可以理解事物的，对于判断外在的真实对象而言，感觉仍然不可靠。因为感觉以多种不同的方式受到外在对象的影响——例如，同样的蜜，有时尝起来甜，有时尝起来苦；同样的颜色，有时看着是血红色，有时看着是白色。不仅如此，甚至气味本身也是变化不一的；头痛病患者当然会说没药[④]是难闻的，而健康人则说它是香味宜人的。那些着了魔的或处于疯狂幻想中的人，能听到有人在和他们对话，而我们却听不到。同样的水，对于发高烧的人来说太热，对于其他人而言则是微温的。是否人们应当把所有的呈现都当成真实的，还是有些真实有些虚假，抑或全是虚假的呢？我们无法断言，因为我们

---

① 如巴门尼德、柏拉图等。
② 如伊壁鸠鲁。
③ 如亚里士多德派和斯多亚派。
④ 没药（Myrrh）是一种药材。

没有一致认同的共同标准；而且我们甚至没有一个真实的、已经核准了的证据，因为我们仍然在探索真理的标准，"由于什么"方面的真理标准本身还有待检验。由于这些理由，如果有人要求我们相信处于自然状态中的，而不是处于非自然状态中的人，那是荒谬的；因为如果他毫无证据就如是说，那么他不会赢得信任；而出于上述理由，他是不可能拥有一个真实的、已经核准了的证据的。

即使我们承认处于自然状态中的人的感觉印象是可靠的，处于非自然状态中的人的感觉印象是不可靠的，单独通过感觉也不可能判断外部的实在对象。对于自然状态中的视觉而言，同一座塔看起来有时是圆的，有时是方的；同样的食物在饱食者尝来索然无味，在饥饿的人嘴里则是美味佳肴；同样的声音夜里听起来就响，白天听起来就轻；大多数人认为皮革臭不可闻，但制革工人则不以为然；当我们在厅里感受到同一个触觉时，走向浴室的人觉得暖和，从浴室出来的人就觉得冷飕飕的。因此，即使自然状态中的感觉也是自相矛盾的，而且它们之间的分歧无法得到判定，因为我们不具有对此进行判定所必需的公认的标准，同样的困惑必将接踵而至。而且，为了论证这个结论，我们可以从以前对"悬搁判断的各种式"的讨论中导出进一步的论证。因此，说感知单独可以判断实在的外部对象，也许是不正确的。

接下来，让我们接着对理智（intellect）进行说明。首先，那些宣称在我们的判断中应当唯独关注理智的人不能证明理智的存在是可以理解的。高尔吉亚（Gorgias）在否认一切东西的存在时，也就否认了理智的存在；不过，也有些人认为理智具有真实的存在，那么，他们如何判定这个矛盾呢？不能通过理智，否则就是在设定仍在讨论中的主题；也不能通过其他任何别的东西，因为正如他们会同意的，根据我们当前的假设，尚不存在据以判断对象的任何其他手段。因此，关于理智是否存在这个问题将无法得到判定和理解；由此得到的推论是：在判断对象时，我们不应当单独注意未被理解的理智。

即使假设理智已经被理解了，而且我们承认它的确真实地存在，我仍然肯定它不能判断对象。如果它甚至不能准确地识别自己，相反在自己的存在、产生方式及它所处的地位等问题上还自相矛盾，那么它如何能够准确地理解任何其他事物呢？而且，即使理智能够判断对象，我们还是不知道如何根据它进行判断。由于关于理智存在着很大的分歧——有一类是高尔吉亚的理智，他认为什么都不存在；另一类是赫拉克里特的理智，他认为万物皆存在；还有一类人认为某些事物存在，某些事物不存在——我们没有办法在这些彼此分歧的理智中做出判定，我们也不能断定接受哪一个人的理智作为我们的指导是正确的。如果我们冒昧地根据其中任何一种理智来进行判断，因而赞同了争论中的某一方，那么我们也就假定了正在讨论中的问题。然而，如果我们通过任何其他事物来进行判断，那么我们就否定了那个断言，即人们应当仅仅通过理智判断对象。

更进一步，从对所谓"由谁来判断"（判断主体）方面的标准所说的那些命题，我们也能够表明：我们无法发现比所有其他人都更聪明的那个理智；而且，要是我们真的发现了比现在和过去的理智都更加聪明的一个理智，我们也不应听从它，因为是否会有比它更聪明的理智出现，这一点并不清楚。进而言之，即使我们假定存在一个再也没人能够超越的理智，我们也不会赞同根据这样的理智来判断的人，以免他倚仗自己所具有的最敏锐的理智提出某个虚假的命题，并说服我们把该命题当作真理。所以，我们也不应当仅仅通过理智来判断对象。

余下的唯一一种选择是：通过感觉与理智相结合的方式进行判断。但是这也是不可能的，因为感觉不仅不会引导理智去认知，甚至会反对理智。不管怎么说，有一点是肯定的：从蜂蜜有些人尝着甜、有些人尝着苦这一事实出发，德谟克利特宣称蜂蜜既不甜也不苦，赫拉克里特则说蜂蜜既甜又苦。同样的道理可以用来解释其他的感官和感知对象。所以，如果以感觉为起点，理智会被迫做出不同的甚至是相反的结论，而这是有悖于理解的标准的。

还有这样一种说法：人们或者通过所有感官和所有人的理智来判断对象，或者通过部分感官和部分人的理智。但是如果一个人说"通过所有的"，那么他无疑在说一件不可能的事情，因为感觉和理智显然存在着极大分歧；而且，根据高尔吉亚的理智所做的断言"我们既不应听从感觉，也不应听从理智"，那个命题也将站不住脚。如果他们说通过"某些的"，由于并不具备判断不同感觉和理智的公认的标准，那么他们将如何判定我们应当听从这些感觉和这个理智，而不是那些呢？如果他们说我们应当通过某种理智和感觉来判断感觉和理智，那么他们就假定了我们正在讨论的这个问题，因为我们在质疑的正是借助于此类手段进行判断的可能性。

我们必须阐明的另一点是：一个人或者通过感觉来判断感觉和理智，或者通过理智来判断感觉和理智，或者通过感觉判断感觉、通过理智判断理智、通过感觉判断理智、通过理智判断感觉。如果他们提议通过感觉或理智来判断对象，他们将不再通过感觉和理智相结合的手段来判断对象，而只是在两者中取其一；无论选择哪一方，他们都将陷入前面所提到过的困惑之泥沼。如果他们通过感觉判断感觉、通过理智判断理智，那么，由于感觉与感觉存在冲突、理智与理智存在冲突，无论他们采纳哪一种感觉作为判断其余感觉的标准，他们都将是在假定正在讨论中的问题，因为他们采纳有争议的一系列问题中的一部分作为能够证实的标准，来判定余下的同样成问题的部分。同样的论证也适用于理智。如果他们通过感觉判断理智、通过理智判断感觉，那么这涉及循环推理：因为为了判断感觉，理智应该首先被判断；而为了去检验理智，感觉应该首先被详细审查。因此，同一类中的标准不能通过相似的类的标准来判断，两个类的标准也不能通过一个类的标准来判断，相反，也不能通过不相似的类的标准来判断。我们不能说一种理智高于另一种理智，也不能说一种感觉胜过另一种感觉。由于这一点，我们将没有任何东西可以用来进行判断。如果我们不能通过所有感觉和理智进行判断,而且不知道应当通过它们中的哪些、不应当通过哪些进行判断,那么,我们也就没有判断对象的手段了。

所以,由于这些理由,"通过什么"这个方面的标准也不具有真实的存在。

7. 论"根据什么"之标准

接下来让我们考虑"根据什么"之标准,他们说[①],对象是根据这一标准得到判断的。首先,我们可以说"表象"是不可思议的。他们说"表象"是印在人的主导部分[即灵魂]上的印象。既然他们说灵魂是"气息"或是比气息更精微的东西,不管类比于什么方式——如我们所见印章使纸张产生凹凸有致的变化还是他们所谈论的魔术般的"变化"——都无法使人明白什么是"印在灵魂上的印象";因为灵魂不能贮存构成一门技艺的所有概念的表象,既然先前存在的概念会被后来的新"变化"抹去。而且,即使"表象"可以被感知,它仍然是不可理解的;因为它是主导部分的印象,而我们已经证明,主导部分[灵魂]是不可理解的,因此我们也就不能理解它的印象。

即使认可"表象"是可以被理解的,我们也不能根据表象判断对象。因为正如他们所说,理智并不与外在对象接触,理智不是通过自身而是通过感觉接受表象,但感觉并不认识外部实在对象,只认识自己的感受。所以表象只是感知觉的东西,不同于外部实在。蜂蜜与我感觉到的甜不是一回事,胆汁与我感觉到的苦不是一回事,而是一种不同的东西。如果这一感受不同于外部的实在对象,那么表象就不是外部实在而是另外的不同的某种东西。因此,如果理智根据表象来判断对象,

---

① 斯多亚派。

那么它的判断就是失败的，就不是根据实在来做判断。可见，说外部事物可以根据表象来判断，这是荒谬的。

同样，也不能说由于感觉的印象与外部事物有相似性，并以此断言灵魂可以根据感觉的印象来认识外物，因为理智自己不曾遇到过外物，它怎么能知道感觉与外物是否相似呢？感觉并不告诉理智关于外物的真实性质，而只告诉它对事物的印象，这一点我在"悬而不决的各种式"中已经论证过。正如从来没有见过苏格拉底的人仅从苏格拉底的画像是无法知道它与本人是否相像一样，从未把握对象本身的理智在它专注于感觉印象时，也无法知道这种印象是否和外在对象相似。因此，我们并不能以相似性为依据，论证根据表象来判断外物。

但是退一步，让我们承认不仅表象可以被感知和认识，而且可以使对象根据它来判断，但是接下来的论证依然会得出一个完全相反的结论。在这种情况中，我们要么相信每一个表象或印象并据此进行判断，要么相信某一个印象。但是，如果我们要相信每一个印象，很明显我们也要相信塞尼亚德斯的印象，而根据他的印象，此人断言所有的印象都是不可信的。所以，我们的结论就又颠倒了回去，不得不说所有的印象并非能够充当判断对象的依据。如果我们要相信某些表象，那么我们如何能够决定相信这些而不相信那些更好呢？如果他们说可以不根据表象就进行这一判断，那么他们也就承认了表象是多余的，因为他们声称可以在不具有表象的情况下判断对象；然而如果他们说"借助于表象"，那么他们将如何选择某个表象并据其判断其他表象呢？再次，他们需要第二个表象来判断第一个表象、第三个来判断第二个，如此下去，以至无穷。但是判断一个无限的序列是不可能的，因此不可能发现哪一类表象应当或不应当作为标准。即使我们承认应当根据表象判断对象，无论我们选择相信所有的表象作为标准，还是选择相信某些表象、不相信其他表象，论证都会被推翻。所以，我们不得不得出这样的结论：我们不应当采纳表象作为我们判断对象的标准。

现在，关于"根据什么"标准判断对象这个问题在我们的大纲概略中说得够多了，但是我们并不是主张真理标准是不实在的（因为这就是独断了）。可是，既然独断论者似乎有理有据地证明了真理标准的确存在，我们也确立了看起来可信的相反论证；那么，虽然我们并不肯定它们是否正确，是否比对手的论证更为真实或更可信，只是因为这些论证与独断论者提出的论证显然具有同样的合理性，我们由此可推论出悬而不决判断。

8. 论"真实的"和"真理"

即使我们假设真理的标准是存在的，但是如果我们回想起独断论者们自己的命题——"真理"是非存在的（unreal），"真实的"是非实在的(non-substantial)，① 我们还是发现真理的标准是无用的、徒劳的。我们所能回想到的那段话（的原文）是这样的："据说'真实的'在三个方面不同于'真理'——本质上、组成上、效能上。在本质上，'真实的'是非物体性的（incorporal），因为它是判断和'表达'，而'真理'是一个物体（body），因为它是宣告所有真实的东西的知识，而知识是人的主导部分的一种特殊状态，正如拳头是手的特殊状态一样；主导部分是一个物体——按照他们的说法，它是一种'气息'。在组成上，因为'真实的'是个简单的东西，例如'我说话'，然而'真理'是很多真实认识的组合体。在效能上，由于'真理'依赖'知识'，但'真实的'并不总依赖于知识。因此，正如他们所说，'真理'仅仅存在于好人之中，而'真实的'也存在于坏人那里，因为坏人也可能说出一些真实的东西。"

这些就是独断论者的话。但是我们——鉴于我们讨论的计划——将

---

① 在《反逻辑学家》中塞克斯都论证说，按照斯多亚派自己的话，"真理"（那是"非物体性的"）和"真实的"（尤其是"判断"，那也是非物体性的）都没有真正的存在，因为斯多亚派认为一切存在的东西都是物体性的存在。

把当下的讨论限定为对"真实的"进行讨论,因为对它的反驳也就是对"真理"的反驳,"真理"被定义为"真实的事物的知识体系"。在我们借以反驳"真实的"的真实存在的论证中,有一些是更加普遍性的,有一些是特殊的;我们用以证明"真实的"在言词、表达或理智的运动中都不存在。我们认为提出更为普遍的那一类论证对于解决当下的讨论就足够了。正如当一堵墙的基础部分倒塌时,所有的上层建筑都随之倒塌一样,当"真实的"的实质性存在被反驳后,独断论者的所有的逻辑上的独特发明也难免其累。

9. 确实存在着"真实的东西"吗?

关于"真实的东西"(the truth)这个问题,独断论者之间存在着争论,某些人断言真实的东西存在,另外一些人则断言没有什么真实的东西存在。判定这个争论是不可能的,因为,说真实的东西存在的人如果没有论证支持,是不会被相信的;如果他想提供论证但又承认该论证是虚假的,那么他的观点也不足为信;然而如果他宣称他的论证是真实的,那么他就陷入循环推理中了,并且他将被要求展示证明他的论证的真实性的论证,以及证明那个论证的论证,如此下去,以至无穷。但是,证明一个无穷的序列是不可能的,因此,也就不可能知道真实的东西的存在。

而且,他们所说的作为万物的最高的种(genus)的"某种东西",要么是真实的,要么是虚假的,要么既不是真实的也不是虚假的,要么既是真实的又是虚假的。如果他们断言它是虚假的,那么他们也就承认了一切东西都是虚假的。正如,因为"动物"是有生命的,所以所有具体的、个别的动物也都是有生命的。因此,如果一切东西的最高级的种("某种东西")是虚假的,那么所有具体的、个别的东西也就是虚假的,于是,没有什么东西是真实的。这也可以用于这样的结论,即没有什么东西是虚假的;因为已经肯定了"一切都是虚假的",而"存在着某些虚假的东西"这一命题本身包括在"一切"之中，所以也是虚假的。如果"某种东西"是真实的，那么一切东西就都是真实的；由此又可以推论出，没有什么东西是真实的，因为那个命题本身（我指的是"没有什么东西是真实的"）也是"某种东西"，所以也就是真实的。如果"某种东西"既是真实的又是虚假的，那么它的每一个具体事例就都既是真实的又是虚假的。由此我们得出的结论是，没有什么东西是确实地真实的，因为其本质就是"真实的"的东西，当然不会是虚假的。如果"某种东西"不是真实的也不是虚假的，那么所有被宣称不是真实的也不是虚假的那些具体事例也就不是真实的了。因此出于这些原因，"真实的"是否存在这个问题对我们而言并不是明白清楚的。

此外，真实的东西①要么是完全明显的，要么是完全不明显的，要么是部分明显、部分不明显的；但是正如我们将要表明的那样，这些可能性选择中没有一个是真实的，因此，没有什么东西是真实的。如果真实的东西是明显的，他们会说要么所有明显的东西是真实的，要么部分明显的东西是真实的。如果他们说"所有"，那么这个论证会被推翻；因为，显然在某些人看来，没有什么东西是真实的。如果他们又说"某些"，那么没有人可以在不检验的情况下就断言这些现象是真实的，那些现象是虚假的；然而如果他运用了检验或标准，那么他要么说这个标准是明显的，要么说这个标准是不明显的。但是它当然不是不明显的，因为我们现在假设的是：唯有明显的对象是真实的。如果它是明显的，由于现在的问题是何种明显的对象是真实的，何种明显的对象是虚假的，被采纳用以判断（其他）明显的对象的那个明显的东西，本身又要求一个明显的标准，而这个标准又要求另一个标准，如此下去，以至无穷。但是判断一个无限的序列是不可能的，因此，不可能认识是否真实的东西是明显的。

---

① "真实的东西"指与事实一致的判断或命题。

与此相似，那些宣称唯有不明显的东西是真实的人，他们的意思也并不是说它们都是真实的（因为他不会说"星星在数量上是偶数"是真实的，"星星在数量上是奇数"也是真实的）；然而如果某些不明显的东西是真实的，那么我们如何判定这些不明显的东西是真实的，那些不明显的东西是虚假的呢？当然不能通过一个明显的标准。如果通过一个不明显的标准，这个不明显的标准本身也需要另一个标准来判断，该标准又需要第三个标准，如此下去，以至无穷。那么，并非完全不明显的东西是真实的东西。

　　余下的选择是——有些真实的东西是明显的，有些真实的东西是不明显的。但这也是荒谬的。因为，要么所有明显的或所有不明显的东西是真实的，要么某些明显的或某些不明显的东西是真实的。如果我们说"所有"，论证将再次被推翻，因为这样就肯定了"没有什么东西是真实的"这个命题是真理，而且断言了"星星在数量上是偶数的"和"星星在数量上是奇数的"这两个命题是真理。但是，如果某些明显的东西和某些不明显的东西是真实的，那么我们如何判断明显的东西当中这些是真实的、那些是虚假的呢？如果我们通过一个明显的东西来判断，这个论证将陷入"无穷倒退"；如果通过一个不明显的东西，那么，由于不明显的东西也要求被判断，这个不明显的东西通过什么手段来判断呢？如果通过一个明显的东西，那么我们就会陷入循环推理之中；如果通过一个不明显的东西，那么就会陷入无穷倒退。对于不明显的东西我们必须得出一个相似的结论；因为试图通过不明显的东西判断它们的人将陷入无穷倒退，然而通过明显的东西或时常借助于明显的东西的人也会陷入无穷倒退；如果他启用明显的东西，那他还犯了循环推理的错。因此，说真实的东西当中有些是明显的有些是不明显的，乃是虚假的。

　　如果明显的东西和不明显的东西都不真实，某些明显的东西和某些不明显的东西也不真实，那么就没有什么东西是真实的了。但是如果没有什么东西是真实的，而真理的标准似乎需要真实的东西来进行判断，所以，即使我们通过让步的方式认可真理标准具有某种实在性，它也是无用的、徒劳的。如果我们不得不对是否存在任何真实的东西这个问题悬而不决判断，那么那些宣称"辩证法是关于真实事物和虚假事物，以及既非真实也非虚假事物的科学"①的人说话，就不免草率了。

由于真理的标准看来是无法获得的，我们不可能在对那些明白的东西（如果我们可以依赖独断论者的结论）或不明白的东西作出肯定的断言。独断论者假定他们通过明白的东西认识不明白的东西，因此，如果我们被迫对明白的东西悬搁判断，我们怎么敢对不明白的东西发表意见呢？进一步，我们还会另外添加对不明白的对象的单独的反驳。由于不明白的对象似乎是通过征象和证明被认识和确证的，所以我们将简要地证明：对征象和证明悬搁判断也是恰当的。我们将从征象开始，因为实际上证明也是一种征象。

10. 论征象②

按照独断论者的观点，有些东西是先在地明白的③，有些是不明白的；在不明白的东西当中，有些东西完全地不明白，有些偶尔地不明白，有些天然地不明白。先在地明白的东西，在他们看来，是通过自身为我们所认识到的那些东西，例如"现在是白天"这个事实；总是不明白的东西，是那些本质上超出我们理解范围的东西，例如"星星在数量上是偶数"的；偶尔地不明白的东西，是指尽管本质上是明白的，但由于一定的外在环境偶尔成为不明白的那些东西，就像雅典这座城市现在对我一样④；天然

---

① 这是斯多亚派的定义。

② sign 这个词很难有确切的翻译；从斯多亚逻辑学和认识论看，它想表达现象与本质的揭示关系，所以"标示"、"征象"、"征象"等词都可以或多或少地译出其意思。——中译者注

③ pre-evident 指"自明的"。——中译者注

④ 由于塞克斯都当时远离雅典，所以不能看到雅典。

地不明白的东西是那些本质上我们不能清楚感知的东西，如思想上可以理解的毛孔（intelligible pores）；这些东西从未自我显现，但是如果通过其他的东西——例如汗液或诸如此类的东西——也许可以认识它们。他们说先在地明白的东西不需要征象，因为它们自我理解。总是不明白的东西当然也不需要征象，因为它们根本就不被认识。但是偶尔地不明白的东西和天然地不明白的东西则通过征象方式被认识——当然不是通过同样的征象，而是："偶尔地不明白的东西"通过"提示性的"（suggestive）征象、天然地不明白的东西通过"指示性的"（indicative）征象。

所以，按照他们的观点，在征象之中，有些是提示性的，有些是指示性的。他们把这样一种征象称为"提示性的"：这种征象在我们感知时是清楚明白的，它在我们的思想中和被标示的事物联系起来，所以，尽管被标示的事物是不明白的，这一征象却能通过与其关联而向我们提示其存在——例如烟是火的征兆。至于"指示性的"征象，他们说是那种与被征象的东西并不一定有清楚的关联，而只是用它自己的独特的本质和构成去标示被表示的东西，例如身体的运动乃是灵魂的征象。他们因此界定这种征象如下："指示性的征象是一先行判断，被用于在正确的假言三段论中指示结果。"[①] 正如我们所说的，有两类不同的征象，我们并不反对每一个征象，而只是反对指示性的那一类征象，因为它看起来像是独断论者的发明。生活经验告诉我们，提示性的征象是可以依靠的，因为当一个人看到烟时，火也就被标示出来了；当他见到疤痕时，他自然会说这里曾受过伤。因此我们不仅不反对生活经验，而且我们甚至通过非独断地赞同它所依靠的东西来支持它，然而我们反对独断论者的私自发明。

为了阐明我们所探究的对象，做这些前言性的评论也许是恰当的。

---

① 比如这样一个假言三段论："如果有烟，那就有火；但是现在确实有烟，所以，有火！"其中，前件（即"如果"从句）标示了、揭示了结论判断（有火）。

下面我们就要进行反驳了；我们并不急于表明指示性的征象完全地不实在，而是要提醒我们自己：那些被用来论证它的实在性的论证和非实在的论证具有同等的正确性（equivalence）。

11. 存在着指示性的征象吗？

根据独断论者关于征象所说的那些命题来判断，征象是不可思议的。斯多亚派似乎已经对其作出确切的界定，他们在试图建立"征象"这个概念时说："征象是正确假言三段论当中的一个用于揭示后件结论的前件判断"；他们把"判断"界定为"进行宣称的、完全的表达式"[①]；把"正确的假言三段论"界定为"不是以真的前提开始却得出假的结论"的三段论；三段论要么以真的前提开始得出真的结论（例如，"如果有白天，那么就有光亮"），要么以假的前提开始得出假的结论（像"如果地球会飞，那么地球就是有翅膀的"），要么以真的前提开始得出假的结论（像"如果地球存在，那么地球会飞"），要么以假的前提开始得出真的结论（像"如果地球会飞，那么地球存在"）。他们说在这些三段论中，只有以真的前提开始得出假的结论的三段论是无效的，其余的都正确。他们还说，"前件"是"以真的前提开始得出真的结论的三段论中的在先的分句"；它用于揭示结论，比如在"如果这个女人有奶，那么她已经怀孕了"这个三段论中，"如果这个女人有奶"这个分句似乎是"她已经怀孕了"这个分句的证据。

这就是斯多亚派的教义。但是我们断言，首先，是否存在着任何"表达式"，这一点是不清楚的。有些独断论者如伊壁鸠鲁主义者宣称表达式并不存在；其他一些人，如斯多亚派，则认为表达式的确存在；当斯多亚派断言它的存在的时候，他们要么只是简单地断言，要么也运用证明。如果只是简单地断言，那么伊壁鸠鲁主义者会用"没有什么表达存

[①] 表达式可以是残缺的，如"写"；也可以是完全的，如"他在写"。

在"这个断言来反驳他们。但是如果他们引用证明，那么，由于证明是用进行表达的判断构成的——正因为它由表达式所构成，所以它不能被用来确证表达式的存在(拒绝表达式存在的人怎么会认可一个由表达式所组成的系统的实在性呢？)。——故而，试图用表达式系统的实在性建立表达式的存在的人，无疑正在提议通过有问题的东西来肯定有问题的东西。既然无论简单地还是通过证明的方式都不能建立表达式的存在，那么"存在着表达式"这一点就不清楚了。

因此，是否存在"判断"这个问题本身也是不清楚的，因为判断是表达式的一种。即使我们假设表达式存在，很可能我们还是会发现判断依然是不存在的，因为它是由无法相互共存的几个表达式组成的。例如，在"如果有白天，那么就有光亮"这个例子中，当我们说"有白天"时，"有光亮"这个分句尚不存在；当我说"有光亮"时，"有白天"这个分句已不再存在。如果构成一事物的组成部分并不是彼此一道共存的，那么，由一定组成部分复合而成的事物的真实存在就是不可能的了；而如果构成判断的那些部分并不彼此共存，那么，判断也就不具有真实的存在。

即使我们暂且略去这种批驳，还是能发现"正确的假言三段论"是不可理解的。斐洛（Philo）[①]说：一个正确的假言三段论"不会从真的前提得出假的结论"，例如"如果现在是白天，那么我交谈"这个三段论就是如此，如果事实上这时是白天并且我正在交谈；但是第奥多罗斯（Diodorus）把三段论界定为"过去和现在都不能从真的前提得出假的结论"；所以按照他的观点，如果实际上现在是白天但我保持沉默的话，那么现在所提及的这个三段论似乎就是假的，因为它是从真的前提得出假的结论。然而"如果事物的原子元素不存在，那么原子元素存在"这个三段论却似乎是正确的，因为它以假的分句"原子元素不存在"开始，得出了在他看来是正确的分句"原子元素存在"。那些建议使用"关联"

[①] 这是一个斯多亚派。

或"连贯"的标准的人，则断言当一个三段论的结论的对立句与该三段论的前件分句矛盾时，该三段论是正确的。所以在他们看来，上面所提到的三段论是无效的，然而"如果白天存在，那么白天存在"这个三段论是正确的。不过，按照"蕴涵"之标准判断三段论的人宣称，只有当某个假言三段论的结论仅仅潜在地包含在它的前件之中时，这一假言三段论才是真的；按照他们的观点，"如果白天存在，那么白天存在"及每个这样的复制前提的三段论是假的，因为任何对象的自我包含都是不行的。

也许解决这个争论是不可能的。无论我们不通过证明或还是借助于证明而首肯上面所提及的相反观点之中的任何一个，我们都不会赢得信任。因为证明的结论只有在能够像三段论的结论来自它的前件那样，从诸多前提推导出来时，该证明才被认为是正确的。例如"如果现在是白天，那么有光；实际上现在是白天；因此现在有光"（"如果现在是白天那么有光""现在是白天而且有光"）。但是，当我们探究如何判定结论与前件的逻辑次序时，我们会面临循环论证。正如我们在前面所说的，为了证明对于三段论的判断，证明的结论必须从它的前提中逻辑地导出；而为了确立这一点，假言三段论和它的逻辑次序又必须被检验；这当然是荒谬的。因此，正确的假言三段论是不可理解的。

但是"前件"也是不可理解的。如他们所断言，"前件"是"从真的前提得出真的结论的那种假言三段论中的引导句"（leading clause）。但是，如果征象是用于揭示结论的，那么，结论要么是先在地明白的，要么是不明白的。如果它是先在地明白的，那它就不需要揭示它的事物，而是和该事物一起被理解，也就不会成为被征示的对象了，因此，上面所提及的东西也就不是外物的征象了。但是，如果结论是不明白的，由于有关不明白的事物——哪些是正确的、哪些是错误的，以及总的说来是否它们中有任何一个是正确的——还存在着尚未解决的争论，那么，假言三段论是否能得出正确的结论，这一点并不清楚。这里还进一步涉及一个事实，即我们并不清楚假言三段论中的引导句是否就是"逻辑上的前件"。但是让我们暂且忽略此异议。如果被征示的东西和征象相关并因此和征象一起被理解，那么征象还是不能用来揭示结论。因为相关的东西是相互一道被理解的，正如"右"不能在没有"左"的时候被理解为"左的右面"，反之就无法理解。这同样也适用于其他关系性的语词。征象既然是被征示的事物的征象，那么它在被它所征示的事物之前就无法被理解。然而，如果征象不是在被征示的事物之前被理解，它就不可能真正地用于揭示和它一起而不是在它之后被理解的实际事物。

因此，按照那些持异议的哲学家们（斯多亚派）自己的话，我们也可以判定得出征象是不可思议的。他们断言征象既是关系性的，又是用于揭示被征示的事物的，他们认为征象和被征示的事物之间处于关系之中。因此，如果它是相关的并与被征示的事物处于关系之中，那么它当然应当与被征示的事物一起被理解，正如"左"和"右"、"上"与"下"以及其余关系性的语词。然而，如果它是用于揭示被征示的事物的，它当然应当在被征示的事物之前被理解，以便通过被事先知道的它，我们可以对外物形成一个概念。但是，对于这样一个东西，我们是无法形成一个概念的：这个东西必须在另一个东西之前被认识，而这另一个东西又必须在它之前被理解；因此，理解一个既是关系性的又是用于揭示与其处于一定关系中的事物的对象，这是不可能的。但是他们已经肯定，征象既是关系性的，又是用于揭示被征示的事物的；因此，理解征象是不可能的。

进而，这一点也应说一说。（在我们的前人之中存在着一个争论，某些人宣称指示性的征象存在，其他人则主张没有什么指示性的征象存在。）主张指示性的征象存在的人，要么毫无根据地直接来断言，要么借助证明来断言。但是如果他只是简单地断言，那么他不会赢得信任；而如果他对此提出证明，那么他就假定了正在被讨论的事情。由于证明被归于征象这个种之中，而征象是否存在这个问题尚且争论不止，所以关于证明是否存在也存在着争论。让我们设想，当我们探究"动物存在吗？"时，我们也就同时在探究"人存在吗？"但是，试图要么通过同样处于问题之中的东西、要么通过自己本身来进行证明，这是荒谬的。因此，我们也不能通过证明的方式肯定征象存在。如果直接地或借助于证明都不能对征象做出肯定的宣称，那么对于它作出理解性的断言（apprehensive affirmation）也是不可能的。如果征象不能被确切地理解，那它就不能标示任何东西，因为关于它自己还不存在一致公认的看法。由于这一点，甚至不会有什么征象。因此，根据这一推理，征象是不真实的、不可思议的。

但是还有进一步要说的。征象要么完全是明白的，要么完全是不明白的，要么某些是明白的、某些是不明白的。但是，所有这些选择当中没有一个是正确的，因此征象不存在。

所有的征象并不是不明白的，这一点通过如下论证可以得以表明。正如独断论者所说的，不明白的东西不会自己变得明白起来，而必须通过其他东西来理解。因此，如果征象是不明白的，那么它需要另外一个不明白的征象——因为根据我们现在的假设，没有明白的征象——而这个又需要第三个，如此以至无穷。但是掌握一个无限的征象序列是不可能的，因此对于征象来说，当它是不明白的时候，它被理解是不可能的。由于这个原因，征象也是不真实的，它不能征示任何东西，并且由于它不能被理解，也就不可能成为征象了。

如果所有的征象是明白的，那么由于征象是相对的并且和被征示的事物处于一定的关系之中，而相关的东西总是在一起被理解的，所以和明白的东西一起被理解、被征示的那个事物也将是明白的。正如当右和左一起被理解时，右并不比左更明白，左也不比右更明白；因此，当征象和被征示的东西一起被理解时，征象不应当比被征示的东西更明白。如果被征示的东西是明白的，那么它不会被征示，因为它不要求什么东西来征示、揭示它。正如当"右"被取消时，"左"也就不存在一样；当被征示的东西被取消时，也就不存在什么征象；所以，如果有人说征象是完全明白的，我们就会发现征象是不真实的。

有人说在征象之中有些是明白的，另外一些是不明白的；但即便如此，困难仍然存在。正如我们以前所说的那样，被明白的征象所征示的事物是明白的，不需要什么东西来征示它们，而且根本不会成为被征示的东西，以至于征象不是征象，不征示任何东西。对于那些需要外物揭示的不明白的东西，如果我们说它们被不明白的东西所征示，那么这个论证将陷入无穷倒退，正如我们前面所说的，致使它们不可理解，因而是不真实的；然而如果它们被明白的东西所征示，它们将会是明白的，因为它们和它们明白的征象一同被理解，因而也是不真实的。本质上既明白又不明白的任何对象是不可能真实地存在的；但是我们所讨论的征象，尽管开始时假定是不明白的，由于这个论证的颠倒，结果却成了明白的。

因此，正如他们自己所肯定的，如果征象并不是全都明白、也不是全不明白、也不是有些明白有些不明白，且除此之外没有其他选择，那么，所谓的征象就是不真实的。

众多论证之中的这几个论证，当下就足以向我们证明指示性征象的不存在。为了可以展示与之抗衡的论证的同等正确性，接下来我们将提出证明征象存在的论证。

在批判征象中所运用的那些短语，要么征示某种东西，要么什么东西都不征示。但是如果它们什么都不征示，它们如何能够影响征象的实在性呢？然而，如果它们征示某个东西，那么就存在征象。进一步讲，反对征象的论证，要么是能够证实的，要么是不能够证实的；但是如果它们是不能够证实的，它们就不能证明征象的不存在；而如果它们是能够证实的，由于用来揭示结论的证据属于征象的种，所以征象是存在的。由此，这个论证也可以这样表达："如果征象存在，那么征象存在；如果征象不存在，那么征象存在；因为征象不存在要通过证据来表明，而证据是征象中的一种形式，所以征象存在。"下面我们再对该论证安排一个可与之抗衡的论证："如果征象不存在，那么征象不存在；如果征象是如独断论者对其所作的宣称那样，那么征象不存在（如我们在上面所表明的那样，按照征象的概念以及征象被说成是相对的，且用于揭示被征示的对象，我们会发现正在讨论中的征象是不真实的）。但是，征象要么存在，要么不存在，所以征象不存在。"

关于支持征象的论证中所运用的那些词语，让独断论者们自己在回应我们的论证时说：它们是否征示某个东西？抑或什么都征示了？如果它们什么都征示不了，那么征象的存在就不能被确证；而如果它们征示某个东西，那么被征示的东西将由它们推导而来；那就是"征象存在"。正如我们已经表明的，由于这个论证的倒转，就可以推论出征象不存在。

简言之，由于似乎有理的论证既可以被用来证明征象的存在，又可以证明征象的不存在，所以，我们必须宣称征象的存在并不比征象的不存在的可能性"更大"。

12. 论证明

从这一点也可以清楚地看到，对于"证明"并不存在一致同意；因为，如果我们悬搁关于征象的判断，而证明也是一种征象，那么我们同样也必须悬搁关于证明的判断。实际上，我们发现关于征象所提出的论证也能适用于证明，因为证明似乎既是相对的又是用于揭示结论的，在关于征象的讨论中我们所说到的几乎所有结论都来自这些属性。然而，如果应当对证明进行一个单独讨论，我会首先简短地解释他们给证明下的定义，然后再对证明做一简明扼要的讨论。

他们宣称：证明是"通过公认的前提和演绎的方式来揭示不明白的推论的论证"。他们这个命题的意思，通过接下来的说明会变得更加明确起来。"论证是由前提和推论组成的一个系统。它的前提（据说）是为了确立推论而被一致采纳的判断，推论是通过前提而确立起来的判断。"例如，在"如果是白天，那么天是亮的；现在的确是白天；因此现在天是亮的"的这个论证中，"因此现在天是亮的"这个分句是个结论，其余部分是前提。在这些论证中，有些是结论性的，有些是非结论性［推不出结论］的。当从前提组合中得出推论的假言三段论是正确的时候，这个论证就是结论性的；例如，刚刚说到的那个论证就是结论性的，因为它的前提的组合——"现在是白天"和"如果是白天，那么天是亮的"——在"如果是白天，那么天是亮的；现在的确是白天；因此现在天是亮的"这个假言三段论中推论出的是"现在天是亮的"。与这个论证不相似的那些论证就是非结论性的。

正如我在上面所说的，在结论性的论证中，有些是真的，而有些不是真的。只有当不仅由前提的组合及推论所形成的三段论是正确的，而且结论以及作为三段论前件的前提组合也都是真的时，这时的论证才是真的。① 当前提的组合的所有部分是真的时，这个组合才是真的，就像"现在是白天；如果现在是白天，则天是亮的；现在天是亮的"这个论证；但是与此不同的那一类组合就不是真的。比如像这样一个论证——"如果现在是晚上，那么天是黑的；实际上现在就是晚上；因此天是黑的"。它确实是结论性的，因为这个三段论"如果是晚上，那么天是黑的；实际上现在就是晚上；因此天是黑的"是正确的。但是，当此时是白天的时候，它就不是真的了。因为这个前件的组合——"现在是晚上；如果现在是晚上，那么天是黑的"——由于包含着"现在是晚上"这个谬误，整个就是假的了；因为包含着谬误的组合是假的。因此，他们也说一个真的论证就是从真的前提中演绎出真的结论的论证。

在那些真的论证当中，有些是"能够证实的"（probative），有些是"不能证实的"；能够证实的论证，就是那些通过先在地明白的前提来演绎不明白的东西的论证；不能够证实的论证，是那些不是这一类的论证。例如这样一个论证："如果现在是白天，那么天是亮的；实际上现在是白天，因此现在天是亮的"，就不是能够证实的论证，因为它的结论"天是亮的"，

---

① "正确"指的仅仅是逻辑形式上的正确；"真"进一步指内容上的正确。

是先在地明白的。但是像这样的论证："如果汗从表面流出，那么存在着不可感的孔道；但实际上汗的确从表面流出，因此存在着不可感的孔道"，就是一个能够证实的论证，因为它的结论"因此存在着不可感的孔道"，是不明白的。

在那些推演不明白的东西的论证中，有些仅仅通过进展的方式把我们从前提引导到结论，其他的一些论证，既通过进展的方式也通过发现的方式。通过进展的方式的那些论证，似乎依赖于信念和记忆，例如这个论证："如果神已经对你说过这个人将会富有，那么这个人将会富有；但是这个神（假设我指的是宙斯）确实已经对你说过这个人将会富有；因此这个人将会富有"；我们之所以赞同这个结论，并不是根据前提的逻辑力量而是根据我们对神的信念。但是，有些论证既通过进展的方式也通过发现的方式来引导我们得出结论，像下面的这个论证："如果汗从表面流出，那么存在着不可感的孔道；而第一个分句确实是真的，因此第二个也是真的"；由于前一个假设，即水分不能通过坚固紧密的身体，人们就能从汗的流淌中发现细小孔道的存在这个事实。

因此，证明应当是这样一个论证：它是演绎的、真的，并且可以通过前提的效能而发现不明白的结论。正因为如此，证明被界定为"利用公认的前提，通过演绎的方式，发现不明白的推论的论证"。他们正是习惯于用这些词语来解释"证明"这个概念。

13. 证明存在吗？

通过反驳"证明"之概念中所暗含的每个假设，我们就可以从他们自己的话里推出：证明不具有真实的存在。[①] 例如，论证是由判断组合而

[①] 塞克斯都在讨论斯多亚派的"假言三段论"。三段论（或"论证"）的"组成要素"就是组建"前提"的各个判断（或命题）。

成的,但是组合物不能存在,除非它的组成部分彼此相互依存,这一点在床及相似的例子中是自明的。然而,一个论证的组成部分并不彼此一道依存的。当我们说出第一个前提时,第二个前提以及结论都还没有存在;而当我们说出第二个前提时,第一个前提和结论却已不存在了。当我们说出结论时,它的前提已经不存在了。所以,论证的各部分并不互相依存;如此,则论证似乎也就不存在了。

但是除此之外,结论性的论证(conclusive argument)也是不可理解的;正如我在"论征象"(第十节)中所表明的那样,如果它是通过假言前提的一致性来进行判断的,而前提的一致性是一个尚未解决的争论,而且也许是不可理解的,那么,结论性的论证也将是不可理解的。那些辩证学家[①]断言,如果论证是"矛盾的"、"欠缺的"、"多余的"或"以错误形式提出的",那么它就会是非结论性的。关于"矛盾"的一个例子是:前提彼此之间以及与推论之间在逻辑上并不一致,就像这样一个论证:"如果现在是白天,那么天是亮的;但实际上小麦在市场上出售;因此迪恩正在走路。""多余而不具有结论性"的论证是其中有某个前提对于论证的逻辑而言是多余的,例如,"如果现在是白天,则天是亮的。而确实这是白天且迪恩在走路,所以天是亮的"。所谓"错误的形式"的论证,乃是其形式不是结论性的。他们说,真正的三段论法的论证是这样的论证:"如果现在是白天,则天是亮的;实际上现在是白天;因此天是亮的",以及"如果现在是白天则天是亮的;但天不亮;所以现在不是白天"。非结论性的论证因此是这样的:"如果现在是白天,则天是亮的;但实际上天是亮的;所以现在是白天。"由于大前提宣告了如果它的前件存在,那么它的结论也存在;自然地,当前件的存在被承认的时候,结论也可以被推论出,而且当结论被否认时,前件也就被否认;如果前件已经存在,那么结论也存在。但是当结论被承认时,前件不必也被承认;因为大前

---

① 即斯多亚派。

提并不许诺前件应当从结论中推导出来,而只是许诺结论应当从前件中推出。

因此,从大前提和前件中演绎结论的论证,据说是三段论法的论证,而且从大前提和相反的结论中演绎出相反的前件的论证,也是三段论法的论证;但是,像上面所说的那个论证那样,从大前提和结论中演绎前件的论证,是非结论性的论证,尽管它的前提是真的,该论证还是作出了一个错误的演绎,当它是在夜灯下说出时;尽管大前提"如果现在是白天,则天是亮的"是真的,而且小前提"但实际上天是亮的"也是真的,但推论"因此现在是白天"是假的。当一个论证忽略了演绎结论所需要的某个因素时,这个论证就由于"欠缺"而错误:例如,像他们所认为的那样,"财富要么是好的,要么是坏的,要么是无所谓的;而事实上财富既不是坏的也不是无所谓的;所以财富是好的",虽然这个论证是正确的,但下面这个论证就由于"欠缺"而是错误的:"财富要么是好的,要么是坏的;财富不是坏的;所以财富是好的。"我将证明,如果按照他们的观点,在非结论性的和结论性的论证之间作任何区分都是不可能的;那么,我就已经证明了结论性的论证是不可理解的,所以,他们对"辩证法"的无休止的论述①是多余的。我就是这样证明的。

据说,由于"矛盾"而是非结论性的论证,可以通过前提与前提,以及前提与推论之间缺乏连贯性来识别。然而,在这种对连贯性的识别之前,必须先判定假言三段论;可是正如我所论证的那样,三段论无法得到判定。所以,由于"矛盾"而是非结论性的论证,也就不能被识别开来。如果有人说,某个论证由于"矛盾"而是非结论性的,那么,假如他仅仅是说出一个命题,他就会发现自己受到与其命题相矛盾的命题的反对;然而,假如他试图通过论证对此进行证明,那么,在他能够证明这个据说是矛盾的论证的前提缺乏一致性之前,这个论证本身必须是

---

① 据说斯多亚派的克吕西波关于辩证法(语法与逻辑)写了三百多卷书。

结论性的。但是，我们并不知道它是否是能够证实的，因为我们没有公认的对三段论的检验方式，所以无法判断结论是否是由前提所组成的逻辑联合推导得出的。因此，我们也就不能把结论性的论证和由于"矛盾"而错误的论证区分开来。

对认为"以错误的形式提出的论证是不健全的"的那个人，我们会对他作出同样的回答；因为就主张形式是不健全的而言，他不会有公认是结论性的论证，所以他不能得出他所陈述的结论。因此我们也就潜在地反驳了那些设法证明存在着由于"欠缺"而是非结论性的论证的人。如果全部的、完整的论证无法与其他论证区分开来，那么，有欠缺的论证也就是不明白的。进一步讲，主张通过论证来证明某些论证是有欠缺的人，将不能就此作出经过检验的、真实的宣称，因为他无法对他用以判断他正在讨论的论证的连贯性的假言三段论进行公认的检验。

而且，那些据说由于"多余"而错误的论证，也不能与那些"能够证实的论证"区别开来。因为就"多余"而言，甚至被斯多亚派讨论得那么多的"不可证明的"论证①，也会被发现是非结论性的；而如果它们被推翻了，整个辩证法也就被颠覆了；如他们所说，这些论证无需证明就已经确立，它们自己充当其他论证的结论性的论据。当我们提出这些并非能够证实的（non-probative）论证并因此通过推理肯定我们得出的命题时，就能看出，这些论证也是多余的。

在他们的幻想中存在着很多"不可证明的论证"；不过他们主要提出五个论证，似乎其余所有论证都可以回归到它们之中去。第一个是从大前提②和前件中演绎结论的论证，例如，"如果现在是白天，则天是亮的；而现在确实是白天；因此天是亮的"。第二个是从大前提和相反的结论中演绎相反的前件的论证，例如，"如果现在是白天，则天是亮的；但是现

---

① 即由于自明而不需要加以论证的论证。

② 原此处来的词的字面上的意思是"结合"，在此指假言大前提。大前提中的"如果"从句是"前件"，另一个从句是"后件"。

在天不是亮的；因此现在不是白天"。第三个是从双前提①的否定和一个分句的肯定中演绎出另一个分句的对立面的论证，例如，"现在既不是白天又不是晚上；现在是白天，因此现在不是晚上"。第四个论证是从选言前提和一个可供选择的分句中演绎出另一个分句的对立面的论证，例如，"要么是白天，要么是晚上；现在不是白天；因此不是晚上"。第五个论证是从选言前提和一个分句的对立面中演绎出另一个分句的论证，例如，"要么是白天，要么是晚上；现在不是晚上；因此是白天"。

这些就是被热闹地讨论过的"不可证明的论证"。但是，在我看来，它们都由于"多余"而是非结论性的。例如，首先从第一个论证开始，在大前提"如果现在是白天，则天是亮的"当中，"天是亮的"这个分句从它的前件"现在是白天"推论得出，这一点要么是被公认的，要么就是不明白的。但是，如果这是不明白的，我们不会认可大前提是公认的；然而如果"现在是白天"这个分句是真的，那么"天是亮的"这个分句也必将是真的，这一点是先在地明白的；那么，一旦我们断言"现在是白天"，"天是亮的"这个命题也就可以被推论出来了，以至于以"现在是白天，因此天是亮的"这个形式出现的论证是充分的②；因此，"如果是白天，那么天是亮的"这个大前提，是多余的。

我们也对第二种"不可证明的论证"进行相似的反对。当结论不是真的时，前件要么可能是真的，要么不可能是真的。但是，如果这可能是真的，那么，大前提就将是无效的；而如果前件不可能是真的，那么我们在断定"结论不是真的"时也断定了"前件不是真的"；于是，大前提又成为多余的了，因为所提出的论证的形式应该是"现在天不亮，因此现在不是白天"。

同样的推理也适用于第三种"不可证明的论证"。双前提中的分句

---

① 即由两个从句通过"和"或"并且"而组成在一起的前提。
② 即一种只有一个前提的三段论。

的彼此相互依存是不可能的，这一点要么是先在地明白的，要么是不明白的。如果它是不明白的，那么我们不会认可对那两个前提的否定；而如果它是先在地明白的，那么，在断定一个分句的时候另一个分句也就被否认了。而且，当我们提出"现在是白天，因此不是晚上"这种形式的论证的时候，对那双前提的否定就变得多余了。

我们还以相似的方式处置第四和第五种"不可证明的论证"。在选言前提中，一个分句是真的，另一个分句是假的，相互处于完全矛盾之中，这正是"选言式"所要表达的。然而，这一点要么是先在地明白的，要么是不明白的。如果这是不明白的，我们就不会认可选言前提；而如果这是先在地明白的，那么，若一个分句被断定，则另一个分句就明显地不是真的了；若一个分句被否定，则另一个分句就是真的，这一点就是先在地明白的，所以，只要构造这样的论证——"现在是白天，因此不是晚上"，或"现在不是白天，因此是晚上"——就足以是充分的了。所以，选言前提是多余的。

人们也可以对所谓的直言三段论作相似的评论。直言三段论主要为逍遥学派所用。例如，在"正义是公平的，公平是善的，所以正义是善的"这个论证中，"公平是善的"这一点，要么被公认且是先在地明白的，要么被争执且是不明白的。如果这一点是不明白的，那么，在演绎推理的过程中它将不会被认可，因此该三段论将不是结论性的；而如果无论什么公平的东西都毫无例外地是善的这一点，是先在地明白的，那么，在陈述这个特别的东西是公平的时，就已经暗含着"它是善的"这个事实，以至于以"正义是公平的，所以正义是善的"这种形式提出该论证就足够了，"公平是善的"这个前提是多余的。在这样一个论证——"苏格拉底是人；每个人都是动物；所以苏格拉底是个动物"——中，情况也是如此。如果"只要是人，就是动物"这一点不是先在地明白的，那么这个普遍的前提也就不是公认的，我们就不能在演绎推理的过程中承认该前提。但是，如果他是人这个事实可以通过他也是个动物这个事实逻辑地推导得出，并且因此"每个人都是动物"这个前提被公认为是真的，那么，在说"苏格拉底是人"的时候，我们同时也就承认了他也是一个动物，以至于"苏格拉底是人，因此苏格拉底是动物"这种形式的论证就已经是充分的；"每个人都是动物"这个前提便是多余的。对于其他主要的直言论证式，也可以运用相似的推理方法（现在不对这个问题进行详述）。

这些论证是被辩证法家们作为他们三段论的基础提出来的，既然它们都是多余的，那么，整个辩证法也就因此被推翻了，因为我们无法区分多余的，从而"非结论性的"论证和所谓结论性的三段论也就不明确了。不过，如果有人反对"单一前提"形式的论证，他们将不会比安提培特（Antipater）[①]的观点更让人信服，而安提培特是不反对这类论证的。

出于这些理由，我们判定辩证学家们称为"结论性的"论证是不可接受的。但是进一步讲，"真的"论证也是不可发现的，这既是因为上述那些原因，又是因为在所有情况中它都应当得出真的结论。所谓真的结论，要么是明白的，要么是不明白的。它当然不是明白的，因为如果它本身是显而易见的并且和它的前提一样明白，那么它就不需要通过前提来揭示了。而如果它是不明白的，那么，正如我在上面所提到的那样，由于针对不明白的东西尚存在着未解决的争论，不明白的东西因此是不可理解的，所以，所谓"真实论证"的结论将是不可理解的。如果这是不可理解的，我们将不知道该演绎推理是真的还是假的。因此，关于该演绎推理是否是真的抑或是假的，我们将一无所知，因而"真的"论证将是不可能被发现的。

但是，我们即使略去这些反对意见，通过先在明白的前提去演绎不明白的东西的论证也是不可发现的。如果推论从前提的组合中推理得出，而且形成结论的东西都是与前件相关的，同时，正如我已经证明的，相

---

① 安提培特是公元前150—前30年的斯多亚派领导人。

关者总是一起被理解的——那么，如果结论是不明白的，则前提也将是不明白的；如若前提是先在地明白的，则结论也将是先在地明白的，因为结论和先在地明白的前提一起被理解；这样，就不再存在从先在地明白的前提中推论出不明白的结论的演绎。出于这些原因，推论也不是通过前提来发现的，因为它要么是不明白的、不被理解的，要么是先在地明白的、不需要任何东西来揭示的。所以，如果证明被界定为"通过一定的被公认为真的前提，运用演绎的方法，结论性地揭示出不明白的推论的论证"，而我们已经证明：不存在任何结论性的或真的论证，或者通过明白的前提演绎出不明白的结论，或用于揭示结论的论证——那么，证明不具有真实的存在这一点是清楚明白的。

从如下的攻击批判中，我们也将发现证明是不真实的，甚至是不可思议的。那些断言证明存在的人指出，证明要么是一般的，要么是特殊的；但是，正如我们将要表明的那样，无论断定一般还是或特殊，证明都是不可能的；而且除此之外无法想象其他的论证；因此，没有人能够断定证明真实地存在着。出于下面的原因，一般证明是不真实的：证明要么具有一定的前提和推论，要么不具有一定的前提和推论。如果它没有前提和推论，那么它甚至不是证明；而如果它有前提和推论，那么，由于每一个证明或被证明者都在这个意义上属于"特殊事物"那一类，所以证明也将是特殊的；因此没有一般证明。然而，也不存在任何特殊证明。他们所描述的证明要么是由前提和推论所构成的系统，要么仅仅是由前提所组成的系统；但是，正如我将表明的那样，这些当中没有一个是证明；因此，特殊证明不存在。由前提和推论所构成的系统不是证明，因为：首先，它包含一个不明白的部分——即推论部分——因此证明将是不明白的，这一点是荒谬的；因为如果证明是不明白的，那么它将不但不能用于证明其他事物，而且自身还需要其他东西对其进行证明。

而且，由于他们断言证明是一种相关性的东西——它与推论相关，并且正如他们自己所说的那样，这些相关的东西总是在与其他事物的关联中得到认识，被证明的东西必须不同于证明；如果被证明的东西是结论，那么证明不会和结论一起被理解。结论要么有助于对自己的证明，要么不是这样；但是，如果它有助于对自己的证明，那么它将被用于揭示自身；然而如果它无助于证明，从而是多余的，那么，它甚至不是证明的一部分，因为我们会因其"多余"而宣称该证明是错误的。仅仅由前提所构成的系统本身也不是证明；谁会主张："如果在白天，则天是亮的；实际上现在是白天"这种形式的命题是一种论证，或是表达了一种推理呢？因此，单单是前提的系统并不构成证明。所以，特殊证明也不具有真实的存在。但是如果一般证明和特殊证明都不具有真实的存在，而且，除此之外人们无法想象其他证明，那么，证明就不具有真实的存在。

下面这些进一步的思考也能说明证明的非实在性。如果证明是存在的，它要么作为明白的东西用以揭示明白的东西，要么作为不明白的东西用以揭示不明白的东西，要么作为不明白的东西用以揭示明白的东西，要么作为明白的东西用以揭示不明白的东西；但是，它不能被理解成用以揭示这些情形当中的任何一种；因此它是难以理解的。因为，如果证明作为明白的东西用以揭示明白的东西，那么被揭示的东西会立刻成为既明白又不明白的东西——是明白的，因为它被假定如此；是不明白的，因为它需要一个揭示者，而且很明显它并没有被我们所清晰地认识。如果证明作为不明白的东西用以揭示不明白的东西，那么证明自身也需要某种东西对其进行揭示，而不能用于揭示其他东西，这一点与"证明"的概念大相径庭。出于这些原因，不可能存在对于先在地明白的东西的不明白的证明，也不可能存在对于不明白的东西的先在地明白的证明。它们是相关的东西，而相关的东西是一起被理解的，由于被证明的东西和它的先在地证明一起被理解，所以，被证明的东西也就是先在地明白的了；这样一来，论证就颠倒过来了，对不明白的东西提供论据的证明不是先在地明白的了。因此，如果证明不是作为明白的东西用以揭示明白的东西,也不是作为不明白的东西用以揭示不明白的东西;不是作为不明白的东西用以揭示明白的东西,也不是作为明白的东西用以揭示不明白的东西;而且除了这些之外,正如他们所说的,没有其他选择,那么,我们必须宣称证明什么都不是。

而且,这一点也要说一说。证明是一个有争议的问题;有些人断言证明甚至不存在,正如那些断言什么东西都不存在的人们那样[①],但是另外一些人,包括大多数的独断论者,断言证明的确存在;我们对它的存在和非存在的态度是"两者一样可证"(No more)。另外,证明总是包含着一个教条,而他们对每个教条都要争论,以至于对于每个证明必定存在着争议。如果(由于论证,让我们举例)当对于虚空存在的证明被接受时,虚空的存在也就被接受了[②];很明显,那些对虚空的存在有争议的人们,也会对该证明进行争论;同样的论证也适用于和证明有关的其他所有独断论。因此,每一个证明都受到置疑且处于争论之中。

证明是不明白的,因为关于证明存在着争议(有争议的东西是不明白的),所以它的存在不是自明的,而是需要通过证明才能得以确立。需要通过证明得以确立的证明不是明白的、公认的(因为我们正在探究证明一般来说是否存在),因而是有争议的、不明白的,所以它需要另一个证明,而这个证明又需要第三个证明,如此下去,以至无穷。但是证明一个无穷的序列是不可能的;因此,证明的存在是不可得到证明的。

然而,也不能通过征象来揭示证明。因为征象是否存在还是一个有待探究的问题,而且征象需要证明来确保它的实在性,我们发现自己陷入了循环推理之中——证明要求征象,而征象又要求证明,这当然是荒谬的。出于这些原因,判决有关证明的争论是不可能的,因为判决需要标准,但是——正如我们已经表明的那样,标准是否存在是一个有待探

---

① 希腊有的哲学家认为现象都是不存在的。
② 伊壁鸠鲁派论证虚空存在的论证是这样的:"如果运动存在,那么虚空存在;而运动确实存在,所以虚空存在。"

究的问题，因此标准需要一个论证标准存在的证明——于是我们又陷入循环推理的困惑之中了。如果我们既不能通过证明，又不能通过征象，也不通过标准来论证证明的存在，而且如我们已经表明的那样，证明本身就不是自明的，那么，证明是否存在这一点将是难以理解的。因此，证明也将不是实在的；因为它和进行证明的行为一起被理解，如果它不被理解，那么，它就不可能进行证明。因此证明不存在。

关于对证明的概要性批判已经足够了。然而，主张相反观点的独断论者宣称，被用来反对证明的论证要么是"能够证实的"，要么是不能够证实的；如果它们是不能够证实的，那么，它们无法表明证明不存在；而如果它们是可以证实的，它们的实在性便由于自我反驳又成了问题。因此他们还提出这种形式的一个论证："如果证明存在，则证明存在；如果证明不存在，则证明存在；因此证明存在。"出于同样的意图，他们也提出这样一个论证："从矛盾中逻辑地推导得出的东西不仅是真的而且是必然的；'证明是存在的'和'证明是不存在的'是一对矛盾，而且证明的存在可以从两者之中的任何一个中推导得出；因此证明存在。"

现在我们对此进行回答，例如，因为我们不相信任何论证可以是能够证实的，所以我们并不宣称反对证明的那些论证是绝对地能够证实的；只是说它们在我们看来似乎是有道理的；但是，"似乎有道理的论证"并不必然就是"能够证实的"。如果它们实际上是能够证实的（这一点我们并不正面地肯定），那么它们当然也是真的。真的论证乃是通过真的前提演绎推出真的结论的；因此它们的结论是真的。现在，结论是"因此证明不存在"；所以，"证明不存在"这个命题通过倒转这个论证而是真的。正如泻药将自己和身体中已经存在的物质一起排出体外一样，这些论证也能将自己和其他据说是提供论据的论证一同驳倒。这并非是荒谬的，因为事实上"没有什么东西是真的"这句名言不仅反驳了其他的命题，而且也否定了它自身的正确性。

关于这个论证——"如果证明存在，则证明存在；如果证明不存在，则证明存在；证明要么存在，要么不存在；所以证明存在。"——有很多方法能够表明该论证是非结论性的，但是，下面的方法暂时就足够了。如果假言前提"如果证明存在，则证明存在"是正确的，那么，它的结论的对立面即"证明不存在"，一定与"证明存在"相冲突，因为这是该假言前提的前件。但是，按照他们的观点，由彼此冲突的分句组成的假言前提是不可能正确的。因为假言前提许诺：当它的前件是真的时，它的后件也是真的；然而相反，相互冲突的分句许诺：如果它们中的一个是真的，那么另外一个不可能是真的。因此，如果前提"如果证明存在，则证明存在"是正确的，那么"如果证明不存在，则证明存在"这个前提就不能是正确的。相反，如果我们假设承认"如果证明不存在，则证明存在"这个前提正确，那么，"如果证明存在"就能够和"证明不存在"彼此共存，并不冲突。因此，在"如果证明存在，则证明存在"这个前提中，它的后件的对立面并不与它的前件的冲突，于是，反过来看，这个前提将是不正确的，但是我们却假设它是正确的。当"证明存在"这个分句和"证明不存在"这个分句并不冲突时，"证明要么存在要么不存在"这个选言命题将是不正确的；因为正确的选言命题许诺：它的一个分句是正确的，但是另一个或其他的分句则是假的或矛盾的。或者说，如果选言命题是正确的，那么，由彼此冲突的分句所组成的假言前提"如果证明不存在，则证明存在"则会被发现是谬误的。因此，上述论证中的那些前提是内在不和谐的、彼此毁坏的；所以该论证是不正确的。进一步讲，他们甚至不可能证明任何东西能够从矛盾命题中逻辑地推导得出，因为正如我已经论证过的那样，他们不具有逻辑步骤或演绎的标准。

  但是这个讨论实际上是多余的。因为，如果一方面维护证明的那些论证是有道理的（假设如此），而另一方面对证明的那些批判也是有道理的，那么对于证明，我们就必须悬置判断，并宣布证明的存在不比其不存在更能得到肯定。

14. 论三段论

或许详细地讨论被过分吹嘘的"三段论"也是多余的，因为，一方面它们已经被包括在对"证明"的存在的反驳当中了（很清楚，如果证明是不存在的，那么"能够证实的论证"也是无处容身的）；另一方面，在我们先前的话中已经隐含地驳斥了它们，在讨论"多余"的时候，我们提到了一定的方法，通过该方法有可能证明斯多亚派和逍遥学派的所有"能够证实的论证"都是非结论性的。不过，进一步具体讨论它们或许也并非不妥，因为这些思想家都对它们引以为豪。我们有许多可以用来指出其非实在性的话可说，不过，在一个纲要式的讨论中，用如下的方法去论述它们就足够充分了。现在我将处理"公理性论证"，[①] 如果这些论证被摧毁了，那么，其余的论证也就被推翻了，因为它们都是从这些公理性的论证中得出对于它们的演绎推理的证明的。

据说，"每个人都是动物"这个前提是通过对特殊事例的归纳而得以确立的；从作为人的苏格拉底是动物，柏拉图也是如此，狄翁以及每一个人也是如此的这个事实中，他们认为有可能断言每个人都是动物；以至于只要一个特例与其余情况明显地冲突，这个一般的前提就是无效的；因此，尽管很多动物移动下颚，但是唯有鳄鱼移动上颚，则"所有动物都移动下颚"这个前提就不是真的。因此，每当他们论证"每个人都是动物，苏格拉底是人，所以苏格拉底是动物"时，他们企图从一般的命题"每个人都是动物"中，演绎推导出"所以苏格拉底是动物"这个具体的命题，然而，正如我们已经提及的那样，实际上具体命题是被用来通过归纳确立一般命题的；这样，他们就落入了循环推理的误区：他们归纳所有特例来确立一般命题，又从一般命题中演绎具体命题。在

---

① 即"无法证明的［自明的］论证"，包括直言三段论等。

"苏格拉底是人，但是没有人是四足的，因此苏格拉底不是四足的"这样的论证中也是如此，他们先试图通过对特例的归纳来确立"没有人是四足的"这个前提，然而又希望从"没有人是四足的"这个前提中演绎出每一个具体命题，于是陷入了循环推理的错误之中。

而且，相似的批判也适用于其余被逍遥学派称为"公理性的"论证；也适用于"如果是在白天，则天是亮的"这种形式的论证。因为，他们说，"如果现在是在白天，则天是亮的"这个命题能够证明"天是亮的"，而"现在是白天"与"天是亮的"这个分句结合起来，又可以确立"如果现在是在白天，则天是亮的"这个命题。除非"天是亮的"和"现在是白天"之间恒定的相互依存已经被观察到，上述假言前提将不会被认为是正确的。如果为了建构"如果现在是在白天，则天是亮的"这个假言前提，人们不得不事先明确认识到白天的时候天一定是亮的；然而，我们又通过这个前提演绎得出白天的时候天是亮的——"是白天"和"天是亮的"两者之间的相互依存，通过"如果现在是白天，则天是亮的"这个前提可以证明（依赖于我们面前的"公理性的"论证），可是，这个前提本身又必须通过上述事实的相互依存而得以确立……所以，在这个例子中，循环推理的谬误也颠覆了该论证的内容。

"如果现在是白天，则天是亮的；但是现在天不是亮的；因此现在不是白天"，这种形式的论证也是如此。从我们没有观察到没有光亮的白天这个事实来看，"如果现在是在白天，则天是亮的"这个假言前提可以被认为是正确的；我们试想，在某个时候白天没有光亮，那么这个前提将被说成是假的；但是涉及上述的公理性论证，当光亮不存在的时候白天也就不存在这一点，是通过"如果现在是在白天，则天是亮的"这个前提来证明的，以至于为了证实自己，这些命题中的每一个都需要牢固地掌握其他命题，从而使自己通过循环推理变得可信。而且，从某些东西——例如，白天和夜晚——是不能共存的这个事实出发，合取式的否定"不是白天，也不是晚上"和选言式"要么白天存在，要么晚上存在"，这两者都可以被认为是正确的。但是他们认为，在论证"不是白天存在，就是夜晚存在；但事实上夜晚存在；因此白天不存在"，以及"要么是白天，要么是夜晚；但实际上现在是夜晚；所以现在不是白天"，或"现在不是夜晚，因此现在是白天"时，白天和夜晚的不能共存既是通过合取式的否定又是通过选言式才得以确立的。由此我们却再次论证：如果要确立选言命题及合取命题的否定式，我们要事先认识到这个事实，即它们所包含的判断不能共存。然而，他们相信他们正在通过选言命题及合取命题的否定式来推导这种共存的不可能性，于是我们就陷入循环推理之中了，因为，我们不能在尚未认识到前提所包含的判断不能共存的情况下就去相信上述那些前提，也不能在以这些前提为基础推出三段论之前就断定那种不可能性。因此，由于这种循环论证，我们没有作为信念基础的原则，我们将依赖这些话而宣称："公理性的"三段论中的第三个、第四个、第五个也都不具有正确的内容。

就目前而言，有关三段论所说的这些已经够了。

15. 论归纳法

我认为驳倒归纳法也是轻而易举的。当他们试图通过归纳的方法从特例中确立一般性的东西时，他们要么检查了所有的特例，要么检查了某些特例。但是，如果他们只是检查某些特例，则该归纳是不牢靠的，因为在归纳中被遗漏的那些特例，或许会与一般结论相冲突；而如果他们要检查所有的特例，那么，他们是在干徒劳无益的事情，因为具体事例是无限的、不确定的。因此，从这两方面出发，正如我认为的，得出的结果都是归纳被推翻。

16. 论定义

还有，独断论者对于定义的系统论述是他们十分引以为豪的东西，他们将此归入他们所谓的哲学体系的逻辑学部分之中。那么，现在让我们对定义进行一些考察。

虽然独断论者们认为定义有很多用途，但是你或许会发现，这些用途主要分为两类，正如他们所说的，这两个大类可以包括它们的所有的必要用途；因为，正如他们所解释的那样，在所有情况下，定义要么是对于理解是必要的，要么是对于教导是必要的。因此，如果我们证明定义对于这两个目的都没用途，那么，我认为，我们将指出独断论者们在定义上的所有劳作都是毫无意义的。

在没有预先了解的情况下，如果一个人对定义的对象不了解，那么他就不能对他所不了解的这一对象进行界定；然而，另一方面，如果一个了解该对象并对其进行界定的人，同时又尚未从其定义中认知该对象，但是却能使定义适合这个已经被认知的对象，那么定义对于认知事物而言就不是必要的了。如果我们试图绝对地界定所有事物，那么，我们将由于"永恒倒退"而什么东西都界定不了；而如果我们允许某些东西可以不通过定义来认知，那么，我们就等于在宣称定义对于认知而言不是必要的，因为我们不必使用定义，可以用认知那些未被界定的对象的同样方式来认知所有其他的东西——这样，我们要么什么都无法界定，要么宣称定义是不必要的。

我们将会揭示：由于这些原因，定义对于教导也不是必要的。因为，正如最先认识了对象的人是不通过定义就认识它那样，接受关于该对象的教导的人，也能够在没有定义的情况下接受教导。而且，他们通过被界定的对象来判断定义的对错，并宣称包含了不属于被界定的对象的全部或某些属性的那些定义是错误的。因此，每当有人说人是"理性的、不朽的动物"或"理性的、终有一死的、识文断字的动物"时,由于没有人是不朽的,有些人并不识文断字,他们所说的这些定义就是错误的。也许定义的对错无法得到评判,因为应当判断的具体事例是无限的;因此,定义并不能传达有关那些对象的理解和教导——定义的对错据说是通过这些对象得到评判的,这些对象如果能被了解的话,很明显已经被事先理解和了解了。

当他们令我们陷入这样的不确定性的迷雾中时,断言定义对于认知、教导和各种说明有用,怎么能不是全然荒谬呢?因此,比如举个可笑的例子,试想有人想询问某人是否曾碰到过一个骑着马、牵着狗的人,并以这种形式提出这个问题:"啊,理性的、终有一死的、能够接受理智和科学的动物!你曾经碰到过一个能笑、长着宽宽的指甲、能够接受政治科学的动物吗?该动物的臀部坐在一个能够嘶鸣的、终有一死的动物上面,而且该动物还牵着一个四足的、能够叫唤的动物。"如果谁使用定义这么去问人,使别人对本来一个十分熟悉的事情目瞪口呆,这不是荒诞可笑又会是什么呢?

因此我们必须宣称,至少从这一点看来,定义是无用的——无论定义被描述为"一个通过简要的提示使我们对语词所表述的对象形成概念的陈述",这一点从我们刚才所说的那些东西来看是显而易见的(难道不是吗?),抑或是"宣示本质的陈述"[①],抑或是你所喜欢的任何表述。因为实际上,在他们对"定义"提出定义的努力中,他们陷入了一个无休止的争论之中;尽管这一争执看来摧毁了定义,但出于我目前的专论的计划,我现在对此略而不论。

所以,对于定义我已经说得够多了。

---

① 这是亚里士多德对于"定义"的规定;前面那个规定可能是斯多亚派的。

17. 论划分

由于某些独断论者[①]肯定"辩证法"是"关于三段论、归纳法、定义和划分的一门科学",而且,在我们对标准、征象和证明的论证之后,已经讨论了三段论、归纳法及定义,我们认为,现在来简短地论述一下划分,也是件不无适当的事情。如他们所说的,划分可以在四个方面上进行:要么名称或词汇被划分成它的指称物,要么整体被划分成部分,要么种被划分成属,要么属被划分成个体。但是,相反,或许就所有这些情况而言,证明划分之科学不存在是件轻而易举的事。

18. 论把名字划分成被指称的事物

他们立刻会说:关于自然对象的科学是存在的,而关于约定的对象的科学是不存在的,而且这是有原因的。因为科学宣称自己是稳定的、不变的东西,但是约定的东西很容易变化和改变,因为它们的属性是随着依赖于我们的习俗的变化而改变的。名字的意义是以约定、而不是以自然[②]为基础的(否则所有的人——野蛮人和希腊人——都将能通过词汇理解被指称的所有事物了,此外我们在任何时候都能用我们选择的名称来指称对象),如此,则"能够把名字划分成被指称的事物的科学"怎么可能存在呢?而且,既然某些人把辩证法设想为"关于指称和被指称的事物的科学",那么"辩证法"又如何能成立呢?

---

① 对于"辩证法"的定义以及此处的四种"划分"的学说,是公元 2 世纪的一位折中主义者阿尔西努斯(Alcinous)所给出的。柏拉图和亚里士多德只使用了"划分"中的第三、四种,即"逻辑的划分"(而非语法的和数学的划分)。逻辑的划分是把一个类分成它的组成部分——把种分成属,把属分成个体。这样我们就能历数总的名字所指称的那一类对象。——中译者注

② 名字是"自然地"存在的,这是赫拉克里特、斯多亚派和伊壁鸠鲁派的观点。亚里士多德和怀疑论的观点与此相反,主张"约定"说。

98

19. 论部分与整体

在我们称为"自然学论述"①的部分中，我们将讨论整体和部分；但是，目前我们不得不说说所谓的"把整体划分成部分"。当有人说 10 可以划分成 1 和 2 和 3 和 4 时，10 并没有被划分成这些数。因为，有人说只要它的第一部分被减去——暂且假定这可以这样做——那么存在的就不再是 10，而是 9 了——这可是一个很不同于 10 的东西。因此对于其他部分的划分和减去并不是从 10 那里，而是从某些其他数字那里进行的，而且这些数字随着每一次的削减都在发生变化。

也许把整体划分成所谓"它的部分"是不可能的。因为，实际上，如果整体被划分成部分，那么在划分这个行为进行之前，部分应当包含在整体之中，但是它们也许并未被包含于其中。例如，让我们再一次以 10 为例——他们说 9 当然是 10 的一部分，因为 10 被划分成 1 加 9。但是 8 这个数字也同样是 10 的一部分，因为 10 可以被划分成 8 加 2；以此类推，7、6、5、4、3、2、1 也都是 10 的部分。如果所有这些数字都包含在 10 中，当把它们加在一起的时候，得出来的乃是 55；那么，55 就包含在 10 这个数字中，而这是荒谬的。所以，10 的所谓的部分并不包含在 10 中，10 也不能像整体划分成部分那样被划分成它们，因为我们甚至根本不能在 10 中看到它们。

同样的反对也适用于面积，假如有人想对 10 腕尺（cubit）的面积进行划分的话。

或许，把整体划分成部分是不可能的。

---

① 即下面的第三卷：反对自然学家。

20. 论种与属

最后剩下的是关于种和属的论题，我们将在其他地方对此进行更加详尽的讨论；[1] 不过在这里我们将简要地处理它们。一方面，如果他们[2]说属和种是一种心智上的概念（mental conception），那么我们对于"主导部分"和"表象"的批判就已经反驳他们了；如果他们赋予种和属以自身的实体性，那么他们将如何回应下面的这个反对呢？如果种存在，那么，或者种与属在数量上同样多，或者所有的属有一个共同的种，所有这些属都属于这一个种。如果这些属在数量上和它们的种一样多，那么，将不再有一个被划分成这些属的共同的种；而如果种在它的所有属中作为"一"而存在，那么每一个属要么分有种的全部，要么分有种的部分。[3]但是，属不会分有种的全部；因为一个真实地存在的事物不可能以这样一种方式——作为整体存在于那些包含它的事物中——同等地被包含在不同的、独立的事物之中。如果属分有部分的种，那么首先，正如他们所设想的那样，所有的种就不会伴随属；"人"将不再是"动物"，而只是动物的一部分——他将是实体，但是将不是"有生命的"，也不是"有感觉的"。其次，所有的属将被说成是要么分有了它们的种的相同的部分，要么分有了不同的部分；但是出于上面所说的原因，所有的属分有它们的种的相同部分是不可能的；然而，如果它们分有了不同的部分，那么，各个属将不是一个种的（他们不会承认这一点）；而且每个种都将是无限的，因为每个种都被切分为无限的部分（种不仅被切分为属，而且被切分为个体），因为实际上在这些个体中可以见到种和属；（例如，

---

[1] 在塞克斯都的现存著作中没有看到这一详尽讨论。
[2] 指斯多亚派。
[3] 这是柏拉图的观点。前面的是亚里士多德的观点。接下来的批判很像是亚里士多德对于柏拉图的"分有说"的批判。

狄翁是动物也是人)。但是，如果这些结论是荒谬的，那么，属甚至不分有它们的种的部分，种是一个统一整体。

如果每个属既不分有整个的种，也不分有部分的种，那怎么能说一个种存在于它的所有部分之中，从而能实际上被划分成这些部分呢？或许，没有人能够提出这样一个命题，除非编造出某些假想中的存在物[1]，然而这种做法将被推翻，就像怀疑论通过独断论者之间的无法解决的争论所证明的那样。

进一步讲，这一点也要说一说。[2] 属总是这一类的或那一类的；这些属的种要么既是这一类又是那一类，要么是这一类而不是那一类，要么既不是这一类也不是那一类。例如，在"某些事物"（或个体）中，有些是物体性的、有些是非物体性的；有些是真的、有些是假的；有些（也许）是白的、有些是黑的；有些非常大、有些非常小，等等；被某些人当作最高种（summum genus）的"某个事物"[3]，要么是所有这些，要么是这些中的某一些，要么一个也不是。但是，如果"某个事物"以及这个种，完全不是它们中的任何一个，那么，这项探究也就结束了。如果我们说它是它们的全部，那么，不仅这样的一个命题是绝不可能成立的，而且种寓于其中的所有属和个体就会是所有的东西了。如果"动物"这个种（如他们所说）是"有生命的、能感觉的实体"，那么，它的每个属也都被说成是实体，有生命的、能感觉的。同样，如果有一个种既是物体性的又是非物体性的、既是真的又是假的、既是黑的也许又是白的、既是非常大又是非常小，如此等等，那么，每个属和每个个体都将是所有这些——而这与我们所观察到的事实是相悖的。因此，这也是假的。但是，

---

[1] 比如柏拉图的"相"。

[2] 此处的论证要点是：不可能想象在"种"当中包含的许许多多的属和个体有相互冲突的特性，却能在种的统一性当中相安无事地共存。然而，如果它们不能都在"种"当中共存，"种"就无法包容它自己的所有的属和个体；如果它任何对立面都不能包括，那么它与自己的个体就完全没有任何关系了，那它就没有资格充当"种"了。

[3] 斯多亚派的观点。

如果种仅是它们中的某些属,那么,作为这些属的种就不是其余的属的种;例如,如果"某个事物"这个种是物体性的,那么它就不是非物体性的属的种;如果"动物"这个种是理性的,那么它就不是非理性的属的种,以至于将不会存在非物体性的"某个事物",也不会存在非理性的动物。同样,所有其他的情况也是如此;而这是荒谬的。所以,种不可能是"既是这一类又是那一类",也不可能是"这一类而不是那一类",也不可能是"既不是这一类也不是那一类";而如果结论是这样的,则"种"根本就不存在。

如果有人说种潜在地是所有东西[1],那么我们的回答是:潜在的某种东西也是实际上的某种东西,例如,没有人是潜在地研究文学的,如果他不实际如此做的话。同样,如果种潜在地是所有东西,那我们要问,它实际上是什么呢?因此,我们会发现同样的困难依然存在。因为,它实际上不可能是所有矛盾的属性;它也不可能实际上是它们中的某些,潜在地是它们中的某些——例如,实际上是物体性的,潜在地是非物体性的。由于潜在的东西可以变成实际的东西,但实际地是物体的东西不可能变成实际地是非物体的东西,因此,如果比方说"某个事物"这个种实际上是物体性的,那它潜在地就不是非物体性的,反之亦然。因此,种不可能实际上是某些东西,潜在地是另一些东西。但是如果它实际上什么都不是,那它就没有实体性的存在。因此,他们所说的划分成属的"种"什么都不是。

进而,这里还有一点值得注意。正如,由于亚历山大(Alexander)和派瑞斯(Paris)[2]是完全相同的,那么当"派瑞斯走路"是假的时候,"亚历山大走路"这个命题不可能是真的;如果对于铁翁(Theon)和狄翁

---

[1] 亚里士多德把种和属的关系看作是潜在与现实的关系,或尚未实现的萌芽与充分展开、实在的东西的关系。正像橡树的"现实"潜在地存在于橡子之中一样,诸多的"现实"个体也潜在地蕴涵在统一的"种"当中。

[2] 这是同一个人的两个名字,此人即诱拐海伦从而激起特洛伊战争的特洛伊王子。

(Dion）来说，他们同样都是"男人"，那么，当"男人"这个词作为判断中的一个元素被使用时，它会使这个判断在用到这两个人身上时同样是真的或假的。但是这并不是我们所看到的实际情况；因为当狄翁坐着而铁翁走路的时候，"男人走路"这个判断用在后者身上就是真的，用在前者身上却是假的。因此，"男人"这个词对他们两人而言不是共同的，也不具有同一种意义。相反，假使这个词可以适用他们的话，它只能适用于他们两者中的一个。

21. 论共同属性

相似的论证也适用于"共同属性"。如果视觉在狄翁和铁翁那里是同一种属性，那么，试想狄翁损坏了视力而铁翁得以幸免，视力无损，则他们要么会说受损的狄翁的视力仍然未受损坏,（显然）这是不可信的；要么会说同样的视觉既受损了又未受损，而这是荒谬的；因此，铁翁的视觉和狄翁的视觉是不相同的，也就是说，每个人的视觉都是与众不同的、唯一的。如果呼吸在狄翁和铁翁那里是一个同样的属性，那么，呼吸不可能只存在于铁翁那里而不存在于狄翁那里；但是当一个人去世而另一个幸免于难的时候，这是可能的；因此它并不是完全相同的。

不过，关于这个论题，这个简要的说明在目前已经足够了。

22. 论诡辩

或许对于诡辩这个论题，我们也应该给予一些关注，因为那些推崇辩证法[1]的人说辩证法对于揭露诡辩是必不可少的。他们说，如果辩证法能够区分真的和假的论证，而且诡辩论就是假的论证，那么辩证法就能

---

[1] 斯多亚派。

够识别这些通过表面上似乎有理而实际上歪曲真理的诡辩。因此，通过帮助摇摇欲坠的日常生活，辩证家们热诚努力地向我们教授诡辩的概念、它们的种类区别以及如何解决它们的方法。他们说诡辩是"狡猾地建构起来以诱使人们接受其推论的似乎有道理的论证，它要么是假的，要么是类似于假的，要么是不明白的或不可接受的"。一个假的诡辩的例子是："不会有人请别人喝谓词，但是'喝酒'①是一个谓词；所以没有人请别人喝酒。"再者，诡辩可能是类似于假的，比如在这个例子中："过去和现在都不可能的东西不是荒谬的；谋杀对于医生——就其作为医生——来说，过去和现在都是不可能的；因此医生——就其作为医生——从事谋杀并不荒谬。"再者，诡辩也许是不明白的，比如这个推理："'我首先已经问过你一个问题'和'星星的数量不是偶数'并非可以同真；而我首先已经问过你一个问题；所以星星在数量上是偶数的。"再者，它也许是由于其他原因而不可接受的，像所谓的违反语法的（solecistic）论证，例如——"你所看（look）的东西存在；你有一个狂热的外表(look)；所以'狂热的'存在"；或者"你所盯住的东西存在；你盯住一个红肿的斑点；所以'盯住一个红肿的斑点'存在"。

  而且他们还试图提出针对诡辩的解决方法。就第一个诡辩的例子而言，他们说：一个东西是通过前提确立起来的，另一个则是在结论中推导出来的。它所确立的前提是：谓词是不会喝酒的以及"喝酒"是一个谓词；但是，"喝酒"本身不是一个谓词。因此，应当由此推论出来的真的结论是："没有人喝'喝酒'。"但是诡辩家得出的推论却是："因此没有人喝酒。"这个推论是错误的，因为它并不是从业已确立的前提中演绎出来的。关于第二个诡辩，他们的解释是——虽然它看起来走向一个错误的方向，以至于使那些注意力不集中的人对于是否认可它会感到犹豫，但是它的结论是真的，即"因此，医生作为医生从事谋杀并不荒谬"。

---

① 这里的"酒"，原词是"苦艾酒"。

因为没有任何判断是荒谬的①,而"医生作为医生从事谋杀"是一个判断,所以这个判断也不是荒谬的。他们说,导致不明白的推理②的那种方法涉及了多变的事物。③因为,按照假设,当我没有首先问问题时,对于合取前提的否定就是真的,而合取式或大前提是假的,因为它包含着一个假的分句即"我首先问过你一个问题"。但是在对大前提的否定已经被问到之后,小前提"我首先问过你一个问题"就变成真的了,因为在小前提之前,对于大前提的否定已经被问到;当大前提中的假的分句已经变成真的时候,对于大前提的否定中的第一个分句就变成假的了;所以,如果对大前提的否定不与小前提相互依存,那么,结论就不可能被推演出来。关于最后一类诡辩——违反语法的论证,有些人说它们是荒谬地使用的,有悖于语言应用。

这些就是某些辩证法家关于诡辩所说的话——尽管其他人的确说过别的话;他们所说的这些也许能够取悦于那些从未从事专门研究的听众们的耳朵,但毕竟是多余而徒劳的。这一点或许可以从我已经说过的东西看出来;因为我们已经证明了——按照辩证法家的观点,通过我们大量的论证及他们对三段论(即证明和公理性)的正确性所作的维护的驳斥——真理和谬误是不可能被理解的。针对我们面前的这个话题,我们还有很多其他特殊的反对意见可以提及,但是现在出于简洁的缘故,我们仅提及这一个。

说到那些似乎特别能由辩证法揭露的所有诡辩,实际上辩证法家们的揭露没有什么用处;在所有的情况中,那些有用的揭露并不是辩证法家所为的,而是掌握着事实的每门特殊技艺的专家们所为的。现在就让我们举一两个例子,如果有人提出这样一个诡辩——"在疾病的消退阶段,多样的日常饮食和葡萄酒是被准许的;而在所有疾病中,在第一个

---

① 亦即没有意义的。这是斯多亚派的观点。
② 即第三种诡辩。
③ 即从真变成假的判断。

三天之前①必然出现消退阶段；因此在第一个三天之前，通常进食多样的饮食和葡萄酒是必要的"——在这个例子中，虽然揭露是有用的，辩证法家却无助于揭露这个论证。但是医生可以揭露这个诡辩，因为他知道"消退"这个词在两个意义上被应用，一个是疾病的一般"消退"，一个是局部病态极为严重之后的好转趋势，这个局部病态的改善通常出现在第一个三天之前，但是我们推荐多样的饮食并不是出于这个原因，而是由于疾病的一般消退。因此，他会说所指的前提是不一致的，因为第一个前提讲的是一种"消退"即一般状况，而第二个前提中的消退是另外一种——局部状况的消退。

此外，在某人由于日益加重的"紧缩"和"堵塞"而发烧的例子中，如果一个论证以这样的形式提出来——"对立物是治疗对立物的方法；冷却是当前发烧状态的对立面；因此冷却是针对当前发烧状态的治疗方法"——在这里辩证法家又将无话可说；但是由于医生知道什么样的疾病状态是持久的以及这些状态的症候是什么②，所以医生会说这个论证并不能治疗这些症候（更不用说使用冷却的方法甚至会使这种发烧状态恶化），而是适用于持久的疾病状态，便秘是持久的，却需要一种扩展式的治疗方法而不是收缩式方法，然而发烧的症候却不是持久的，（因此）与此似乎相对的冷却状态也不是对其进行治疗的方法。

因此，在对于诡辩的揭露是有用的场合上，辩证法家往往无话可说。但是他会为我们提出这样一些论证——"如果你并非既有美丽的角又有角，那么你有角；你并非既有美丽的角又有角；所以你有角"。"如果一个东西运动，则它要么在它所在的地方运动，要么在它所不在的地方运动；它既不在它所在的地方运动（因为它在静止中），也不在它所不在的地方运动（一个东西怎能在它所不存在的地方运动呢？）；所以没有任何

---

① 方法派医学认为，疾病的过程的特点是，其"加重"（导向极为严重状态）或"消退"都是以三天为一个时期。对于前者，他们建议吃的清淡一些。

② "持久的"即深处的病因，与表面的、偶然的征兆相对而言。

东西在运动。""要么存在的东西改变,要么不存在的东西改变;存在的东西不改变(因为它存在着);不存在的东西也不改变(因为改变是被动的,而不存在的东西不是被动的);因此没有什么东西是改变的。""雪是冻结的水;水是黑色的;所以雪是黑色的。"

当辩证法家收集了这样一堆废话之后,他双眉紧蹙,极为郑重其事地努力阐发辩证法,通过三段论的证明来证实事物是变化的,事物是运动的,雪是白的,以及我们并没有角。然而,只要让那些废话面对简单的事实,运用从现象中得出的同等有力的、与之相矛盾的证据,就足以令诡辩论者的正面断言破产。因此,事实上,当有人向某位哲学家①提出那个反对运动的论证时,他一言不发就开始踱来踱去;遵循日常生活方式的人们在陆路和海洋上进行旅行,建造船只和房屋,生儿育女,丝毫不理睬那些反对运动和变化的论证。我们还听说过一个有趣的反驳,这个反驳是医生赫罗菲鲁(Herophilus)②针对诡辩家第奥多罗斯所做的。赫罗菲鲁与第奥多罗斯是同时代的人,第奥多罗斯惯于玩弄辩证法,常常传播一些反对运动及很多其他事物的诡辩论证。因此,当第奥多罗斯肩膀脱臼而就治于名医赫罗菲鲁时,后者取笑他说:"你的肩膀或脱出它所在的地方,或者脱出它所不在的地方;但它既没有脱出它所在地方,也没有脱出它所不在的地方;所以你的肩膀没有脱位。"结果第奥多罗斯只好求他抛开这种诡辩,运用医术给自己对症治病。因此我认为,我们应当经验地、非独断地遵守被普遍接受的准则和信念,悬搁那些来自独断论的精妙思辨并远远背离日常语言的命题。如果辩证法无法揭露任何对其揭露是有益的诡辩,而辩证法对它能揭露的所有那些诡辩的揭露又毫无用处,那么,辩证法对于诡辩的揭露没有任何用处。

---

① 即犬儒派的第欧根尼。
② 赫罗菲鲁是大约公元前 300 年的一位著名解剖学家。

甚至从辩证法家们自己所说的话出发，人们也可以这样简要地证明：他们对于诡辩的技术性论证是多余的。辩证法家们说，他们之所以诉诸辩证法这门艺术，不仅仅是出于想要确定从演绎中所得到的结论，而主要是因为想知道如何通过"能够证实的论证"来识别真和假。因此他们宣称辩证法是"关于真、假以及不真不假的科学"。由于他们说一个真的论证就是通过真的前提得出真的结论的论证，所以当一个结论是假的之论证被提出的时候，我们立刻就知道该论证是假的而不赞同它。因为这个论证一定是违反逻辑的或是包含着非真的前提的。接下来的思考很清楚地表明了这一点：论证中的假的结论要么来自它的前提的结合，要么不来自此。如果它不来自此，那么该论证在逻辑上就是不正确的；因为他们说，只有当一个论证的结论来自它的前提的结合时，该论证在逻辑上才是正确的。另外，如果它的确来自此，那么——按照他们自己的专门性论著——该论证的前提的结合体必定是假的；因为他们说，假的结论来自假的前提，而绝不会来自真的前提。从我们所说的这些话中，不难得出这样的结论——按照他们的观点，逻辑上不正确的或非真的论证也不是能够证实的论证。

当一个有着假的结论的论证被提出的时候，我们立刻会由于它的假的结论而知道该论证既不是真的而且逻辑上也是不正确的，我们也不会赞同它，即使我们看不出它的谬误之处在哪里。正如即使我们不知道他们如何行骗，我们也会拒绝同意骗子伎俩的真实性并且知道他们在欺骗我们；同样，甚至当我们不知道它们是如何成为谬误的时候，我们也会拒绝相信那些虽然看似有理而实则是假的之论证。

进一步讲，由于他们说诡辩不仅导向虚假而且导向其他的荒谬，所以我们必须更加详尽地讨论它。所提出的论证要么将我们引向无法承认的结论，要么是我们必须承认的结论。在后者的情况中，我们将赞同该论证，而不会陷入荒谬；但是如果它引向难以承认的结论，那么问题不是我们应当由于它的貌似有理而急于赞同这个谬论；而是他们——如果他们正像自己所宣称的那样是决定认真地寻求真理，而不是像孩子那样胡说八道——应当抵制那个强迫他们赞同谬论的论证。因此，试想有一条通向深渊的路，我们不会仅仅因为有这样一条路就把自己推下深渊，相反，由于这个深渊，我们可以避免走这条路；因此，同理，如果有一个把我们引向公认的荒谬结论的论证，那么，我们不会仅仅因为这个论证而赞同这个谬论，相反，我们应当由于这个谬论而避免使用该论证。因此，每当这样一个论证向我们提出的时候，我们将对其每个前提都悬搁判断；当完整的论证最终提出来时，我们会得出我们所赞同的结论。

克昌西波派的独断论者们宣称，当"堆积论诡辩"①被提出时，尽管论证仍在进行，但它们应当中止，并悬搁判断，以避免陷入荒谬之中。如果这是对的；那么，对于我们怀疑论者来说这一点就更加恰当不过了——我们质疑谬论，即不急于赞同所提出的前提而是悬搁关于每个前提的判断，直到构成该论证的全部序列都被完成。我们通过非独断地观察实际生活来避免这些谬误的论证，然而，独断论者并不能将诡辩与看似被正确地提出的论证区分开来，因为他们不得不独断地宣称该论证形式在逻辑上是或不是正确的，以及前提是或不是真的。由于我们在上面的论述中已经表明：他们既不能认识逻辑上正确的论证，也不能判定真的事物，因为——正如我们从他们自己的话中已经表明的那样——他们既不拥有标准，也不拥有获得普遍公认的证明。因此，在辩证法家之间讨论得如此热闹的、针对诡辩的专门性处理方法，都是些丝毫无用的东西。

对于多义词（模棱两可的词语，the ambiguities）的区分我们几乎可以说同样的话。如果"多义词"是一个有两个或更多意思的词或短语，而且如果词的意思是通过约定而成的，那么，所有这些如果被澄清将是

---

① 这一诡辩的形式一般是："这里有一堆谷子；你取走一粒、两粒、三粒……这样一直下去，它还是谷子吗？"或者："一粒谷子是不是一堆谷子？如果不是，那么两粒、三粒……n粒呢？"

有益的多义词——比如出现在某个实际事件过程中——当然不会被辩证法家所澄清，而是被在各行各业中受到过专门技艺训练的工匠们所澄清，因为他们对他们自己所采纳的、用这些词来指称被标识的对象的约定方式有着切身的体验——例如在"在消退阶段中，病人应当被准许吃各种食物及饮用葡萄酒"这个多义词的例子中。在日常生活事务中，我们已经看到人们——甚至那些童仆们——是如何区分多义词的，当他们认为这样的区分是有用的时候。一位主人有几个同名的仆人，当他要喊一个叫"梅恩斯"（Manes，假设这是一个仆人的普通的名字）的童仆听从使唤，则童仆会问"哪一个梅恩斯？"如果一个人有着若干种不同葡萄酒，当此人对他的仆人说"给我倒一杯葡萄酒"，那么这个仆人也会问："哪一种葡萄酒？"因此，只有对于各种具体场合下什么是有用的东西的具体经验，才能区分多义词。

然而，所有那些并不涉及实际生活经验，而只涉及独断论的意见的多义词，对于一个与独断论毫无关联的生活来说无疑是毫无用处的；对于这样的多义词，在怀疑论的攻击下，辩证法家还是会出于自己的立场而不得不悬搁判断，因为这些多义词可能涉及了不明白的、不可认知的或甚至是不存在的东西。我们将在后面继续讨论这个论题。① 如果独断论者试图反驳我们的任何一个命题，那么，他实际上只会是在加强怀疑论者的论证，因为他在支持我们之间那彼此对抗、没完没了的纠纷局面，从而支持了对于我们所讨论的事情采取悬搁判断的要求。

关于多义词已经说了这么多之后，我们现在可以结束《概要》的第二卷了。

---

① 塞克斯都现存的著作中没有有关的讨论。

第三卷 概述对自然学和伦理学的怀疑

前面所论,作为被称为"哲学"的逻辑学部分的一种概述,我想已经足够充分了。

1. 关于自然学部分

我们对哲学的自然学部分所作的考察,将沿用相同的阐述方法,不求逐个依次驳斥他们的每一个观点,而是力求推翻那些带有普遍性的主要观点,这么一来,其他观点也就被涵盖于其中了。

就让我们从独断论者对世界本原①的有关论断开始本部分的讨论吧!

2. 作用因

大多数的观点都认为,本原中有些是质料因,有些是作用因。鉴于先前的独断论者无不声称作用因高于质料因,我们的论证就先从作用因入手。

---

① 即"原则"或"起源";这是希腊哲学家表示根本性实在的概念,在此与"原因"基本上是同义词。

3. 论神

既然多数人都断言神是最高的作用因，那么就让我们从对神的探究开始。我们首先设定这样一个前提，即尽管按照通常的观点，我们非独断地断定神存在并尊崇神，还把先知先觉的能力也归于神，但我们还将依照下面的论证来驳斥独断论者的轻率。

当人们设想事物的时候，不单会形成它的实体的概念，比如它们是有形实体还是无形实体，也会形成物的形式的概念。这是因为，若非预先知晓了马的形式，人们就无法认识马。当然，被设想的物也必定被设想为存在于某处。既然独断论者中有一些人［斯多亚派］声称神是有形的，另一些人［亚里士多德］则声称神是无形的，有些人［伊壁鸠鲁］断言神具有人的形式，另一些人则断言神不具人的形式，有些人说神存在于空间中，另一些人说神不存在于空间中；在说神存在于空间中的人中，又有些人［斯多亚派］将神置于世界之内，而另一些人［伊壁鸠鲁］把神置于世界之外；那么，当我们对神的实体、神的形式、神的居所等还无法取得共识时，我们又如何能形成神的概念呢？只有在独断论者对神具有一个如此这般的性质取得一致意见时，只有他们先为我们勾画出那个性质时，我们才有可能据此形成神的概念。然而，只要他们漫无止境地争执下去，我们就无法道出从他们的看法中所能得出的一致概念。

但是，他们［指伊壁鸠鲁、斯多亚学派］又强辩说，在人们设想出一个永恒不朽和福祉无边的存在物之时，就可以将该存在物视为"神"。然而这种话愚不可及；这是因为，正如一个不知狄翁为何人的人，是无法设想出属于狄翁的属性的；同样，在人们尚不知神之实体为何物之时，无论如何是无法获知并理解神所具有的属性的。此外，试问独断论者，何谓"福祉无边"之物？它凭其良善之秉性而赋予万有以能力并预知臣属于自己的万有吗？抑或它是空无能量、自己既不工作又不给他物安排劳作的？① 在这一点上，既然独断论者永无止息地迷陷于彼此相左的意见之中，结果使我们一点也不能理解什么叫做"福祉无边"，当然也就无法理解什么叫做"神"了。

进一步讲，如果我们考察一下独断论者的那些话，我们就会明白，为了形成神的概念，人们必然只能悬搁关于神是否存在的判断。因为神的存在并不是自明的。这是因为，假若神能自动地把自己的印象嵌印于人的心中，那么，对于神的本质、神的特性以及神的居所，独断论者应能达成完全一致的看法。然而遗憾的是，独断论者毫无休止的意见纷争，使得神在我们看来是并非自明的、尚有待证明的。一个人如果要证明神的存在，他只能通过或者自明的或者不自明的事物来进行。他显然不可能通过自明的事物来证明神之存在；因为如果用来证明神之存在的事物是自明的，那么——由于被证明的事物和用来证明的事物是一起被思考的，因而，正如我们已经证明的那样，被证明的事物必定与用来证明的事物一起被理解——神的存在也将是自明的，它必定和用来证明神存在的自明的事实一起被理解。然而，正如我们业已表明的那样，神之存在不是自明的，所以，一方面神之存在也不能为自明的事物所证明。然而另一方面，也不能通过不自明的事物来证明神的存在；因为能够证明神存在的东西不是自明的，自身尚需证明，那就只有依据一个自明的事物方能得到证明；这么一来，它已经不再是不自明的，而是自明的。因此，用来证明神存在的不自明的事物，不能为自明的事物所证明。它也不能为不自明的事物所证明，因为如果谁这么说，我们就会在他每次提出最后一个不明白的事物的证明的时候，都向他要求对此的证明，于是他就会陷入循环论证。因而神的存在不能为任何事实所证明。而神的存在如果既不是自动显明的，也不能从别的事实得到证明，那么，它就是不可理解的。

---

① 这是伊壁鸠鲁的神的特点，与柏拉图的和斯多亚的神观相反。

还有一点尚需说明。坚持神存在的人,或者宣称神对宇宙中的事物作了预先谋划,或者宣称神未作预先谋划;在前一种情况下,这种预先谋划或是针对全部事物,或是针对部分事物。然而,若是神预先设计了全部事物,那么这个世界上就不会存在恶的事物,也不会存在坏(badness);然而,他们说万物充满了坏;因而就不能说神预先谋划了万物。若是神预先谋划了部分事物,那神为什么谋划的偏偏是这些事物而置其他事物于不顾呢?因为,神或者是既有谋划的能力又有谋划的意愿,或者仅有谋划的意愿而无谋划的能力,或者仅有谋划的能力而无谋划的意愿,或者既无谋划的能力又无谋划的意愿。若是神兼具谋划的能力和善意,谅必他已将世上的万物都加以筹划了,可是据前所述,神并未对万物都作筹划;所以,他不可能兼有谋划万物的能力和意愿。若是神虽有谋划的善意却无谋划的能力,那么神与导致他不能预谋那些未作谋划的事物的那个原因比起来,就不免显得弱小了,而这却是与神的至高至能之概念相悖的。若是神虽有谋划的能力却无谋划的善意,神岂不成了邪恶之神了?若是神谋划的能力和善意二者皆无,神岂不成了既弱又邪了吗?这是对神的莫大亵渎!总之,神对世上事物并没有谋划。

但是,如果神并未谋划任何事物,并且神既不劳作,也没有什么创造物,那么,由于神既不自我显现,又不借助自己的创造物而为人们所理解,人们也就无从理解神的存在了。基于上述理由,我们无法理解神是否存在。由此我们还可作出进一步的结论:那些一味地企图确证神之存在的人,极有可能反而使自己犯下渎神之罪。如果他们声称神预先谋划了世上的万物,那么,这无异于是在说神是邪恶的原因;如果他们申言神只是谋划了部分事物,或申言神未对世上万物作出谋划,那么,他们又不得不或者说神是弱小的、或者说神是邪恶的。这些不正是地道的渎神的语言吗?

4. 论原因

由于独断论者失去了正确驳斥我们的能力，他们极有可能把我们诽谤成无神论者，为防范他们的这种企图，我们将先对原因的概念作适当的关注，然后，我们将就动力因问题作更为详尽的探讨。

就独断论者对原因的概念所作的种种论述而言，彼此间的看法可谓是相距甚远甚至于互为矛盾，因此，我们有理由把原因之实质看成是无法发现的，所以，对原因的理解是不可能的。有些独断论者说原因是有形的，另一些论者[①]则说原因是无形的。在他们看来，在宽泛的意义上可以说原因是"那促成结果得以产生的东西"；例如，太阳或太阳的热，是蜂蜡之"被熔化"或蜂蜡的"熔化"的原因。即使在这一点上，他们彼此间的观点也存在较大的分歧，其中一些人把原因看成是名词性的因 (the melting)，比如熔化了的蜂蜡，另一些人则将原因看成是谓词性的因，比如蜂蜡之被熔化 (being melted)。故而，正如我们所说过的，只是在宽泛的意义上，原因被说成是"那促成结果得以产生的东西"。

多数独断论者认为，有些原因是直接的，有些原因是协同的 (associate)，有些原因是辅助的 (cooperant)。所谓直接原因，是指它们的产生、消除和衰减关联到结果的产生、消除和衰减，比如绞索的系紧招致窒息性的死亡。所谓协同的原因，是指在导致结果产生的过程中，与其他伴因所起的作用大致相当的原因，如一起拖犁的牛群中的每头牛都是犁之被拖拉的协同因。而所谓"辅助因"，是指在引发结果之产生的过程中仅起细微作用的原因，如当两个人正在艰难地抬举一笨重之物时，一个第三者上前搭把手以减轻压力。

有些独断论者还进一步宣称，现在的事物作为"前件" (antecedents)

[①] 如柏拉图的理念、毕达哥拉斯的数。

是未来事物的原因,有如太阳光下过多的暴晒引发高烧。不过,该观点也遭到了另一些人的驳难,驳难所根据的理由是:原因是相对于实存的事物和实在的结果而存在的,作为其原因,它当然不可能先于实存的事物。

我们对上述纷争所持的态度,将在下面章节中加以陈述。

5. 存在着原因与结果吗?

说原因存在似乎颇有道理;因为要是不存在原因,对世界上的增加、减少、产生、毁灭、运动、各种物理和精神的效应、井然有序的整个宇宙以及其他类似事物的发生,又该如何解释呢?因为,即使上述这些并不是真实的存在,[①]我们还是可以断定,它们之所以向我们显现出这一有别于真实面目的现象,仍然可以归于某种原因。而且,要是原因不存在,世上的每一事物都会偶然地由另外任一事物产生。例如,也许苍蝇可以生出马来,蚂蚁也可以生出大象来;除非存在使南部地区多暴雨、东部地区干旱的原因,否则,说不定埃及的底比斯(Thebes)就会降下暴雪或大雨,而其南部地区则会干旱无雨。再则,说不存在原因的人,极易受到如下的驳难:如果他认定说他作此断言是无因无故和纯粹绝对的,那么,他就无法获取他人的信任;而如果他说他作此断言是出于某种原因的,那么,他就在试图否认原因的同时又肯定了原因,因为他给了我们一个旨在证明原因不存在的原因。

基于上述理由,原因存在之说似乎是合理的。不过,只要我们提出若干用来证明相反情况的论证,就可以发现原因不存在之说看来也是合理的。例如,在对作为某个原因之结果的结果加以理解之前,我们是不

[①] 即所谓"现象";它们可能与外部对象本身并不一样。但是即便如此,这种情况的存在也必须来自某种原因。

可能去理解该原因的，这是因为，只有当我们理解了作为该原因之结果的结果时，我们才能识别出导致该结果的那个原因。然而，如果我们还不理解该结果之原因的原因，我们就无法理解这一个原因之结果的结果。很显然，只有在我们理解了作为该结果之原因的原因后，我们才认为我们算知道了它是这个原因的结果。如此一来，为了理解原因，我们得先理解结果，而为了理解结果，我们又得预先具备原因的知识，这种循环论证的虚妄性，说明了原因和结果二者都是不可理喻的：既无法理解作为结果之原因的原因，又无法理解作为原因之结果的结果。不论原因和结果，既然其中的每一个都需要对方作为说明的证据，我们必将无法决断其中的哪一个概念具有优先的地位。因此，我们将没有办法断言存在因果作用。

而且，即便假定原因是可以设想的，该原因也会因为对它存在着意见分歧而成为不可理解的。这是因为，任何一个坚称原因存在的人，他们作此断言或者是毫无理性的原因的、纯然绝对的，或者说是藉于某些特定原因的。假若他无缘无故就断定原因存在，那么，较之于那些绝对地宣称原因不存在的人，他丝毫也不更加可信。假若他提出那些他借以认为原因存在的原因，那也就意味着他在试图凭借有争议的问题去支持有争议的问题，因为当我们正在审视是否存在因果作用的问题时，他却在以原因的原因作为所谓的理据，武断地声称原因存在。此外，既然我们正在探问原因的实在性，他当然必须寻找出一个作为原因存在之理据的原因，进而还有必要再寻找进一步的原因，依此类推，以至无穷。可是，寻找在数量上无限多的原因是不可能的；因此，要肯定地断言存在因果作用是不可能的。

再者，当原因引发结果时，该原因或已作原因理解，或还未作原因理解。原因当然不能作为非原因理解；但是，如果它已经作为原因理解，则它必须预先存在并成为原因，尔后才能引发出那个被这个业已存在的原因所导致的结果。然而，既然原因是相对于结果而言的，很显然原因不可能先于结果而实存。因此，作为原因理解的原因，是不可能引发作为原因之结果的结果的。而如果原因既不能作为原因引发结果，又不能作为非原因引发结果，那么，原因也就不可能引发出任何结果。原因之所以成其不了原因，是因为除非它能引发结果，否则，原因就不能作为原因而被理解。

有些人还这样论证说：原因的存在，或与结果同时，或先于结果，或后于结果。说原因产生于其结果出现之后，由于此说过于荒谬而不值一驳。但是原因也不可能存在于结果之前，因为原因只有在（与结果的）相关性中才能为人理解，就连独断论者也认为，相关的事物就其是相关的而言，二者是彼此共存的，是一起被理解的。原因也不能与其结果同时存在，这是因为，产生出来的东西，之所以能产生（呈现）当然得借助于业已存在的东西的作用，假若原因产生结果，原因就必须预先成为原因，尔后才能引发其结果。如果原因既不能先于结果而存在，又不能后于结果而存在，也不能与结果同时存在，原因也就失去了实体性存在的基础。通过这些论证，原因之概念被再次推翻，应当是比较明晰了。原因作为一个相关性的概念，本不可能先于结果被理解；然而，如果要把原因作为导致其结果的东西加以理解，就得要求它必须在结果之前被理解；而在事物的概念还不能预先存在之前，是不可能理解该事物的；所以，对原因的理解是不可能的。

据上所述，我们最终可得出这样的结论：如果原因存在的那些观点看起来是颇为合理的，而且旨在说明原因存在之说不恰当的那些论证也具有与之相当的合理性，并且，正如我们前面所表明的那样，在这些互为对立却又不相上下的论证之间，我们又无法作出取舍——因为，我们既没有征象，又没有标准，也没有证据——那么，对原因是否实存的问题我们将被迫悬搁判断，如果非要我们根据独断论者所作的论述作一决断，我们只能宣称：原因的存在一点也不比不存在更能证明！

6. 论质料因

对动力因所作的论述就目前来说已经足够了。不过，我们还必须就质料因问题再作简略的说明。从独断论者对质料因众说不一的意见中，我们不难发现这些所谓的质料因是难以理解的。西罗斯的斐瑞居德[1]断言土是万物的本原，米利都的泰勒斯认为万物的本原是水，阿那克西曼德（泰勒斯的学生）认为是"无限定者"，阿那克西米尼和阿波罗尼亚的第欧根尼[2]说是气，而麦塔波顿的希帕苏斯[3]说是火。克塞诺芬尼把万物的本原归之于土和水，开俄斯的俄诺庇得[4]归之于火和气，雷奇姆的希波[5]归之于火和水，沃诺马克利特(Onomacritus)在其"奥尔菲赞美诗"中归之于火、水、土，恩培多克勒学派和斯多亚派一样，都归之于火、气、水、土——而且还有那甚至连自己也不能理解的神秘的"未定质料"，[6]我们就不提也罢。逍遥学派把火、气、水、土和作旋转运动的物体（即"永远匀速"的以太）当作万物的本原，在德漠克利特和伊壁鸠鲁眼里则是原子，在克拉佐门尼(Clazomenae)的阿纳克萨戈拉眼中是同类的基质（即种子），在第奥多罗斯心目中又是最小的、非合成的物体，在本梯库斯的赫拉克莱德[7]、比梯人阿斯克勒比亚德[8]那里却是不规则块团(irregular

---

[1] 西罗斯的斐瑞居德(Pherecyde of Syros)，生活在约公元前650年，是个半科学的宇宙演化论者。
[2] 阿波罗尼亚的第欧根尼(Diogenes of Apollonia)。
[3] 麦塔波顿的希帕苏斯(Hippasus of Metapontum)。
[4] 开俄斯的俄诺庇得(Oenopides of Chios)是公元前5世纪的天文学家和数学家。
[5] 雷奇姆的希波(Hippo of Rhegium)。
[6] 斯多亚派讲这种"无形式的、无规定的原始质料"。
[7] 本梯库斯的赫拉克莱德(Heracleides of Ponticus)。
[8] 阿斯克勒比亚德(Asclepiades)，公元前1世纪罗马的自然哲学家；他主张物体由运动的、不可感的、易碎的块团构成，这些块团由于彼此碰撞分解；当它们重新结合时，就产生可感觉物。

masses)，在毕达哥拉斯那里是数，在数学家那里是物体的边界 (the limits of bodies)，在自然哲学家斯特拉托 (Strato) 这里则是"性质"。

如上所述，由于在独断论者当中，存在着对质料因如此众说纷纭的意见，甚至于还有更多我们无暇介绍的各种歧见，因而我们要么对所有的观点（上面介绍的以及未作介绍的）都表示同意，要么只对其中某些观点表示同意。对所有观点都同意是行不通的，因为我们当然无法做到在同意阿司克勒比亚德学派观点的同时，又肯定与之相左的德谟克利特和阿那克萨格拉的观点：阿斯克勒比亚德认为元素是可分的、具有不同性质的，德谟克利特则认为元素是不可分的、不具有性质的，而阿那克萨格拉则将每种可感的性质都归于种子。而如果我们选取其中的一个观点而舍弃其他观点，那么，我们在做这样的取舍时，我们要么没有任何证明（绝对）地做，要么有所证明地进行。若是无依无据，就得不到人们的赞同，若是有证据，则证据当应真实可靠。然则，一个真实的证据只有为一个真正的标准所证明时才能给出，反过来，标准也只有凭借一个经证明了的证据才能产生。所以，为说明论点取舍之证据的真实可靠性，其所凭借的标准必须是业已证明了的；反之，为了证明该标准，其所凭借的证据又必须是预先确立了的。证据不断地需要一个业已证明了的标准，标准转而又不断地需要一个业已证明了的证据，我们不难发现，此时的论证已陷入了一个循环之中，不再能够向前推进。此时，人们如果试图用一个标准去说明另一个标准，用一个证据去说明另一个证据，那他将无法避免"无穷后退"的困境。基于上述理由，我们既无法同时采纳所有的观点，也无法只选取其中的某一种观点，对之悬搁判断看来是唯一恰当之事。

通观上述的论证，足可说明元素和质料因是不可理解的。虽然如此，为表明我们或许还能用一个更为全面的方式来驳斥独断论，不妨再用一定的篇幅来详述该论题。正如我们业已阐述的那样，有关质料因的观点可谓是多如牛毛、几近于无限，考虑到我们文章的立题特点，我们没必要也不可能对每家观点逐次加以详尽地分析讨论，而只需隐含性地从总体上作出应答就可以了。不论人们所持的观点是何，既然人们通常认为质料因不外乎有形和无形两类①，那么，只要我们能够说明不论是有形的事物还是无形的事物都是不可理解的，就足以表明"元素"[质料因]也是不可理解的。

7. 物体可以理解吗？

有些人把物体定义为"能够作用和被作用的东西"②。就该概念所涉及的内容而言，物体是不可理解的。因为，如前所述，原因是不可理解的；而如果我们不能确定原因是否存在，我们也就不能确定"被作用物"是否存在；因为被作用物之被作用必定是有原因的。既然我们一方面无法理解原因，另一方面又无法理解被作用者，结果自然是：物体也是不可理解的。另外，有人说物体是三个维度加不可入性。他们说"点"是没有部分的，"线"是有长度而无宽度的，"面"是既有长度也有宽度的，而面加上深度和坚固性(不可入性)就构成了物体，即我们目前正在探讨的对象。换言之，他们认为，长度、宽度、深度和坚固性的总和构成了物体。对于这些人，我们可以作一个简明的回答。他们或者认为物体只具有上述这些性质，或者认为物体还具有更多的性质。当然，如果去掉了长度、宽度、深度和坚固性，则物体将什么也不是了。而如果这些性质的总和就是物体，那么，只要证明了这些性质是不真实的，也就否证了物体，因为整体总是与其部分的总和一同生灭的。

虽然我们可以通过多种方式来否证这些维度，但就目前的需要而论，以下的证明就已经足够了。如果存在界限③，它们或者是线，或者是面，

---

① 这是斯多亚派所热衷的划分方法。
② 在《反自然学家》中，这一观点被归于毕达哥拉斯。
③ 在几何学中，界限用来指称线或面；物体的体积依线和面才得以界定。

或者是物体。若要确证面和线存在，就必须证明它们中的任何一个或者能依靠自身而独立存在，或者唯有在与所谓的物体的联系中才能存在。说线和面可以独立存在是愚不可及的。然而，要是把面和线看成不能独自存在，而只能存在于物体中，只有在与物体的联系中才能被认识，那么，该观点又会遭受如下两个方面的诘难。其一，该观点认定了物体是不能由线和面产生的，否则线和面必须预先独立存在，尔后再结合起来构成物体；其二，该观点认定了线或面即使在所谓的物体中也没有真实存在。

这一点虽则可以通过几种论证来加以说明，但就目前而言，只需提及一下在物体"接触"方面所遇到的困难就可以明白了。并列的物体相互接触，意味着它们各自以其边界（线或面）彼此相接，例如各自以面彼此相接；但面与面绝不会完全重合，否则接触就成了物体彼此间的融合了。那么，面只能以其一部分与外物的面相触，又以另一部分与本物体相连，这样一来，面就不但有了长度和宽度，而且还有了深度，因为它的两部分就可以被理解成有深度上的差别——一部分和与之并列的物体相接，另一部分则和以它为边界的物体相连。因此，即使在物体中，我们仍然不能设想长度和宽度没有深度，"面"也是如此。

与此类似，让我们设想一下，当两个面通过它们的"长度"，也就是说通过它们的"线"，沿着它们的边界并置在一起时，两个面所赖以接触的这些线并不会重合（否则面与面就会融合在一起）；那么，每条线各以其一部分与相邻的线相接触，以其另一部分与以它为边界的面相连；这样一来，线就不再是没有宽度了，因而也就不再成其为线了。然而如果物体中既不存在线也不存在面，那么在物体中既不会有长度、宽度，也不会有深度。

如果有人声称边界就是物体，那么只要简单答复他就可以了。因为如果长度是一个物体，它必定需要被分成三个维度，而其中的每一个作为物体，也会依次被分成另外三个维度，它们作为物体同样也会被分成其他的三个维度……如此下去以至无穷；这样，物体就被分成无限多的部分，从而变得具有无限大的尺寸；这个结果是荒谬的；因而，前面所说的维度并不是物体。然而如果它们既不是物体，也不是线或面，它们就会被认为是不存在的。

同样，坚固性也是不可理解的。若要理解坚固性，就必须借助"接触"。我们若能证明接触不可理解，就可证明坚固性不可理解。接触的不可理解性可以这样来证明：彼此接触的物体，或者以其部分相触，或者以其整体相触。但是物体不可能以其整体相互接触，否则相触的物体就结合为一了。事物也不能以其部分相互接触，这是因为事物的部分，就它所属的整体而言是部分，但就部分自身来说，则是整体。因而，由于前面所说的原因，作为其他事物之部分的这些整体，是不会以整体接触整体的方式相接触的，也不会以部分接触部分的方式相接触；因为它们的部分，相对于自身而言乃是整体，也不会以整体接触整体或部分接触部分的方式相接触。然而如果两个物体的所谓接触，既不能通过整体与整体的方式，也不能通过部分与部分的方式，那么接触就不可理解。这样一来，坚固性也就无法了解，从而物体也就不可理解。因为，如果物体不过是"三个维度加上坚固性"，而我们业已证明上述性质都是不可理解的，那么，物体也是不可理解的。

如果从所谓的"物体"概念去判断，那么，物体是否存在是不可认识的；关于这一点，我们还可作进一步的论证。有些人认为，有些存在物是可感的，有些存在物是可知的，前者通过感官被理解，后者通过理智被理解。他们认为感官是"完全被动"的。[①] 而理智则从可感物的理解上升到对可知物的理解。假若物体存在，它或是可感的，或是可知的。由于物体是长、宽、深和坚固性、颜色和其他性质的复合体，而感官却是完全被动的，所以物体不可感。倘若物体是可知的，那么在事物的本

[①] 这是指每一感官都是专门化的，它只能接收某一种特定的印象，如视觉只是颜色作用的结果，而不是声音或坚固性作用的结果。

性中必定预先存有某种可感物，从这个可感物中我们可以获得"物体"的观念。① 但是，除了物体和无形物之外无物存在，而其中无形物本质上是可知的，而物体，正如我们所表明的，是可感的。既然在事物本性中不存在使我们能从中获得物体观念的可感物，那么物体也是不可知的。而如果物体既不是可感的，也不是可知的，同时，除了可感物与可知物之外又无其存在，那么，就这个论证而言，我们只能宣称物体不存在。与此相应，我们同样可通过物体的明显存在的事实对物体不存在观点的驳难，得出我们的结论：对物体存在与否还是悬搁判断为妙！

物体的不可理解性也包含了无形物的不可理解性。因为缺失总是被设想成状态或能力的缺失，例如，盲是视力的缺失，聋是听力的缺失，其他种种缺失也是如此。因而，为了理解缺失，我们必须首先理解缺失之所缺失的状态；在对"视力"尚未理解的情况下，我们无法断定这个人"没有视力"，即无法断言这个人是"盲"的。如果说"无形物"是"物体的缺失"，那么，当物体的状态还不为人理解时，我们又如何能理解无形物即物体的缺失呢？再者，无形物或是可感的，或是可知的。如果无形物是可感的，那么，正如我们在"十式"中所表明的那样，由于在动物、人、感官、环境之间所存在的差异性，以及因为"混合"和其他情况所带来的分歧，可感的东西是不可理解的。如果无形物是可知的，那么，由于可感性是通达可知性的出发点，既然对可感物的理解无法做到，对可知物的理解又何以通达呢？所以，无形物也不可理解。

主张无形物可以理解的人认为，对无形物的理解或依凭感觉，或依凭理性。对无形物的理解当然不可能以感觉为依凭，因为，感觉是通过"印象"或"压痕"来感觉到可感物的，以视觉为例，克吕西波认为它是眼睛的锥体的紧张所致，德谟克利特和伊壁鸠鲁说是影像的发出和进入的结果，而恩培多克勒、毕达哥拉斯、亚里士多德和柏拉图等人则归因

---

① 这是斯多亚派的观点，不是怀疑论的观点。

于光线或颜色的流溢。再以听觉为例，柏拉图认为它是空气撞击的结果，斯多亚派则作如此解释：运行于耳朵周围的声音打击了耳内的声息（声音的气息），导致了声音的知觉。再如，嗅觉是气味对鼻子撞击的结果，味觉是味道对舌头撞击的结果，触觉是所触的对象物对触觉器官施加作用的结果。然而，无形物无法发送此类印象，因此它们不可能为感官所悟解。另外，感觉的不可理解，还可从人们对感觉众说不一的解释中得到印证。

　　对无形物的理解也不可能以理性为依凭，这是因为，如果所谓"理性"指的是"可以用话语表达的、无形的东西"[1]，那么，说无形物可以通过理性即无形的东西得到理解，这就是在用有待证明的假定证明自己。我们所提的问题恰恰是"无形物能被理解吗？"而对方却先假定了一个无形物，然后却又依凭这个假定中的无形物，就断言"无形物可以理解"。理性，如果它是无形的，其自身就属于正在考问中的那一类事物，人们又怎能证明这个特定的无形物业已为人理解了呢？如果是依据另一个无形物来证明，我们就会进一步要求他拿出另一个无形物之能理解的证据，如此以往导致无穷后退；如果是依据物体来证明，可惜，物体是否能理解本身尚处在考问之中，为了证明物体本身是可理解的，我们到头来又可以依据什么呢？依据物体吗？我们会陷入无穷后退；依据无形物吗？我们会陷入循环论证。所以，理性，既然它是无形的，其本身能否理解尚在疑问之中，人们不能依凭理性去证明无形物可理解。

　　如果理性是一个有物体，情况是否就能好些呢？未必！关于物体是否可以理解，不是存在着大量的论争吗？有人（赫拉克里特）把物体看成是"连续之流动"，并由此认为：物体甚至不能被称为"这一个东西"，而属于非存在。再如，柏拉图就把物体说成是"生成的但从未存在"。关

---

[1] 这是斯多亚派对"表达"的解释。与说出来的有形的话语相比较，"理性"即"逻格斯"可以说是无形的东西。

于物体的诸多论争,最后又该如何裁决呢?鉴于上述所表的种种难以克服的困难,对之我们不得不疑惑重重、犹疑不定。既然论争的裁决,既不能凭依物体,也不能凭依无形物即理性,论争终究难以得到解决,有关无形物的论争也不能幸免,所以,无形物不能理解。

既然我们既不能确证物体是否存在,也不能确证无形物是否存在,这样一来,对诸如"元素"是否存在、"元素"背后是否存在更深层次的本质之类的问题①,我们不得不悬搁判断;既然质料因(material principles)、动力因(active principles)等问题都应置入悬疑,那么,有关本原(Princciples)的各种学说和教义,就更值得怀疑了。

8. 论混合

先把这些放在一边吧。我们在探讨物体的存在状态时,已经证明物体间的接触不存在,如果我们还能进一步简明地证明,事物间的混合如果按照这些人的观点也不存在,那么,试问独断论者该如何解释由基本元素构成的复合物的产生呢?关于混合的方法,在独断论者中存在着不计其数的观点,这些观点间的反差和对立无止无休。②所以,从无法决断的论争中,我们就能直接推知混合的不可理解。出于我们这部著作的写作规划方面的考虑,当下我们用不着对他们的所有观点一一作出详尽的应答,相信下面的论评完全可以满足目前的需要。

他们认为混合物是由实体和属性(性质)构成的。要是果真如此,那么,混合物不外乎通过如下几种混合方式产生:实体与实体混合而属

---

① "元素"属于质料因。恩培多克勒认为有"四元素"。还有人认为在"元素"的背后(从认识论的角度看),还有更为基本的物体或质料。

② 分歧在亚里士多德和斯多亚派之间表现得尤为明显。塞克斯都的批判尤其是针对斯多亚派的。亚里士多德认为,在混合的事物中,混合不会产生事物整体的变化,而只是产生某种程度的变化,这种变化既与事物间相互作用的能力相当,也与那分解成可混合的连续的微粒的能力相当。亚里士多德还把混合定义为"可混合的事物在改变后的联结"。

性不混合；属性与属性混合而实体不混合；实体与属性混合；实体与属性不混合。然而实体和属性都不混合的混合物不可理解，因为，在没有运用任何以上的混合方式的情况下，从所谓的混合物中就不可能产生出单一的、整体的感觉。如若属性只是并列，单由实体进行混合而成混合物，同样也不可理解。因为混合物中的性质并不是作为独立于实体的对象、而是作为由整个混合物所产生的单一的感觉印象为我们所感知的。然而，断言混合物是由属性而不是由实体混合而成的人，无非是在声称一件不可能的事，因为属性的实在性寓于实体之中，所以，说属性游离于实体之外，能够以一种不为人知的方式相互混合，而此时实体却丧失了任何属性，这种说法的荒谬性自不待言。

所剩的唯一的可能混合方式是，实体和属性都相互渗透混合，它们的混合就产生了混合物。① 但细究一下，就可发现这一观点的荒谬程度绝不亚于前三者，因为这样的混合也是不可能的。不妨让我们来举例详加说明。把一杯毒芹汁混入十杯水之中，也就是说毒芹汁和所有的十杯水相混合；那么，人们哪怕在最少量的混合液中，也能发现该混合液中充满了毒芹的潜能。换言之，毒芹汁通过混入于每一个水的微粒中，作为一个整体遍播于水中，并通过彼此的实体和属性都发生相互渗透，生成了混合液。如此一来，彼此散播其中的每一个微粒都占据了一个等量大小的空间；这么一来，一杯毒芹汁就与十杯水等量了。因此，按该混合说所作的假定，该混合液就应该或是二十杯，或是两杯。依此类推，我们若把一杯毒芹汁倒入二十杯水之中，所合成的混合液又应当既是四十杯又是两杯了，这是因为，我们既可以把一杯毒芹汁看成与散布于其中的那二十杯水相等，也可以把二十杯水看成与散布于其中的那一杯毒芹汁等量。在遵循相同逻辑的情况下，只要每追加一杯水或一杯毒芹汁，

---

① 克吕西波主张"混合"并不是表面性的并列，而是混合物中组成要素之间的相互渗透。他认为属性和实体都是物体性的，所以能够被"渗透"。

都可以推出，生成的混合液既是二十杯、四十杯……两万杯甚至于更多杯，同时又只是永远的区区两杯，这是何等的不相称的结论啊！由此看来，这一种混合说也是荒谬的。

如果混合物的生成，既不是通过实体间的混合，也不是通过属性间的混合，又不是通过实体和属性间的混合，更不是不通过实体和属性的混合，而除此之外我们又设想不出其他更多的混合方式，那么，混合的过程总的来说是不可理解的。既然独断论者所谓的那些元素既不能以并置接触的方式，也不能以混合的方式来生成复合物，那么，从这个论证看，他们的自然学说就是难以理解的。

9. 论运动

除前述的问题外，我们还将就各种运动形式的观点作一番考察，这样做有助于进一步揭露独断论的自然学的荒唐性。复合物的生成必须借助于元素和动力因的某种运动，因此，如果我们能够证明不存在任何一种普遍同意的运动形式，那么，即便上述的各种假设都能成立，独断论者辛勤研究的所谓"自然学学说"都是毫无意义的。

10. 论位移运动

在运动形式的分类研究上颇获美誉的那些人［指柏拉图和亚里士多德］认为，存在着六种形式的运动，即位移、物理变化、增加、减少、生成和消灭。不妨让我们先从位移开始，来分别讨论上述六种运动形式。按独断论者的说法，位移是指运动物体从一个地方移动到另一个地方的运动，这或者是整体的位移，比如人的行走；或者是部分的位移，比如一个球围绕着中轴旋转，因为从整体上看这个球依然在同一个地方，而它的各部分则改变了它们的位置。

关于位移的观点，在我看来主要有三种。第一种观点认为存在着位移，这种观点多为普通人［日常生活］及部分哲学家所持有；第二种观点认为不存在位移，该观点为巴门尼德、麦里梭及其他一些哲学家［如芝诺、第奥多罗斯］所持有；第三种观点则是怀疑论者的，该观点认为，位移存在的观点一点儿也不比位移不存在的观点更可证明；因为，若从现象看，位移存在，若从哲学论证来判断，位移不存在。因此，如果我们能够揭示出位移肯定论和位移否定论各自都蕴含自己的矛盾，而且相互矛盾的观点都具有同等分量，那么，我们就只能宣布：位移存在的观点一点也不比位移不存在的观点更有理由。让我们的讨论先从肯定位移存在的理论开始吧。

肯定位移运动的主要依据是"明显的证据"。他们认为，要是不存在位移，就不会有太阳的东升西落，也不会有四季的更替。要是没有位移，船只何以能驶离港口并停泊于远离出发港的另一港口呢？位移的否定论者又是以何种方式走出家门并返回家门的呢？这些事实铁证如山、不容置疑。因此，当犬儒派的一个成员面对一个反对位移的论证时，他并没有回答，而是站起身来开始走动，这样，他就通过他的行动和"明显的证据"证明了运动能够真实地存在。

肯定位移存在的信仰者就是试图以这种方式羞辱否认位移存在的人的；不过，否定位移的人也作出了下述种种证明。他们认为，如果事物存在运动，它必是被推动的；如果事物被推动，它或者是被自身推动，或者是被另一事物推动；如果它是被另一事物推动，它或者是无缘无故地被推动，或者是由于某种原因被推动。他们认为，事物不可能无原因地被推动，而只能有原因地被推动；如果事物是由于某个原因被推动，那么，事物由以运动的这个原因，就是推动事物运动发生的东西，以此类推，陷入了恶性的无穷后退之中。再则，如果运动的事物是能动的，而这个所谓能动的东西，也是由于某个东西的推动而成为能动的，那么，

129

运动的事物必须求助于另一个运动物，这另一个运动物又得求助于第三个运动物，如此以往以至无限，运动就成了没有开端的东西，这是荒唐的。因此，运动的事物不能为另一事物推动。运动的事物也不可能由自身推动，这是因为，任何能自我运动的东西，必须以下述的某种方式推动其自身：或前推，或后拉，或上提，或下压。如果它以前推的方式推动自身，那它就落在自身后面了；如果它以后拉的方式推动自身，那它又处在自身之前了；如果它以上提的方式推动自身，那它又挂在自身之下了；如果它以下压的方式推动自身，那它又浮在自身之上了。但是，对任何事物来说，事物无论如何是不可能在其自身之后、或之前、或之下、或之上的。既然事物既不能通过自身又不能通过另一事物被推动，所以，事物就不可能被推动。

倘若有人还想在"冲动"和"目的"这样的观念中寻求对运动观点的庇护，那么我们必须提醒他有关"什么在我们能力范围之内"[①]的争论，以及由于迄今为止尚未发现真理的标准，这个问题到底是如何地仍然未能得到解决。否定位移存在的人还提出这样一种说法：事物的移动，或者是在它所在的地方（处所）进行，或者是在它不在的地方进行。事物在它所在的地方不可能移动，这是因为，如果事物在它所在的地方移动，它就依旧在它所在的地方。事物在它不在的地方也不可能移动，因为在事物不在的地方，该物既无法作用于其他事物，也无法承接其他事物的作用；所以，事物不可能移动。事实上这个论证是属于第奥多罗斯的，但是它已经成为许多人攻击反驳的对象，由于我们所论主题的限制，我们只能记述那些在我们看来较难对付的反驳以及我们对它们的价值评判。

有些人声称事物能够在它所在的地方运动；至少围绕中轴旋转的球

---

① 这是亚里士多德学派的术语。德谟克利特和斯多亚派等宿命论者则否定选择之自由。

在运动时仍然待在同一个地方。为了驳斥他们，我们应该把用于球的每一部分的论证用来提醒他们，从这个论证来看，即便就其各个部分而言，它也没有运动；由此得出结论：无物能在它所处的地方运动。有些人声称运动之物能占据两个地方——它所处的地方和它所移向的地方，对之我们也将采取同样的反驳思路。我们不妨试问，当运动物从此地向目的地转移的"那一时"，是指当它在此地的时候呢，还是指当它已在目的地的时候呢？当它还在此地时，则它没有向目的地移动；当它不在此地时，则它没有从此地移离过。此外，上述说法是在用证明中的问题证明自己，因为，事物在它不在的地方不可能运动，天底下没有人会认为，不存在运动的事物能够移动到另一个地方。

然而，有人运用区分"处所"(Place)的两种不同含义的方法来为运动作辩解。他们认为广义的处所就如"我的居所"，狭义的处所有如"包裹着我物体表面的空气"，并认为运动的物体是在广义的而非狭义的处所中运动。① 对此，我们的应答是：可对广义的处所加以分割，换言之，经分割后，被推动的物体处在广义处所的某一部分中，即处在狭义的、属于它自己的处所中，而不在广义处所的另一部分中，这另一部分不过是广义处所经分割后的剩余部分；接着就可推出，事物既然既不能在它所在的处所（地方）运动，又不能在它所不在的处所（地方）运动，由此可推知，事物即使在被不合理地命名的"广义的处所"中也不能运动。因为所谓的广义处所，是由事物所处的处所（狭义）和它不在的处所构成的，前面业已证明，任一事物均无法在上述处所中运动。

我们还应提及运动肯定论者的下列观点：运动的事物总是或者通过有序的（渐进的、连续的）方式运动，或者通过瞬时占据所有间隙的方

---

① 狭义的或"精确意义"上的"处所"是指为事物所占据的那部分空间，这与包含了周围空间的广义的或延伸意义上的"处所"不同。人们采用广义的处所的概念，旨在用来解释运动的可能性。但塞克斯都认为，广义的处所依然解释不了运动。

式运动。^① 我们下面将证明，事物的运动不可能以其中的任一方式进行，因此，事物不存在运动。

事物不可能以渐进连续的方式运动，这一点即使从表面的现象上看也十分明显。这是因为，假若物体、处所以及物体在其中运动的空间都是无限可分的，那么，在无限可分的系列中就无法找到"第一个"，而"第一个"是事物由以形成初次运动的源头活水，没有了这"第一个"，运动也就无以产生。我们暂可把前述的物体简化为原子，这就意味着，以连续方式运动的物体，在一个原子时间内，会以首个原子进入首个原子空间之中。如此一来，各运动物体就有了相同的运动速度，比如最快的马和最慢的乌龟就会等速^②，这一结论的荒诞程度较之前述的有过之而无不及。因此，事物的运动不可能以连续的方式发生。

事物也不可能以瞬时的方式运动。这是因为，如果按照他们自己的说法，人们应当把显明的东西看作是非显明东西的证明，正如人的迈步情况一样，一个人为了迈完一大步的距离，首先必须迈出该大步中的第一小部分，再迈出其中的第二小部分，以此类推直至迈出其余部分；与此同理，运动的物体，理应按先后次序即通过连续的方式运动。假如有人断言，运动物体可以一次性地通过它行将要经过的空间的所有部分，那就意味着它将一次性地处在所有的部分。假设在它所要一次性经过的空间中，部分是冷的，部分是热的，部分是黑色的，部分是白色的（如果在接触中能给物体染色的话），那么，荒唐奇特的情况必将出现：该运动物体，同时既是热的、黑的，又是冷的、白的。再则，试问，瞬时运动的物体一次性究竟经过了多少空间？若说经过了无限的空间，那等于说运动物体可以一次性经过整个大地；如若要避免类似的荒谬结论，

---

① 该观点把运动方式分为两类：连续运动和瞬时运动。连续运动指的是，物体以其每个部分逐次占据相关空间的各部分的运动方式，因而隐含着运动物体和空间可分的观点。瞬时运动是指运动物体在一个单位时间里一次性进入整个间隙。

② 可参见爱利亚派的"阿基里斯追不上乌龟"的悖论。

他们就必须为我们量定出空间的范围。一方面，企图精确界定事物一次性运动所经过的空间或距离——精确到瞬间完成运动的事物不可能超出这个空间或距离，哪怕是一根头发丝宽的长度——不仅是狂妄、轻率和愚蠢的，而且会把人们再次推入起初所说的困境之中，因为如果所有运动物体具有相等的逾越确定空间间隙的跃迁运动，那么所有运动物体都具相等的运动速度。①另一方面，他们若是断言，运动物体一次性经过了一个很小但难以精确界定的空间，那么我们就可以采用"堆粒"的推理，不断地把只有头发丝大小的空间添加到先前假定的空间中去。如果我们在继续这种论证时，他们要在某处中止，那么他们就会返回到先前的"精确界定的空间"的理论中去；假若他们同意继续添加，那么我们就会逼迫他们承认瞬间运动事物可以一次性地经过整个大地。据此看来，所谓处在运动中的物体，是不可能通过一次性地完全占据可分空间的方式进行运动的。如果事物的运动既不能是瞬时的方式，又不能是渐进连续的方式，那么事物就根本不存在运动。

以上这些——其实还不止这些——都是拒绝承认瞬间运动的人所使用的论证。然而，我们既无法驳倒这些论证，也无法驳倒那些肯定运动真实存在的观点所立以为据的明显事实；鉴于在事实现象和理论论证之间所存在的矛盾，对运动是否存在我们不得不悬搁判断。

11. 论增加和减少

关于增加和减少是否存在，如果我们沿用同样的论证，也将不得

---

① 关于这一点，在《反自然学家》中作了进一步的解释："包括时间、空间、物体在内的所有东西，如果都是不可分的，那么所有运动物体都具有相等的运动速度，如太阳和乌龟的运动速度相等，因为不可分的空间可以在一个同样不可分的时间内全部完成。"在此处的论证中，塞克斯都把瞬时运动理论在运动经过的空间的量上所遇到的困境也都作了揭示：物体运动所经过的空间的量，或是无限的，或是精确即有限的，或是微小但不是有限的，而上述三种观点都将导向荒谬。

不悬搁判断。这是因为，外部的明显事实似乎支持增减的真实存在，而逻辑上的论证似乎又拒斥增减的真实存在。所谓"增加"，指的是稳定实体在大小范围上的增长（成长），因此，当我们仅仅是把一个添加物加诸于事物之上时，不可能说该事物增长了。由于实体从来就是不稳定的，总是处于流转之中，一个部分不断地取代着另一个部分[①]，因此，所谓的事物增加，乃是有了完全不同于先前的实体，而绝非是在保留先前实体的同时又添加了新的实体。例如，原先有一根三尺长的横梁，有人带来了另一根十尺长的横梁，并因此声称这根三尺长的横梁已经增加了。由于这一根完全不同于那一根，这个人的声言纯属谎言。每一个所谓增加了的事物，情况也是如此；因为先前的物质流逝了，在其原先所处的空间里，代之而起的是新的物质。因此，如果一个东西得到了添加，那么，与其把这种情况称作"增加"，这不如把它称为"完全的改变"。

上述论证同样也适用于减少。那根本就不具有稳定存在的东西，怎么能说它已经减少了呢？再则，如果减少须借助于减去的方式才得以发生，增加须借助于加上（添加）的方式才得以产生，而"减去"和"加上"都是不存在的，那么，我们就没有理由说增加和减少是存在的。

12. 论减去和加上

人们对于"减去"的无从存在是这样论证的：假若有东西被从一个事物中减去，那么，这或者是相等者减去相等者，或者是小者减去大者，或者是大者减去小者；但是我们下面将要论证，"减去"不能以上述的任一方式进行，因此，减去不可能。

"减去"不能以上述的任一方式进行，这一点从以下的论证中可以

[①] 例如，赫拉克利特和柏拉图就认为，质料性的本体"处在永恒的流变之中"。

明白地看出：从事物中减去的东西，在减去之前理应包含在该事物之中。然而，相等者不可能包含于相等者之中，有如 6 不可能包含于 6 之中。因为包含者应大于被包含者，唯有这样才能从包含者中减去被包含者，并在减去之后还会有些剩余；也正是这一点，减去才区别于彻底的摧毁。较大者也不可能包含于较小者之中，有如 6 不可能包含于 5 之中，否则就不合情理。出于同样的理由，较小者也不可能包含于较大者之中。这是因为，假若 5 可以包含于 6 之中，那么，4 也将包含于 5 之中，3 包含于 4，2 包含于 3，1 包含于 2，如此一来，6 也就包含了 5、4、3、2、1，这些数字相聚合就形成了 15。[①] 若要说较小者包含于较大者之中，就会得出 15 包含于 6 之中的荒唐结论。依此类推，在这个包含于 6 中的 15 之中，又会包含着 35，[②] 如此以往甚至于会包含无限的数量。如果说无限数量包含于 6 之中是荒诞的话，那么，说较小者包含于较大者之中也同样荒诞。既然减去者理应包含于被减者之中，而相等者、较大者、较小者各自却又都不能包含于相等者、较小者和较大者之中，足见从事物中减去是不可能的。

另外，如果存在着减去，那么，减去的那个事物，要么是从整体中减去一个整体，要么是从部分中减去一个部分，要么是从部分中减去一个整体，要么是从整体中减去一个部分。说减去的事物，是从整体中或从部分中减去的一个整体，该说法的荒唐性无须在此赘言；所剩的其余两种情况，即减去的事物或者是从整体中减去的一个部分，或者是从部分中减去的一个部分，也难免流于虚妄。为清晰明了起见，我们仍以数字为例进行论证：取一个 10，并假设从 10 那里减去 1，我们将会发现，这个 1，既无法从整体的 10 中减去，又无法从这个 10 的剩余部分中减去，

---

① 5+4+3+2+1=15。
② 35是下列数字的相加：1+2+3+4+5=15，1+2+3+4=10，1+2+3=6，1+2=3，15+10+6+3+1=35。

因此，减去根本就不可能。①

如果从整体之 10 当中减去 1，而 10 既不是与 "10 个 1" 不同的东西，也不是一个 "1"，而是 10 个 1 的集合体，那么，从 10 中减去 1，就意味着要从 10 的每个 1 中减去 1。可是，从一个 1 中，什么也减不去，因为 "1" 是不可分的，故而 1 不能以这种方式从 1 中减去。而且，即使我们承认 1 可以从 10 的每个 1 中减去，1 也会包含 10 个部分，并且因此变成了 10。进一步，既然还存在了其他 10 个部分，在所谓的 "1" 减去了 10 个部分后，10 将成为 20。但是，说 1 是 10、10 是 20 乃是荒谬不经的；企图分割无法分割的东西也是荒谬的。② 所以，说 1 可以从整个的 10 中减去，也是荒谬的。

我们也无法从 10 的剩余部分即 9 中减去 1，因为被减去了某种东西的事物就不再保持为一个整体了，故而 9 在被减去了那个 1 之后，就不再依然是一个整体了。此外，9 既然是 9 个 1 (9×1)，如果从整个的 9 中减去 1，被减的整体将会是 9；如果是从 9 的部分——比如说 8——中减去 1，同样的荒谬又会出现；如果这是从最后的那个部分（即 1）中减去 1，那么这又是在承认 "1" 的可分割，而这是荒谬的。所以，1 也不是从 9 当中减去的。但是，如果我们既无法从整体的 10 中减去 1，又无法从 10 的部分 [9,8,7,6……] 中减去 1，那么，我们就既不可能从整体中，又不可能从部分中减去部分。这么一来，如果既不可能从整体中减去整

---

① 下面的论证的意思是：我们不可能从作为整体的 10 中减去 1，这是因为：第一，由于 10 是 10 个 1 (10×1)，因此减去的这个 1，当须从 10 个 1（当然也包含了减去的这个 1）中的每个 1 中减去，结果居然是：10－1=0！第二，由于数字 1（即"单子"monad）按独断论者的说法是"不可分的"，因此 1 不允许减去。换言之，被减去的 1 会变成 10 个部分，于是，如果它被从"10"当中减去 10 次，它自己就成了一个 10。

② 独断论者肯定 "1" 的不可分性。塞克斯都在下面论证了 "部分不能从部分中减去"。比如就 "10" 的一个部分——9——而言，人们不可能从 9 中减去 1，因为 10－1 的结果还是整个的 9；而如果 9 = 9×1，1 从 9 的每一个单位中减去，减下来的 1 就会成为 1×9。这一点也可以适用于 1 从 10 的其他 "部分"（比如 8、7、6，等）中的减去。10 的最后一个 "部分" 是 1，它是不可分割的，所以不能被减去。

体，也不可能从整体中减去部分，也不可能从部分中减去整体，也不可能从部分中减去部分，那么，减去就根本无从谈起。

他们［皮罗主义者］还认为，加上也不可能。所谓加上去的东西，或者是加到它自身中去，或者是加到另一预先存在的东西中去，或者是加到二者兼有（复合）的东西中去。选择其中的任何一项都是不正确的，因此，加上不可理解，例如，1杯水加到4杯水上去，请问这1杯水被加到什么东西上去了？其一，它不可能加到它自身中去，因为加上去的东西必定异于它加到那里去的东西，而无物能异于它自身。其二，它也无法加到4杯和1杯的复合物中去，因为加上去的东西，无论如何不可能加到还不曾存在的东西中去；更何况，1杯和4杯的复合物，连同加上去的1杯，其结果就是6杯了！其三，它也不能加到另一事物中去，因为，被扩展了的东西理应与扩展了的东西相等，如果把1杯加到一个已经预先存在的4杯中去，那么，扩展到4杯上的这1杯，必将使4杯增加一倍，整体的量就变成了8杯——这是一个多么背离于日常经验的算式啊！所以，所谓加上去的东西，既然既无法加到它自身中去，也无法加到另一预先存在的事物中去，又无法加到二者的复合物中去，而除此之外又再无别的选择，那么，就不存在所谓"加上"。

13. 论换位

随着增减和位移的被否定，换位也就随之被否认了，这是因为换位正是以变换的方式，从一事物中减去，并加到另一事物上去。

14. 论整体和部分

整体和部分同样也不可理解。整体所以不能理解，是因为：其一，所谓整体，是通过部分的联合即相加而产生的，是通过某一或更多部分

137

的减去而逐渐消灭的。然而，前述业已证明，不论是加上还是减去，二者都不可理解。其二，若说整体存在，它或者不是其部分，或者正是它的部分。[1]整体只不过是其部分而已，因为当它的部分被减去时，整体也就随之荡然无存；整体的存在，除了依赖部分之外还别无其他方法。然而，如果是部分本身组成整体，那么，整体充其量只是个空洞的名称罢了。正如离开了被分离的事物就没有分离，离开了被"思考"的事物就没有"思想"一样，整体自身没有独立的存在。因此，整体不存在。

同理，部分也无法存在。假若部分存在，它们或者是整体的部分，或者它们互为彼此的部分，或者每一个部分都是其自身的部分。部分不可能是整体的部分，因为整体不是别的，正是部分（此外，就这个前提来看，部分就会是它们自身的部分，因为每一个部分都被看作是对整体的补充）。部分也不可能是部分彼此的部分，这是因为，部分被认为存在于包含部分的事物即整体中，即部分这个概念关涉到包含部分的整体这个概念；说部分是部分彼此的部分，其荒唐程度，比断言手包含于脚中有过之而无不及。部分也不会是它自身的一个部分，即部分不可能包含于部分之中，这是因为，由于这种包含，它将会比自身既大又小！综上所述，所谓的部分，到头来既不是整体的部分，又不是它们自身的部分，也不是它们彼此的部分，因此，部分也就不成为任何东西的部分。但是如果部分不是任何东西的部分，部分就不存在；因为共同相关物(co-relatives)是一起被取消的。[2]

鉴于我们在这之前曾探讨程整体和部分这一话题，在这里只能一般而论，顺便提提。就说这么多吧。

---

[1] 这是伊壁鸠鲁的观点。斯多亚派则认为，整体既不同于部分，又不异于部分。

[2] "部分"和"整体"是一个共同相关(co-relative)的概念，其中的任何一个都蕴含着另一个；相关的事物只能一起被理解，其中一个的存在或消失都包含着另一个的存在或消失。

15. 论物理变化

有些人主张"物理变化"是非真实的，并为此作了如下的论证。首先，如果事物存在物理变化，发生变化的东西或是有形的，或是无形的，而不论是关于有形还是关于无形，都还是争执中的问题，因此，主张存在物理变化的理论是可疑的。其次，如果事物存在变化，它必通过原因的特定作用即受原因的作用才能起变化。由于原因的实在性本身遭到了种种质疑甚至于拒斥，所以它不可能是由于受到作用而变化。与此相应，既然没有了作用的施加者（即原因），被施加作用的对象也就无从谈起，因此，根本没有事物会起变化。再次，如果一个事物发生了变化，要么是"存在的事物"变化了，要么是"不存在的事物"变化了。"不存在的事物"是虚幻的，并且既不能施加作用，又不能承受作用，又何来的变化呢？而如果是"存在的事物"变化了，那么，它的变化或者是就"它处于存在"时而言的，或者是就"它处于不存在"时而言的。而它处于不存在时，它并不会发生变化，因为这时它不存在。而如果它是就其存在而言发生变化，它将异于存在，这意味着它将成为不存在。说存在的东西变成了不存在，岂不荒唐可笑？因此，存在的东西也不可能变化。既然存在不可能变化，非存在也不可能变化，除此之外又无别的可能，我们不得不说变化不可能。

有人[①]认为，变化的东西必定要在特定时间内变化。但是，正如我们行将证明的那样，事物既不能在过去变化，也不能在将来变化，更不能在现在变化，因此在时间内变化不可能。事物的变化不可能发生在过去和将来，因为无论是过去还是将来，都不是现在，在一个不存在即不是现存的时间中是无法作用于某物或受某物作用的。事物的变化也不可能

---

① 参看亚里士多德的《物理学》。

发生在现在，这是因为，即使撇开现在可能是不真实的这一点不说，由于现在是不可分的，在一个不可分的时间里，难以设想铁能经历从硬到软的变化，也难以设想其他任一形式的变化能够产生——变化的发生总是需要在一段时间中的。总之，如果变化的发生既不能在过去，又不能在将来，更不能在现在，那么，我们不得不宣称无物能够变化。

更进一步说，如果变化存在，它或者是可感的，或者是可知的。由于感官是专门化的[①]，而所谓变化，据说是具有"同时回忆"(concurrent recollections)[②]，即变化被认为兼具由之变和往之变的两种不同状态；因此变化不可能是可感的。变化也不可能是可知的，这是因为，正如我们一再所表明的那样，自古以来对可知物是否具有实在性就存在着没完没了的论争，我们同样无法对变化的实在性作出明断。

16. 论生成和毁灭

对物理变化和加减的上述驳难，同样也适用于生成和毁灭。因为，生成和毁灭不过是加减和物理变化而已。例如，10 通过减去 1 而生成了 9，9 的生成便是 10 的灭亡；9 通过加上 1 而生成了 10，10 的生成便是 9 的灭亡。同理，铜锈的生成是通过变化而从青铜的灭亡中产生的。因此，如果前述的运动形式被否定，那么，生成和变化也难逃被否定的厄运。

然而，依然还是有人作如此辩解：如果苏格拉底出生了，那么，或者是在苏格拉底不存在时生成的，或者是在苏格拉底已经存在时生成的。但是，倘若把苏格拉底说成是当他业已存在时生成的，苏格拉底岂不生成了两次？倘若把苏格拉底说成是当他不存在时生成的，那么，由于他通过生成而存在，又通过假设（我们现在假设苏格拉底的生成是当他不

---

① 即"单一地被动"的：每一种感官只能接收一种类型的对象。
② 斯多亚派特有的术语。

存在时）而又是非存在的，苏格拉底岂不是在同一个时间里既是存在又是非存在？因此，苏格拉底不可能出生。同理，如果苏格拉底死亡，或者是在他活着的时候死亡的，或者是在他死的时候死亡的。但是，他不可能在他活着的时候死去，否则，他岂不同时既是活的又是死的？他也不可能在他死的时候死去，否则，他岂不死了两次？因此，苏格拉底不可能死。把上述生和死的论证应用到事物的生成和灭亡中，我们就能够否认生成和灭亡。

有人[①]如此主张：如果有事物生成，那么它或者是由存在者生成的，或者是由不存在者生成的。然而，不存在者不可能生成，因为对不存在者来说，任何事情都不可能发生；因而也不可能发生"生成"。存在者也不可能生成，因为，倘若存在者能够生成，那么，它或者是就其存在而言的生成，或者是就其不存在而言的生成。很显然它不可能是就其不存在而言的生成。而倘若是就其存在而言的生成，正如独断论者所言，由于所生成者必不同于生成者，即生成后的性质不同于生成前的情况，因此，所生成者就不会是存在的东西，也即所生成的东西到头来竟成了不存在的东西。说所生成的东西是不存在的东西，这无异于一派胡言。如此一来，既然不存在的东西不能生成，存在的东西也不能生成，可见无物能够生成。

基于同样的理由，无物能够灭亡。如果有事物能够毁灭，或者是存在者毁灭，或者是不存在者毁灭。由于毁灭者必然是毁灭运动的承载者，故而，不存在者不可能毁灭。但是存在者也不可能毁灭，因为它的毁灭或者是在它持续存在期间，或者是在它不再持续存在的时候。倘若它是在持续存在期间毁灭，那么，它就会在某个同一时间内既存在又不存在；因为既然它的毁灭并非是就其非存在而言，而是就其存在而言，那么它必定有别于存在者，因而就其被认为是已经毁灭而言，它是不存在；而

---

① 指亚里士多德。

就其被认为是毁灭于持续存在之时而言，它是存在。说同一个事物既是存在又是不存在，其荒谬性不言而喻。所以，存在者不可能在其持续存在的时候毁灭。而倘若说存者不是在存在的时候毁灭，而是首先进入不存在，尔后再在不存在的时候毁灭，那么，毁灭的就不是存在者而是非存在者——而我们前面业已指出，这是不可能的。总之，如果毁灭者既不是存在者，又不是不存在者，而除此之外又无别的什么东西，那么，无物能够毁灭。

对运动所作的这一概述看来已经够了。从这里我们可以得出结论，独断论者的自然学是不真实的、难以成立的。

17. 论静止

有些人对静止①也以类似的方式表示了怀疑，认为运动的事物不可能静止。他们认为，若按独断论者的观点，每一物体都处在永恒运动之中，存在是一种流变，始终进行着流逝和增加——柏拉图甚至不愿把物体称作"存在"，而宁可把它们称为"生成"，赫拉克里特则把物理世界的流动性比作河流中的急流。其实，所谓处于静止状态的东西，是指被它周围的事物所包围，而被包围的东西，当然受到了外围事物的某种作用。然而正如我们已经指出的那样，不可能存在起作用的原因；因此，也就不可能存在受到作用的事物；所以，静止的东西是没有的。

也有人为否认静止提出这样的论证：静止的东西是指受到某种作用的东西，然而受到作用的东西是处在运动中的；因此，所谓静止的东西其实还是运动的；既然是运动的，那当然就不是真正静止的。基于同样的理由，无形物也不会是静止的，因为所谓静止的东西，是指受到某种作用的东西，但是，"受到作用"乃是物体的属性，而不是无

---

① 这里的"静止"是一般的运动的对立面，而不仅仅是位移的对立面。

形物的属性；无形物既不能接受作用，也不会处在静止之中；因此无物静止。

关于静止，就说这么多。由于我们无法设想前述的任一事物可以离开空间或时间而存在，因此，对时间和空间有必要继续再作详细的考究：我们如果能够证明时间和空间是非真实的，那么，就可以进一步证明前述的任一可事物也都是非真实的。让我们的讨论从空间开始吧。

18. 论空间

空间或处所在两种意义上即严格和宽泛的意义上被使用。宽泛意义上的空间是广义的，就如"我的城市"，狭义、严格意义上的空间乃是那正好紧密包容着我们的"容纳处所"。我们的探讨关涉到的是狭义的空间。对空间，有些人①肯定之，有些人否定之，而另一些人则悬疑之。那些肯定空间存在的人往往诉诸显明的经验。他们认为，当人们看到左右、上下、前后时，当人们观察到他现在在这里、那里时，当人们看到我老师曾经授课的地方正是我现在讲课的处所时，当人们发现轻物的自然处所不同于重物的自然处所时，又当人们听到古人②说："先有混沌(chaos)，尔后才有大地"的宣称时，又有谁还会断言空间不存在呢？他们认为，"混沌"的名字来自"包容了在它里面生成的所有东西的能力"③。他们还认为，如果物体存在，空间也必将存在，因为，要是没有了空间，物体就无以存在。而如果存在着"由于它"的东西和"从它而来"的东西④，那么"在它中"的东西也是存在的，这正是空间。但是前者是在二者中的每一个

---

① 如斯多亚派和逍遥派。
② 赫西阿德的《神谱》。
③ 此处的推演语词其实是错误的。其实，chaos 意指中空、深渊。
④ 所谓"由于它"的，乃是"动力因"；所谓"从它而来"的，乃是质料因。斯多亚派把质料因和动力因都看成是物体，因而二者都关涉到空间的存在。

143

当中的，所以，后者也在二者之中。①

但是，否认空间的人并不承认空间的部分是存在的。否认空间存在的人认为，空间不是别的，正是"空间的部分"。他们认为，那些先假定空间的部分存在，然后再借此推断空间存在的论者，不过是用自身有待证明的东西去证明自己。当总的空间还未被承认时，就迫不及待地断言在某个处所里生成了所谓的物体，这种说法同样是愚蠢至极的。此外，他们还预设了物体的实在性，而这并不是自明的；况且，如同空间一样，动力因和质料因也同样被证明是不真实的。再说，赫西阿德也不是哲学问题的合格仲裁官。进而，他们[怀疑论者]在这样反驳用于证明空间存在的论证时，通过利用被认为是独断论者关于空间的最有分量的那些观点，即斯多亚派和逍遥派的那些观点，更为详尽地证明了空间的不真实性。其证明方式如下。

斯多亚派对虚空 (void)、处所 (place) 和寓所 (room) 进行了区分：虚空指的是能够被存在物占据而又没有被占据的东西，或者是物体的一个间隙 (interval)，或者是一个未被物体占据的间隙；处所是指已被存在物占据、并与占据物相等的间隙；寓所则指一个被物体部分占据、部分未被占据的间隙。当然，也有人把寓所看成是较大物体的处所，因而处所和寓所之间的差别就在于尺寸大小。反对者则这样反驳：当斯多亚派把处所定义为"被物体占据的间隙"时，他们究竟是在什么意义上称其为"间隙"的？是单指物体的长度呢还是单指宽度或深度？抑或是同时兼指这三个维度？要是单指某一维度，处所也就不会与处于该处所的物体相等了，而且，那包含物体的东西（空间）也是被包含于其中的东西（物体）

---

① 斯多亚派的假言三段论中，"前件"真，则后件真。接下来主要是对上述空间存在论的两方面批驳：第一，空间的部分就等于空间，所以断言它们的存在，无疑是在用尚待证明的东西去证明自己；第二，物体或固态物体、质料因以及动力因等的实在性，都只不过是纯粹的假设。

的一部分,这种说法不是一派胡言又会是什么呢?① 要是处所同时兼指物体的三个维度,既然在所谓的处所中,既不存在虚空,也不存在具有更多维度的另一种物体,存在的只是具有这些维度(即长度、宽度和深度加不可入性——"不可入性"被看成是长、宽、深这些维度的一个属性)的物体,那么,物体自身就成了它自己的处所,它自身同时既是包容者又是被包容者,这种说法纯属无稽之谈。由此可见,处所的维度是不存在的。所以,处所也不存在。

有人还提出了这样的论证。② 既然在每个物体存在于其处所之中时,都看不到双重的维度,而是只有一个长度、一个宽度和一个深度;那么,这些维度是仅仅属于物体、还是仅仅属于处所,抑或同时属于这两者呢?如果它们仅属于处所,那么物体就会没有自己的宽度、长度和深度,从而物体甚至就不成其为物体,这当然是荒谬的。如果它们属于这两者,既然虚空离开了维度就不成其为虚空,如果虚空的维度存在于物体中,构成了物体本身的组成部分,那么虚空的组成部分也就成了物体的组成部分——因为我们不可能去正面地断言物体的坚固性(不可入性)的实在性。而且,因为在所谓"物体"中出现的维度只能是那些同时属于虚空并且等同于虚空的维度,那么物体也就成了虚空,而这是荒谬的。而如果维度仅属于物体,那么处所就不会有维度,因而也就不会有处所。如果这样一来,用上述的任何一种途径都不能发现处所的维度,那么处所就不存在。

---

① 此处的论证思路是:"间隙"不可能仅仅指一个维度比如长度,因为"处所"就其定义而言必然"等同于"处于其中的"物体",所以必须拥有所有三个维度。而且进一步来说,一个"维度"所"包容"的处所将会比它所包容的三维物体还要小了。间隙也不可能指所有三个维度,因为"处于该间隙中"的物体就是这三个维度,于是就与其"处所"等同了。结果就是:A包容了B,B又包容了A。所以,"间隙"和"处所"不能以"维度"的术语来解释。

② 这一论证的要旨是:既然"物体"与"处所"(在空间上)完全重合,"维度"属于谁呢?我们又不能说在同一个地方有两套维度。如果说维度属于物体,那就取消了空间;如果说维度属于空间,那又取消了物体。

还有人提出了如下诘难：当"虚空"被物体占据（充盈）从而生成了"处所"时，虚空或者依然还是虚空，或者退缩了，或者毁灭了。若虚空经物体占据后依然还是虚空，那么虚空就和物质的充实(plenum)完全相等了；如若虚空通过位移而退缩，或通过变化而毁灭了，那么虚空本身也就成了一个物体了，因为只有物体才会发生退缩或变化这样的事情。说虚空和充实相同无别，或说虚空就是物体，全然是荒谬不经的。因此，我们如果说虚空可以为物体占据并进而生成处所，也是荒谬的。鉴于虚空不可能被物体占据并产生处所，而虚空又被定义为"能够被物体占据的东西"，据此也可推知虚空是非真实的。上述的驳论，其实也包含了对寓所的驳难：若寓所是"硕大的处所"，那么，寓所会随着处所的被驳斥而被取消；若寓所是"部分为物体占据、部分为空无之广延"的东西，那么，上述的驳论已经包含了对它的驳斥。

前述的所有辩驳，还有一些其他的，都是冲着斯多亚对"处所"所持的观点而来的。逍遥派则认为，处所是"那包围物体的东西的边界"，[①]换言之，我的"处所"指的是围绕着我的物体形成的那个模型(moulding, 模子)的空气表层。如果这就是所谓的处所，那么，同一个东西〔即处所〕就会既存在又不存在。因为，一方面，当物体在某一特定的处所行将生成时，由于无物能在不存在者中产生，那么，为使物体能在该处所中生成，这个处所必须预先存在；因而，处所必定在那个处所中的物体在其中生成之前就已存在。另一方面，由于处所存在于那包围物体的空气表层的成型(moulding, 成模)过程中，那么，在处于处所中的物体还没有生成之前，处所又不可能已经存在，即处所不可能在物体存在之前已经存在了。说同一个东西既存在又不存在，是荒唐可笑的。所以，处所不可能是"包围着物体的东西的边界"。

另外，如果处所是存在的，它或者是被创造的，或者是不被创造的。

[①] 参见亚里士多德《物理学》第4卷。

第三卷　概述对自然学和伦理学的怀疑

由于独断论者认为处所是随着被包围于其中的物体的表面成型而被产生出来的，因而它不会是不被创造的；同样，它也不会是被创造的，因为，若它是被创造的，它或者是在处于该处所中的物体已经存在之时被创造，或者是在处于该处所中的物体还未存在之时被创造。然而，处所既不能产生于物体已经存在于该处所之时（此时物体的处所业已存在），也不能产生于物体尚未存在于该处所中之时，这是因为，按照独断论者所言，包容者是围绕着被包容者而成型，处所正是以这种方式生成的；然而，无物能够围绕着并未在它之中的东西而成型。既然处所既不可能产生于处所中的物体存在之时，又不可能产生于物体还未存在之时，除此以外又别无其他可设想的选择，那么，处所不可能被创造。既然处所既不能被创造，又不能不被创造，处所就没有存在。

还可以将反对处所存在的这些论驳更为一般地总结如下：［其一，］如果处所是存在的东西，它或者是有形的，或者是无形的，但正如我们业已表明的那样，其中的任一选择都遭到了质疑，因此，可以说处所存在与否尚处在难决的论争之中；［其二，］处所只有相对于处所中的物体才能被设想，但有关物体的实在性学说本身受到了质疑，因此，有关处所的学说也当受到类似的质疑；［其三，］每一物体的处所并非是永存的，但是如果我们说处所是生成的，它就不会是非真实存在的，因为生成并不存在。

虽然我们可以引述更多其他的论驳，但为免赘述起见，我们不妨就此总结如下：怀疑论者因各种不同的论驳而陷于困惑，又在面对明显的经验时感到难堪[①]，结果，我们将不会在面对独断论者的各种学说时认同任何一方的观点，我们只能对"处所"悬搁判断。

[①] 此处的意思是：怀疑论者由于反对空间的论证和依据明白的经验事实而赞成空间的论证之间的"同等有力"，感到难堪或困惑，也就是感到难以就空间的本质问题作出判断。

147

19. 论时间

在对时间的考问上，我们的态度是相同的。如果我们依赖于明显的经验，时间颇像是某个实有的事物，如果我们转而依赖于对它的各种论证，时间又颇像是缺乏真实性的。一些人把时间定义为"整体[即宇宙]的运动的间隔"①，另一些人则把时间定义为"宇宙的实际运动"。亚里士多德（或如某些人所说，柏拉图）把时间定义为"运动中前后的量"②；斯特拉托（或如某些人所说：亚里士多德）把时间定义成"运动和静止的一种量度"；伊壁鸠鲁（根据拉科尼亚的德米特里乌③的观点）把时间说成是"伴同发生的伴同发生(concurrence of concurrence)，它伴随着昼夜、季节、情感、非情感、运动和静止"。从时间的本性上来看，有些人坚持时间是有形的。例如，安尼西德穆斯学派就认为，时间与存在、原初物体并无区别，另一些人④则断言时间是无形的。要么所有这些理论都正确，要么所有这些理论都错误，要么有些正确有些错误。然而，由于这些理论的大多数是相互冲突的，它们不可能全部都是正确的；但是独断论者也不会承认它们全部都是错误的。此外，如果时间有形的断言是错误的，而且时间无形的断言也是错误的，那么，时间的非真实性据此便自然成立了；因为时间要么是有形的，要么是无形的，除此之外它不可能是别的什么东西。同样，我们也无法获知哪些理论是正确的、哪些

---

① 该定义的根据是这样一种现象，即时间是通过构成宇宙的恒星和行星的运行来度量的。

② 亚里士多德在其《物理学》的第4卷中提及了这一柏拉图派的定义(参看柏拉图《蒂迈欧》47D以下)。亚里士多德则说，我们的时间概念是从思想和感觉中的差异和连续感衍生而来的，这种感觉表示了前后的一种区别，即过去、现在和将来的一种区别，因此，时间是一种为思想意识计量化了的或量衡了的某种东西；因此，亚里士多德把时间定义为"关于运动之前与后的一种量化"。(《物理学》第4卷)

③ 即Demetrius of Laconia，这是一位伊鸠鲁学派成员。

④ 斯多亚派。

理论是错误的，这不仅是因为证据和标准本身的困惑不明，更是因为各种观点之间彼此具有同等强度的力量。基于这些理由，对时间我们无法作出任何确定性的论断。

其次，如果没有运动或静止，时间就无以存在；如果运动或静止被否定了，时间将随之被否定。然而，某些人在反对时间的存在时，还作了如下的论证：如果时间存在，它或者是有限的，或者是无限的。倘若时间是有限的，它必开端于某个特定的时间，并终止于某个特定的时间。也就是说，当时间尚未存在之时即在时间开端之前，就曾经有过了时间；当时间已经消之失时即在时间终止之后，还依然会有时间，此说岂不荒谬？因此，时间不可能是有限的。但是，倘若时间是无限的，由于时间的一部分是过去，一部分是现在，一部分是将来。而将来和过去或者是存在的，或者是非存在的。倘若将来和过去都是非存在的，那么，所剩下来的存在只是暂时性的现在，时间岂不成了有限的了？前述的时间有限的相同窘境就会随之而来；倘若将来和过去都是存在的，那么，不论是将来还是过去，岂不都成了现在？说将来和过去就是现在，是极度荒谬的，因此，时间同样也不可能是无限的。既然时间既不是有限的，也不是无限的，时间就根本不存在。

再次，如果时间存在，它或者是可分的，或者是不可分的。正如人们所称，时间可分为现在、过去和将来，因此时间就不可能是不可分的。但是时间也不可能是可分的，这是因为，每一可分的事物都是由其自身的部分来量度的，量度者应当与被量度者的每一部分相重合 (coincide)（比如我们用一指长度来量度一肘尺的长度时就是这样）。但是，时间却不能以其自身的部分［即现在、将来、过去］来量度自身。例如，倘若以现在去量度过去，现在必当与过去相重合，因而现在就成了过去；与此类似，倘若以现在去量度将来，现在就成了将来；而倘若改用将来去量度现在和过去，那将来也就成了现在和过去；依此同理，过去也必将成为现在和将来，此等说法纯属胡说。所以，时间也不可能是可分的。既然时间既不是不可分的，又不是可分的，时间就不能存在。

又有人说时间是三重（三部分）的，一部分是过去，一部分是现在，一部分是将来。可是，如果过去和将来在现在存在，它们就都成了现在存在，因此，过去和将来不可能存在。现在同样也不可能存在，这是因为，如果现在的时间存在，它或者是不可分的，或者是可分的。现在的时间不可能是不可分的，因为变化的东西只能在现在的时间里变化，在一个不可分的时间里，是谈不上有什么东西可以变化的[1]——例如，铁在不可分的时间里是无法由硬变为软的。因此，现在的时间并不是不可分的。现在的时间也不可能是可分的：由于宇宙万物的快速流变，现在的时间在无法察觉之中快速地变成为过去的时间，因此，不可能把"现在"（单数）分成"一组现在"（复数）；同理，也不可能把现在的时间分成过去和将来，否则，现在的时间的一部分［即过去］不再存在，而另一部分［即将来］却尚未存在，现在的时间因此就非真实了。正因为如此，现在也不可能是过去的终止和将来的开端，因为这样的话它就会既存在又不存在；因为它既会作为现在而存在，又会因为它的部分不存在而不存在。因此，现在的时间也不是可分的。既然现在既不是不可分的，也不是可分的，所以现在也不可能存在。鉴于由非真实的东西构成的事物必是非真实的，既然无论是过去、将来还是现在都不存在（非真实），那么，［由它们构成的］时间就是不存在的。

下述的论证也是用来驳难时间的：如果时间存在，它或者是可生成和毁灭的，或者是不可生成和毁灭的。[2] 由于时间的一部分被认为是过去，因而不再存在，另一部分被认为是将来，因而尚未存在，因此，时间不是不可生成和毁灭的。时间也不是可生成和毁灭的。因为，根据独断论

---

[1] 亚里士多德：《物理学》第6卷。
[2] 柏拉图认为时间是生成的（《蒂迈欧》38B），亚里士多德不同意此说（《形而上学》第12卷）。

者①的假定，行将生成的东西须当从业已存在的事物中生成，行将毁灭的东西当须灭转为另一存在的事物。倘若时间灭转为过去，也就灭转为不存在的东西；倘若时间生成于将来，也就生成于一个不存在的东西。既然过去和将来都不属于存在，那么，上述说法等于断言了从非存在中可以产生出存在，从存在中又可以灭转为非存在，这种断言是难以成立的。因此时间不是可生成和毁灭的。既然时间既不是不可生成和毁灭的，也不是可生成和毁灭的，时间就根本不存在。

最后，每一个生成的事物理应在时间中生成。如果时间是能够生成的，那么生成的时间也应当在时间中生成。这样一来，时间或者是在时间自身中生成，或者是在另一个不同的时间中生成。倘若时间是在自身中生成，那么它同时既是存在又是非存在。因为，一个事物生成于其中的那个东西，必须存在于这个事物生成之前；就时间的生成来说，生成于自身的那个时间尚未存在，但就时间生成于自身来说，生成于自身的那个时间又已经存在［这显然是互为矛盾的说法］。据此，时间不可能生成于自身。但是，时间也不可能生成于另一个时间，因为，倘若现在生成于将来，那么现在就成了将来；倘若现在生成于过去，那么现在就成了过去；同样荒唐的情形也适用于其他时间。既然时间既不可能生成于自身，也不可能生成于另一个时间，时间就不是可生成的。时间也不是不可生成的，这一点已如前述。而任何一个存在的事物必定要么是可生成的，要么是不可生成的，二者必居其一；既然时间既不是可生成的，又不是不可生成的，时间就彻底的不存在。

20. 论数

既然时间离不开数，简要地讨论一下数并不是不合适的。我们常

---

① 如亚里士多德、伊壁鸠鲁、波塞多纽 (Poseidonius) 等。

151

以习惯的口吻非独断地谈及给事物计数，也时常可以听到人们谈论到数目，就像它是存在的事物一样。不过，独断论者以极端的方式谈论数，这也激起了人们对数的存在的质疑。例如，毕达哥拉斯学派就声称，数是宇宙的原始元素；他们断言，纷繁的现象系由某种东西构建而成，万物的元素必当是单纯的，因此元素必然是不明显的。在不明显的东西中，有些是物体性的，如原子、质料，另一些是非物体性(incorporeal)的，如形状①、形式和数。物体性的东西都是复合(构成)的——是由长度、宽度、深度、体积(坚固性)甚至重量等构成的，因此万物的元素不仅是非明显的，而且应是非物体性的。再者，由于每种无形的东西或者是1，或者是2，或者是更多，因此必定包含数的观念。据此可推知，在所有观念中所包含的非明显的、无形的数，是存在的事物的元素。然而数还不只是这些元素，还有"元一"(Monad)和"未定之二"(indefinit Dyad)。"未定之二"是由元一推衍而来的。具体特定的2又是并通过分有(participation)它而得以生成的。②他们认为正是这些元素(元一和不定的二)产生出其余的数——那就是与可数的事物的认识有关的数；整个宇宙也凭借数才井然有序，得到安排。这是因为，"点"体现了元一的特点或关系③，"线"体现了不定的二的特点或关系(线被认为处于两个点之间)，"面"则体现了三的特点或关系(因为他们把面看作线向外面放置的另一个点的横向流动)，而"立体"则体现了四的特点或关系，因为立体正是通过面向一个上置的点高升引起的。他们正是以这种方式，进一步构思出了各种物体和整个宇宙，并声称整个宇宙是根据谐音的比率来安排的，也就是根据四度音程(epitrite)，即8：6，五度音程，即9：6，

---

① 即物体的界限。

② 他们认为，"基本数字"("elemental" number)的存在源于"分有"，或分有了元一(统一性原则)，或分有了未定之二(二元性原则)；分有元一则产生奇数，分有未定之二则产生偶数。这些原则就是"种"，而奇数和偶数不过是这些种的"殊相"。

③ 也就是说，点是一个不可分的单位，它是线的开端，正如1是整个数量系列的开端。

以及 8 度音程，即 1 倍（2∶1）。①

所有这些就是他们的臆测与虚构。他们还认为，数不同于可数之物，并为此作了下述的辩解：按照动物"自身的定义"，②倘若"动物"（比方说）是 1，由于植物并不是动物，那么植物就不是 1；但是植物确实是 1，动物作为动物因此就不是 1。还存在着在动物之外认识到的另一种属性，每一个动物都分有它，并且因此而成为 1。并且，如果数就是可数之物，由于可数之物就是人、牛、马，那么，数也就成了人、牛、马了，同理，假如计数的对象恰巧是白的、黑的和有胡须的，数岂又不成了白的、黑的和有胡须的了？但是，这样的说法显然是荒诞不经的，因此，数不是可数之物。数具有不同于可数之物的自身的实在性，数正是借此实在性而被包含在可数之物的概念中，成为它们的基本元素。

但是，一旦他们作出数不是可数之物的断言，就招致了不少难以克服的困难。正如他们所辩称的，如果数确实存在，它或者是实际存在的可数之物，或者是不同于可数之物的另一种东西。可是，数既不是可数之物——上面已经提到了毕达哥拉斯学派的证明，也不是不同于可数之物的另一种东西——这一点我们行将证明，所以，数什么也不是。

为行文表述的明晰起见，我们将以"元一"为典型事例来论证"数并不是不同于可数之物的另一种东西"③。如果元一就其自身来说就是一个真实之物，其分有者通过分有元一而成为一，那么，这个元一或者是 1 个，或者是与其分有者一样多。但是，倘若元一只是一个，请问，每一个分有了它的事物，是分有了元一的全部（整个）呢还是分有了元一的一个部分呢？因为，比方说，要是一个人分有了元一的全部，那么，

---

① 这里使用的这些术语是毕达哥拉斯"八度音程"（"octave"）音乐系统的术语，即指 4∶3，3∶2，2∶1 的比率关系。
② 即抛开与其他事物的联系而下的定义。
③ 以下论证是说：万物对元一的分有必然意味着：(1) 或者把元一分割成了无数的部分；(2) 或者把元一增多成无穷多的元一。二者都违背了"元一"的概念：独一无二的统一性（单一性）原则。

就不会再有元一供一匹马、一只狗或其他任何我们可称其为1的事物去分有了。这种情况就好像有一群赤裸无衣的人，他们只拥有唯一的一件衣服，当其中的一个人穿走了这件唯一的衣服后，其余的人就无衣可穿，只能依旧赤裸了。而要是每一事物只是分有了元一的一个部分，那么，又会陷入如下的窘境。首先，这个元一同时既只具有一个部分，又具有一些部分，这些部分在量上无限，分成如此之多的元一，以供大家分有，此说当然荒谬不经。其次，正如四的一个部分（比如二）并不是四一样，元一的一个部分也同样不会是一个元一。基于这一理由，没有事物可以分有元一。所以，各不相同的事物都来分有的元一，不可能是1［个］。

每一特定的事物通过分有元一而被称为一；可是，如果元一在数量上等于被每一个称为"一"（个）的可数之物，那么，被分有的元一在数量上就会是无限多。这样一来，这些无限多的元一，或者分有了一个更高级的元一，或者分有了与它们自身数目相等的元一，或根本就无须分有，自己就是元一。然而，倘若这些元一无须分有就能成为元一，那么，每一可感物同样也能够不经过分有元一而成为一个东西，如此一来，这个被认为就其本身来说具有实在性的所谓元一，顷刻间就化为乌有了。反之，倘若那些元一是通过分有而成为元一，那么，它们或者一起分有了同一个元一，或者各自分有了各自的那个元一。假若它们一起分有了同一个元一，那么，每一个所谓的元一分有的或者是这同一个元一的一个部分，或者是整个元一；于是前述的窘境就依然无法消除。假若这些元一各自分有自己的元一，我们就必须为这些元一的每一个设立一个新的元一，这些新的元一各自又必须设立一个更新的元一，如此以往，以至无穷。如此一来，既然通过分有这些所谓的元一，每一个存在物得以成为1，而为了认识存在着一些可以自我存在的元一，就必须认识那些可以自我存在的元一的无限量的无限数目，这当然是不可能的事。从而我们就无法证明存在着一些可以理解的元一，更无从证明每一个存在物是凭借分有各自的元一而成为一个东西的。

因此，断言这些元一如同分有它们的事物一样可以无限多，是荒唐可笑的，如果所谓可以自我存在的元一，既不是一个，又不是像分有者一样无限众多，那么，这种自我存在的元一也是无法存在的。我们既然可以把在以元一为典型事例中所作的论证应用于所有的数，那么，数就既不是自我存在的，正如我们刚才业已证明的那样，也不是存在于实际的可数之物之中的，正如毕达哥拉斯学派业已证明的那样，而除此之外又无别的任何其他选择，所以，我们不得不宣布数不存在。

试问那些坚信数是与可数之物不同的另一种东西的人①，"二元"(Dyad)究竟是以何种方式从"元一"(Modad)那里产生的？当我们把一个元一与另一个元一相联合时，无外乎通过以下几种方式：或将外在的某物加到这些元一中去，或从这些元一中减去某物，或既不加上某物又不减去某物。可是，如果既不加也不减，那就不可能会有二。因为，根据他们自己的定义，当元一彼此分别存在时，既不可能在它们的概念中包含未定之二，也不可能从外面对它们进行任何增加——正如依据对元一所作的假定，也没有从它们那里减去任何东西。因此，由于没有从外面发生加和减，元一和元一的彼此联合不可能是二。如果发生了减去，其结果不仅不会是二，而且两个元一本身也给消灭了。而如果为了从两个元一中产生出二，把二加到它们中去，看起来似乎是2的东西，又将成了4，因为在已经存在一个元一和第二个元一的情况下，当将一个外在的2加到它们中去时，其结果自然是4这个数。同样的论证也适用于所有其他据说是由联结而来的数。

这样一来，这些所谓由更高级的数合成的数，其形成如果既不是通过减去，也不是通过加上，又不是通过不加不减，那么，所谓独立于、并不同于可数之物的数的形成，就不是复合成的。但是，毕达哥拉斯学派不止一次地断言，这些数都是由更高级的数——比如由"元一"和"不

---

① 即坚信数是可以独立存在并且是"万物的元素"的人。

定的二"复合而成的，他们已经再清楚不过地表明了这些通过彼此联合而成的数并非不可产生。因此，数并非是自存的。既然数既不能设想为可以自我存在，又不能设想为可以存在于可数之物中，那么，即便立足于独断论者所提出那些难以捉摸的理论来进行论证，我们也不得不说：数无以存在。

上面所论，作为对哲学的自然学部分的一种概述，在我看来已经足够充分了。

21. 论哲学的伦理学部门

接下来还有哲学的伦理学部分，一般认为它所处理的是关于如何区别好的[1]、坏的和无所谓好坏的东西的问题。为了概括地讨论这部分，我们会探究有关好的、坏的和无所谓好坏的东西的实在性。让我们首先解释它们各自的概念。

22. 论好、坏、不好不坏的东西

斯多亚派主张，"好"就是"有用的东西(utility)或并非与有用的东西相异的东西"，"有用的东西"指的是美德(virtue)和正当的行为，"并非与有用的东西相异的东西"指的是好人或朋友。美德作为身体的主导部分[2]的一定状态，正当行为作为符合美德的行为，恰恰就是"有用的"；而好人和朋友乃是"并非与有用的东西相异的东西"。因为"有用"是好人的一个部分，是他身上占统治性的原则。但是，他们说整体不同于部分(例如，

---

[1] Good 在希腊语和英语中的字面意思都是"美好的"。斯多亚派使用"美好"时，与"善"是同义的。注意：我们把"Good"翻译成"好"。通常的翻译为"善"，各自有合理之处和不尽如人意之处。——中译者注

[2] 即心灵。

人不是一只手），也不是与部分完全相异的东西（没有部分，整体就不存在）。因此，他们认为，整体并非与部分相异的东西。由于好人作为一个整体而与他身上的统治性原则发生关系——他们把这种统治性原则等同于"有用的东西"，所以他们宣称，好人并非"与有用的东西相异的东西"。

因此，他们也主张"好"有三个意思。他们说，从一个意义上讲，"好"就是人们凭借它来获得有用的东西的东西；这是最主要的"好"[①]和美德；在另一意义上讲，好乃是一个能附带地产生有用的东西的东西，像美德和有德行的行为；第三个意思是，"好"就是能够成为有用的东西的东西，像美德、有德行的行为、好人、朋友以及诸神和好的精灵；因而好的第二个意义包含了第一个意义，第三个则既包含第一个意义又包含第二个意义。但有些人把好定义为"由于其自身的价值而被选择的东西"[②]，另一些人则定义为是"有助于幸福的东西或者是对幸福的补充"；而按照斯多亚派的说法，"幸福"就是"平静的生活"。

以上这些以及诸如此类的说法就是他们关于"好"的观念的主张。但是，如果把"好"说成是有用的东西或由于其自身的价值而值得选择的东西，或有助于幸福的东西，那么，这样做并非是在揭示"好"的本质，而只是在叙述它的某一个属性而已。这是没有意义的。因为上述这些属性要么只属于"好"，要么同时也属于其他事物。但是，如果这些属性同时也属于其他事物，那么当它们被这样运用到其他事物上时，它们就不再是"好"所特有的标志属性；然而如果它们仅仅属于"好"，那么我们就不可能从中获得一个"好"的概念。正如，没有"马"的概念的人不晓得"嘶鸣"是什么，并且不能由此得出"马"的概念，除非他首先遇到一匹嘶鸣着的马；同样，寻求"好"的本质的人也是如此，因为

[①] 即"基本的、根本的好"——是其他的"好"的源泉。第一层意义上的好是核心意义的好。它一步扩展为第二层的和第三层的好，就像同心圆的一步展开一样——所以第三层的含义包含了第二层，第二层的含义包含了第一层。

[②] 参看亚里士多德的《修辞学》第1卷。其他的定义是斯多亚派的。

他对"好"一无所知,不能察知"好"的独特属性,也就无法由此获得"好"的概念。他必须首先了解"好"本身的实质,然后才理解它是"有用的""出于自身的缘故而值得选择的"并能"产生幸福的"。但是,上述这些属性不能充分地揭示"好"的概念和实在本质,这一点从独断论者的实践中就可以看出来。也许大家都同意"好"是有用的,值得选择的(以至于"好"被有人说成是"令人愉快的")以及能产生幸福的;但是当被问到这些属性所从属的那个事物是什么的时候,他们便陷入了一场无望的争论之中;有些人说它是美德,另一些人说它是快乐,另一些人说它是无痛苦状态[1],还有另一些人说是其他的东西。然而,假如"好"的本质是能够从上述的各种定义中得到证明的,那么他们早就不会争执不休了——那只表明它的本性尚不清楚。

以上这些就是被认为是最出色的独断论者关于"好"的概念的分歧争端;而且他们对于"坏"也存在分歧,有些人将坏定义为"损害或并非与损害不同的东西"[2],另一些人定义为"出于自身的缘故而被回避的东西",还有另一些人定义为"能导致不幸的东西"。但是,由于他们用这些话所表达的并非"邪恶"的本质,而只是它的某些可能的属性,所以他们同样陷入了上述的逻辑悖论。

他们说,"无所谓好坏的"这个词在三个意义上被使用——在一个意义上,它不是爱好(inclination)的对象也不是厌恶(disinclination)的对象,例如"星星和脑袋上的头发的数量是偶数"这个事实;在另一个意义上,它是爱好或厌恶的对象,但是对这一个的爱好或厌恶并不超过对那一个爱好或厌恶,比如,当一个人必须从两个难以区分的银币中挑选一个时,因为虽然产生了要选择其中一个的倾向(inclination),但这并不

---

[1] 斯多亚派说"好"是美德,昔兰尼派和伊壁鸠鲁派说"好"是快乐,有的逍遥学派说"好"是无痛苦状态。

[2] "损害"或"伤害",这是"有用"或"有益"(斯多亚派对于"好"的定义)的对立面。

是认为这一个比另一个更好的倾向。他们说,"无所谓好坏的"这个词的第三个意义是"既无助于幸福,也无助于不幸的东西",如健康或财富;因为他们说一个人可以有时运用得好、有时运用得坏的东西,就是无关紧要的东西。他们声称会在伦理学中专门讨论这个问题。不过,关于这个概念我们应该采取什么样的观点,从我们刚才关于好的和坏的事物所说的话中也已经很明了了。

因此,显而易见,他们并未将我们引向关于上述几个事物的一个清晰的概念;然而他们在认识这些可能并不真实存在的事物时的失败经历不足为奇。因为有些人(指怀疑论)会基于下面的理由来证明:并不存在任何天然的[1]好的东西,或坏的东西,或无所谓好坏的东西。

23. 存在着天然就是好的、坏的或无所谓好坏的事物吗?

天然地就会发热的火在所有人看来都是发热的,天然地寒冷的雪在所有人看来都是寒冷的,天然地打动人的一切事物,应当打动所有那些据说"处于自然状态中的人"。但是,我们将要表明,在这些所谓的"好"中,没有一个能作为好来打动所有人;因此没有天然的好存在。他们断定,没有一个所谓的"好"能打动所有的人,这是显而易见的事实。因为,不必提及普通的人们——在普通人中,有些人把健康的身体状况当作好,另一些人把放纵生活当作好,还有其他一些人分别把暴食、醉酒、赌博、贪婪甚至更糟糕的事物当作好——某些哲学家自己(如逍遥学派)就说存在着三类"好"[2];在这些好当中,有些是有关灵魂的,如美德;另外一些是有关身体的,如健康及与之相似的东西;还有一些好是外在的,如朋友,财富及与之类似的东西。斯多亚派也认为好有三种;在这些好

---

[1] By nature, 翻译成"本性上的"、"自然的"或"天然的"都可以。——中译者注
[2] 参看柏拉图《法义》第3章,第697页。

当中，有些与灵魂有关，像美德；另一些是外在的，像好人或朋友；然而，还有另一些既不是灵魂的好也不是外在的好，例如好人对于他自己本身的意义。但是他们否认被逍遥学派当作"好"的身体状况是"好"。还有些人认为快乐是好，然而有些人断定它完全是坏，以至于一位哲学教师①真的宣称说："我宁可变得疯狂也不要快乐。"

如果天然打动人的事物可以打动所有的人，而我们却并没有同样地都被所谓的"好"所打动，那么就不存在天然的好的东西。实际上，我们既不可能相信这里提出的所有这些观点，因为它们彼此矛盾；也不可能相信其中的任何一个。因为如果一个人主张必须相信这个观点而不是那个观点，那么他就变成了争论的一方，为自己招来了持相反观点的那些人的反驳，结果他自己和其他人一样都需要一个仲裁者，而不是由他来对别人进行裁决。由于这些问题的尚未解决的争论，人们并没有达成一致的标准或论证，他将被迫悬搁对于这些问题的判断，因而他不能明确断定"好"的本性是什么。

再者，有些人认为"好"要么是选择行为本身，要么是我们所选择的东西。按照"选择行为"应有的意思来看，它不是好；否则的话，我们就会不急于去获得我们所选择的东西，因为我们会担心失去继续选择它的能力；例如，如果寻求得到饮料的努力活动是好的，那么我们就不会急于去获得饮料；因为当我们享用饮料的时候，我们就摆脱了对于获得饮料的寻求活动。这对于饥饿、爱情以及其他的事情也是这样。所以，选择本身并不是值得选择的，即使它实际上并非令人不愉快的；事实上，为了去除由饥饿所引起的不适，饥饿的人总是急于去吃东西；恋爱中的人与口渴的人同样也是如此。

但是好也并非是值得选择的东西。因为如果好是值得选择的东西，那么它要么是外在于我们的，要么是与我们相关的。但是如果好是外在

---

① 指犬儒派安提斯西尼 (Antisthenes)。

于我们的，要么它必定会在我们身上产生一种令人宽慰的变化、受人喜欢的状态以及愉快的感受，要么它对我们根本没有影响。如果好对我们而言并非不令人愉快的，那么它就不是好的，也不能吸引我们去选择它，好也就根本不值得选择。如果外在的对象在我们自身内部产生了一种适意的状态和愉悦的感受，那么这个外在的对象之所以值得选择，并不是出于它自身的缘故，而是出于由它所带来的这种内在的状态，因而本身值得选择的东西不可能是外在于我们的。好也不可能是与我们有关的；因为，它要么单属于身体，要么单属于灵魂，要么兼属于二者。但是，如果它单属于身体，那么我们的知觉就不可能注意到它；因为据说知觉是灵魂的属性，而他们认为身体就其自身来看乃是非理性的。如果好也与灵魂有关，那么这样一来，它之所以值得选择是由于它对灵魂以及灵魂中愉悦的情感所产生的影响；因为据他们所言，事物之被判定为值得选择，乃是通过理智而不是通过非理性的身体来判定的。

还剩下"好仅仅存在于灵魂之中"这种情况。但是，如果我们按照独断论者的论述来推断的话，这种情况也是不可能的。因为，也许灵魂实际上并不存在[①]；即使它是存在的，按照他们所说的来判断，它也是不可认知的，正如我在"论标准"这一节中所论述的那样。那么，一个人怎么敢断定，在一个他并无所知的事物中就必定会发生某事呢？即便略去这些反驳不谈，我们还是要问：按照他们的说法，好又是以何种方式出现在灵魂中的呢？因为，显然如果按照伊壁鸠鲁的说法，快乐就是目的，并且灵魂像其他一切东西一样，也是由原子组成的，那么，这就难以解释何以在一堆原子中会产生快乐和满意，或者何以会产生此物是好的、值得选择的，而彼物是坏的、应当避免的这样的判断。

[①] 参见第 2 卷的"论标准"。

24. 什么是所谓的"生活技艺"？[①]

斯多亚派还宣称灵魂之好就是某些技艺，也就是美德。他们说一项技艺就是"一个由协同运作的理解所构成的一个系统"[②]，而知觉就产生于灵魂的统治性（主导性）原则中。然而，在统治性原则中——据他们看来这种统治性原则就是"气息"——知觉的储藏又是如何发生的，从而如何产生"技艺"的？因为气息是流动的，并且被认为在接受每一个印象时都会整个地运动起来，那么，当每一个后来的印象把前面一个印象淹没的时候，很难想象会产生这种悟性的储藏。因为，说柏拉图所设想的那种灵魂结构——我指的是"可分的要素与不可分的要素的混合"，并且具有"相同"和"相异"的本性，[③] 或者是数——能够接纳好，这是毫无意义的。因此，好也不可能属于灵魂。然而，如果像我论证的那样，好不是"选择行为"，而且"本身值得选择的东西"既不外在地存在的，也不属于身体或灵魂，那么根本就不存在任何天然的好。

出于上述的理由，也不存在天然的坏。在某些人看来是坏的东西却被他人作为好来追求——例如，不节制、不正义、贪婪、酗酒以及类似的东西。如果天然存在的事物的本质乃是能够打动所有人，而所谓坏的东西并不能打动所有人，那么就没有什么东西天然地是坏的。

与此类似，没有什么东西是天然地无所谓好坏的，因为有关"无所

---

① 塞克斯都手稿中在此开始了新的一节，这可能是一个错误；因为紧接着的下面还在讨论"好"与灵魂的关联。"生活技艺"问题是到后来才讨论的。

② 斯多亚派认为美德就是"技艺"，因为美德是各种形式的知识，美德就是大量的、系统地相互关联在一起的知觉或"理解"的使用或"发挥作用"中。这些知觉"储藏"于心灵之中，而心灵则被理解成一种可塑的、流动的"气息"，当它的任何一个部分运动时，其整体也随之运动。

③ 参见《蒂迈欧》35 以下。 但是这里的"数"也可能指的是毕达哥拉斯学派的理论。

谓好坏的事物"存在着彼此分歧的观点。例如，斯多亚派主张在那些无所谓好坏的事物中，有些受到偏爱，有些遭到拒绝，还有一些既不受偏爱也不遭拒绝——受偏爱的东西有充分的价值，像健康和财富；遭拒绝的东西没有充分的价值，像贫穷和疾病；而像手指的伸曲之类的事情就属于既不受偏爱也不遭拒绝这种情况。然而，有些人主张，那些"无所谓好坏的事物"没有一个是天然地就为人所偏爱的或遭到拒绝的；因为由于环境的差异，每个无所谓好坏的事物都会时而受人偏爱、时而遭到拒绝。他们证明说：很显然，如果富人因暴君的攻击而受到威胁，而穷人却能身处和平之中，那么，每个人都会选择贫穷而不是富有；在这种情况下，财富就会遭人摒弃。只有大家都认为某事物是无所谓好坏时，它才能算是"天然的无所谓好坏的事物"，可是，既然对于每一个所谓的"无所谓好坏的事物"而言，总是有些人认为它是好的，其他人则认为它是坏的，那么，就没有什么东西天然就是无所谓好坏的。

或许有人认为勇气是天然地值得选择的东西，因为狮子似乎天然就是勇猛而有气魄的，公牛也是如此，有些人及雄鸡亦是这样，对此我们的回答是——怯懦也是天然地值得选择的事物之一，因为鹿、野兔以及很多其他动物天然地就是受此驱使的。大多数人也表明他们自己是怯懦的；很少有人会为了自己的城邦而献出生命，也很少有人会备受鼓舞地去做任何其他有胆识的行为——大多数人是不情愿做这样的行为的。

因此，伊壁鸠鲁主义者还认为自己证明了快乐是天然地值得选择的；他们说，对于动物而言，只要在正常情况下，它们一出生就会去寻求快乐和避免痛苦。但是，对于这些人我们可以这样回应——天然是好的东西不可能产生坏，而快乐产生坏；因为每种快乐都联系着痛苦，而痛苦在他们看来天然是坏的。例如，当醉汉酗饮的时候，暴食者饱餐的时候，好色之徒无节制地性交的时候，他们会感到快乐，然而这些东西会造成虚弱和疾病——诚如他们所言，这是痛苦而邪恶的。因此，快乐不是一种天然的好。与之类似，天然是坏的东西不可能产生好，而且痛苦会产生快乐；实际上我们是通过苦学才获得知识的，一个人并因此而拥有财富和情人；并且痛苦也能维护健康。因而劳苦并非天然地是坏的。实际上，如果快乐天然地是好的，劳苦天然地是坏的，那么如我们所言，所有人都会朝向快乐，然而我们看到很多哲学家选择了辛劳和艰苦，并鄙视快乐。

那些主张有德行的生活天然地就是好的人们也会遭到这个事实的反驳：即有些贤哲选择了包含快乐的生活①，所以，如果谁宣称"一个事物天然地就是这类或那类"，必然会由于独断论者之间的意见分歧而遭到反驳。

在说过这些以后，我们还可以再具体而简洁地去谈一下有关可耻和不可耻、神圣和不神圣、法律与习俗、对神的虔诚、对死者的敬重以及诸如此类的问题。这样一来，我们将会揭示出在关于什么应当做、什么不应当做上面的大量不同信念。

例如，在我们②当中，鸡奸被当作可耻的，甚或是非法的，但是在基尔穆尼人③看来，它并不可耻，而是一种习俗。据说，很久以前在底比斯，这种行为也不被当作可耻的；而且他们说，克里特人马里恩 (Meriones) 就是以克里特人的这种习俗来命名的；还有些人把帕特洛克勒斯 (Patroclus)④ 这个名字追溯到阿基里斯对他的炽热之爱。当犬儒哲学的信徒以及西提姆的芝诺 (Zeno of Citium)、克里安提斯 (Cleanthes)、克吕西波 (Chrysippus)⑤ 的追随者宣称这种习惯无所谓好坏时，又有什么奇怪的呢？公开地与一个女人做爱尽管被我们视为可耻，但有些印度人并

---

① 即昔兰尼派。
② 这一章中的"我们"指的是希腊人，尤其是雅典人。
③ Germani，波斯人的一个部落。
④ 荷马史诗《伊利亚特》中提到的阿基里斯的挚友。参看柏拉图《会饮》180A。
⑤ 这三个人是早期斯多亚派的主要代表人物。此处所提到的斯多亚伦理学的令人难堪的特征被许多阐述斯多亚思想的人所忽视，不过普鲁塔克提到过。也许这来自早期斯多亚学派所赞同的犬儒派的"回到自然"的运动。"按照自然生活"可以意味着"别理睬习俗道德"或"不要再压抑你的自然本能"。不过，斯多亚派与犬儒派不同，并没有实践这些骇世惊俗的理论。

不这么认为；至少他们会毫不在乎地公然做爱，就像传说中的哲学家克拉底那样。而且，在我们看来卖淫是可耻而丢人的事情，但是在很多埃及人看来那应当受到高度的尊重；至少，他们说那些拥有最多数量情人的妇女佩戴着装饰华丽的踝环，以此作为她们引以为傲的地位的象征。①埃及还有些女孩在婚前通过卖淫来积攒嫁妆，之后才结婚。我们看到斯多亚派也认为和妓女在一起或依赖卖淫过活算不了什么大事。

而且，在我们看来文身是可耻而堕落的事，但是很多埃及人和萨尔马提亚人给他们的后代文身。在我们看来男人佩戴耳环是可耻的事情，但是在一些野蛮人比如叙利亚人中，这是一种高贵的象征。有些人还在他们孩子的鼻壁上穿孔并悬饰金环或银环，以此表明他们更加高贵——我们没有人会这样做，正如这里没有人会穿着用花装饰的垂到脚面的长袍，尽管这被波斯人视为极为高贵庄重的，但在我们看来却是一件令人羞耻的事情。当西西里的僭主狄奥尼索斯 (Dionysius) 送给柏拉图和阿里斯底波 (Aristippus) 一套这样的服饰时，柏拉图用这样的话来拒绝："我是须眉男子，绝不能着女子装束"；但是阿里斯底波却接受了它，他说："即便在狂欢之时，贞节者总能保持她的贞洁。"因此，即使在这些贤人当中，虽然有人视这种行为为可耻，但也有人不以为然。在我们看来，和自己的母亲或姐妹结婚是罪恶的，但是波斯人特别是他们之中那些以践行古训而驰名的僧人 (the Magi)，却与他们自己的母亲结婚；埃及人娶姐妹为妻，甚至正如诗人所说：

"宙斯就这样与赫拉 (Hera) 说话。赫拉是他的婚配妻子，也是他的姐姐。"②

而且，西提姆的芝诺说，对于一个男人而言，用他自己的隐秘部位触碰他母亲的隐秘部位并没有什么不妥的，正如没有人会认为他用手触

---

① 参看希罗多德《历史》第 4 卷。
② 荷马：《伊利亚特》第 18 章。

碰他母亲身体的其他部位有什么不当一样。克吕西波也在他的《国家篇》中赞成父女、母子、兄妹通婚生子。柏拉图更为概括地宣称说应当实行公妻制。手淫在我们看来是讨厌的,而芝诺却并不反对;我们还得知其他人也践行这种恶行,似乎它是一件好事似的。

而且,在我们看来吃人肉是罪恶的,但是在野蛮人的所有部落当中这是无所谓的。然而,我们不用说什么"野蛮人"了,因为提丢斯(Tydeus)便吞下了敌人的脑袋,而斯多亚学派也宣称一个人吃其他人或自己的肉并没有错。我们很多人认为以人血玷污神坛是有罪的,但是拉哥尼亚人(Laconians)却在猎神的祭坛上狠狠地鞭打自己,希望大股的血可以铺满女神的祭坛。而且,有人用人牲给克洛诺斯神献祭,就像斯基亚人以陌生人作祭品来给阿耳特弥斯女神献祭那样;然而,我们却认为神圣的场所会被杀人所玷污。奸夫当然会受到我们的法律的惩罚;但是在某些民族当中,和别人的妻子做爱是件无所谓的事情;而且有些哲学家①也认为和别人的妻子做爱是无所谓的。

我们的法律责成子女要善待他们的父亲,而斯基亚人当父亲超过六十岁的时候就将他们的喉咙割断。当我们看到克洛诺斯(Cronos)用镰刀割掉其父的生殖器,宙斯又将克洛诺斯推入地狱之中,而雅典娜(Athena)在赫拉和波塞冬(Poseidon)的帮助下试图给她的父亲戴上脚镣时,这些又有什么奇怪的呢?更有甚者,克洛诺斯决意杀死自己的孩子,而梭伦(Solon)给雅典人所立的豁免法里还规定了每个人都有权杀死自己的孩子;然而我们的法律则禁止杀死子女。罗马的立法者规定子女是父亲的臣民和奴隶,对子女的财产的支配权属于父亲而不属于子女,直到子女像买来的奴隶那样获得自由为止;但是这个习俗因其过于专横而为另外一些民族所拒绝。法律规定杀人者应当受惩罚;然而角斗士杀了人却经常受到赞誉。再者,法律禁止殴打自由人,然而当运动员殴打甚或

---

① 犬儒派的第欧根尼。

杀死自由人的时候，却被认为是应当为此而接受奖赏和荣誉。我们的法律要求每个男人只有一个妻子，但在色雷斯人和加图利亚人(Gaetulians，一个利比亚部落)那里，每个男人可以有很多妻子。海盗行为在我们看来是非法而且有罪的，但是很多野蛮人并不这么认为。实际上据说西里西安人(the Cilician)常常把海盗行为看作一项体面的工作，以至于他们认为那些在海上劫掠过程中丧生的人们应当被授予荣誉。根据诗人的叙述，奈斯特[①]在欢迎忒勒马科斯(Telemachus)和其战友后，对他们这样说道：

"告诉我，你们是否像海盗一样，四处游荡？"

然而，如果海盗行为是不正当的，他就不会以这种友好的方式欢迎他们，因为他猜想他们或许就是这种人。而且，盗窃在我们看来是非法而有罪的；然而有些人认为赫耳墨斯(Hermes)是一个偷窃成性的神，所以他们认为这种做法无罪——因为神怎么能是恶的呢？有人说拉哥尼亚人也惩罚那些偷盗的人，但并非是因为他们偷盗而是因为他们的偷盗被人发现了。在很多地方，懦夫和战争中弃盾而逃的人要受到法律的惩罚；这正是为什么拉哥尼亚人的母亲在儿子出征之际把盾交给儿子时会说："我的孩子，要么持盾凯旋而归，要么躺在盾上被抬回［战死］。"然而阿基罗古斯(Archilochus)却向我们夸耀他在弃盾之后拔腿而逃，在他的诗作中他这样说自己：

> 对着我的盾牌，一个赛安族(Saian)的战士志得意满，
> 一张毫无裂缝的盾牌，尽管不大情愿，
> 我还是将其弃于灌木丛旁，自己却逃之夭夭，
> 躲过了覆灭全军的死亡。

希腊神话中亚马逊族女战士(Amazons)总是弄残后代中的男性，从

---

① 奈斯特(Nestor)是特洛伊战争时希腊的贤明老将。

而使他们无法从事有男人气概的行为,而她们自己则参加战事;虽然在我们国家看来,相反的做法才被认为是正确的。诸神之母①也赞成女子气,而如果缺乏男子气天然就是坏的,那么女神就不会做出这样的判定了。因此,关于正义和非正义以及男子气的优秀等问题有很多种不同的观点。

围绕着宗教和神学的问题,也充满着激烈的争论。虽然大多数人认为神存在,但有些人则反对神的存在,比如美罗斯的第阿哥拉斯学派 (the School of Diagoras of Melos)、第奥多罗斯以及雅典人克里底亚斯 (Critias)。②在主张神存在的那些人当中,有人信仰传统的神,另外有人信仰独断论体系中所构建的那样的神——如亚里士多德主张神是无形的"天之界限",③斯多亚派的神是弥漫于一切事物乃至肮脏事物之中的"气息",伊壁鸠鲁的神具有人的形状,赛诺芬尼的神则是"毫不受外界影响的球体"。有些人认为神关心人间事务,另外一些人则认为神不关心人间事务;例如伊壁鸠鲁宣称"神圣而不朽的东西既不会自己感到烦恼也不会给别人带来麻烦"。而且,普通人对这些问题也有分歧,有些人主张只有一个神,另外一些人则主张有很多神并且有各种不同形状;实际上,他们中的某些人甚至拥有与埃及人一样的观念,因为埃及人信仰的神有狗面的、鹰形的、牛或鳄鱼状的以及其他东西所具有的形状。

而且,葬仪和祭祀也表现出极其多样的分歧。因为在有些仪式中被当作神圣的东西在其他的仪式中则被认为是不神圣的。但是如果神圣和不神圣的事情是天然地存在着,那么就不会如此了。因此,例如,没有人会向萨拉皮斯神 (Sarapis) 献祭猪,但是人们却向赫拉克勒斯 (Heracles) 和阿斯克勒皮乌斯 (Asclepius) 献祭猪。向伊西斯 (Isis) 献祭绵羊是遭禁

---

① 即西拜尔 (Cybele),她的祭司都是宦官。

② 第阿哥拉斯是大约公元前 420 年的一个原子论者和诗人;克里底亚斯是一位演说家和诗人,是大约公元前 404 年的雅典"三十寡头"专制中的一员。

③ 亚里士多德的现存著作中没有这样的神的定义。不过参看《论天》中说到神居于宇宙的最外、最高端。

止的，但是在向诸神之母和其他的神表示敬意时却可以用绵羊做祭品。在迦太基，人们以人牲为祭品来向克洛努斯献祭，尽管这种做法在很多人看来是一种不敬神的行为。在亚历山大城，他们将猫献祭给何露斯(Horus)①，将甲壳虫献祭给赛蒂斯(Thetis)②，而在我们这里没有人会这样做。他们以马向波塞冬献祭；但是对于阿波罗(特别是蒂迪迈人的阿波罗神)来说那种动物是令人讨厌的东西。向猎神献祭山羊是一种不敬神的行为，但对于阿斯克勒皮乌斯而言则不然。我还可以列举一大堆类似的例子，但是既然我的目的在于简洁明了，那些就略去不谈了。然而，可以肯定的是，如果确实就存在着天然就神圣或不神圣的祭品，那么它早就得到所有人的共识了。

关于食物的宗教禁忌也各不相同。犹太人和埃及的祭司宁可死也不吃猪肉；品尝羊肉被利比亚人当作一件极不敬神的事情，吃鸽子被一些叙利亚人当作一件极不敬神的事情，另外还有人把食用祭祀用品当作一件极不敬神的事情。在某些宗教祭祀中，吃鱼是合法的，在其他的宗教祭祀中则是不敬神的。在埃及的一些贤者当中，有些人认为吃动物的头是罪恶的，有些人则认为吃动物的肘子是罪恶的，有的认为吃动物的足有罪，有的则认为吃动物的其他某个部位有罪。没有人会拿来洋葱向派路修的卡西乌斯(Casius of Pelusium)③ 的宙斯献祭，正如没有一位利比亚的阿佛洛狄特神(Aphrodite)祭司会品尝大蒜一样。在一些宗教祭礼当中，薄荷是被禁止的；而在另一些宗教祭礼中，猫薄荷(Catmint)则是被禁止的，还有一些祭祀禁止欧芹。有些人宁可吃老爸的头也不吃豆子。④ 然而在另外一些人当中，这些东西是无所谓的。吃狗肉也被我们认为是罪恶的，但是据传有些色雷斯人就是吃狗肉的。也许在希腊人当中这种做法

---

① 埃及太阳神。
② 海上女神之一。
③ 尼罗河三角洲的东部的一个地方。
④ 可能是毕达戈拉斯学派的一个禁忌。

也是一种习俗；由于这个原因，第奥克勒斯[1]受到阿斯克勒比亚德派 (the Asclepiadae)[2] 的做法的启发，建议给某些病人吃狗肉。正如我已经说过的那样，有些人甚至毫不在乎地食用人肉，而这在我们看来是有罪的。然而，如果关于宗教礼仪和禁忌食物的规范天然地就存在着，那么它们就应当会被所有人都同样地遵守。

相似的说明也可以用于对逝者的尊敬。有些人将死者完全地裹起来，然后将死者实行土葬，他们认为将死者暴露于日光之下是对死者的大不敬；但是埃及人将死者的内脏掏出并给死者涂上防腐的药物，然后将它们置于地面之上，与活着的人在一起。埃塞俄比亚人中的食鱼部落将死者置于湖中，任凭鱼将死者吞食；赫尔卡尼亚人 (Hyrcanians) 将死者作为狗的猎物，有些印度人则将死者作为秃鹫的猎物。他们说红海两岸的一些穴居人把尸体运上山，在把死者的头拴到脚上之后，他们在欢声笑语中用石头将尸体埋下；当在尸体上堆了一堆石头时，他们便离去。有些野蛮人杀死并且吃掉那些超过六十岁的人，却把那些夭折的年轻人埋在地下。有些民族焚烧死者；在这些民族中，有的会收回并保存死者的骸骨，有的则任死者的骨头四散而毫不在意。他们说波斯人钉住死者，并用硝石涂尸防腐，然后他们将死者裹在绷带里。至于其他民族和我们是如何为死者感到悲伤的，下面我们将来考察。

有些人确信死亡本身是可怕的，另外一些人则不然。欧里庇得斯这样说：

> 谁能知道，
> 九泉之下，是否，
> 生不过是死，而死却被看作是生？

---

[1] Diocles，公元前 4 世纪的一位名医。
[2] 最早的希腊医疗行会。

而伊壁鸠鲁则说"死亡对我们来说算不了什么，因为已经分解消散的东西是没有感觉的，而没有感觉的东西对我们来说就什么也不是"。他们还认为，由于我们是灵魂和肉体复合而成的；所谓死亡，就是灵魂和身体的分解。所以当我们存在时，死亡不存在（因为我们并没有被分解）；当死亡存在的时候，我们已经不存在了；因为一旦灵魂和肉体的复合物停止存在时，我们也就停止存在了。赫拉克利特说，生和死既存在于我们的生命状态中又存在于我们的死亡状态中；因为当我们活着时，我们的灵魂是死的并葬于我们之中，而当我们死去的时候，我们的灵魂便复活了。有些人甚至认为对我们而言死去比活着更好。因此，欧里庇得斯说：

> 我们更应该聚在一起，
> 为新生的婴儿悲戚，
> 他将有如此的疾苦无法回避；
> 而死者却早已将不幸抛弃，
> 我们应该怀着快乐和欣喜，
> 把他从家中抬出。[①]

下面这些诗句也出自同样的感慨：
对于凡人来说，最好不要降生，

> 也不曾看到那耀眼的阳光照射；
> 万一降生了，
> 那就尽快跨入冥界之门，
> 静静地躺着，任凭那厚厚的黄土覆盖身上。

[①] 欧里庇得斯残篇449。

我们也都知道关于克莱奥比斯 (Cleobis) 和毕同 (Biton)[①] 的故事，希罗多德在讲到阿开亚女祭司的传说时说到过他们。据说有些色雷斯人会围坐在新生儿的周围并唱起挽歌。因此，死亡不应该被认为天然地就是一件可怕的事情，正如生活不应当被认为天然地就是一件好事情一样。所以，上面提及的东西当中没有什么天然地就具有这种属性或那种属性，所有的事物都是习俗约定的和相对的。

同样的论述方法也适用于其他每一种风俗；由于我们的解说的概括性，我们就不再描述它们了。关于某些风俗，即使我们在当下不能立即说出它们的分歧和差别，我们还是应当看到，有关它们的分歧很可能存在于为我们所不知的某些民族之中。正如如果我们不知道埃及人当中有兄妹通婚的风俗，那么我们可能就会错误地断言：兄妹通婚这一风俗是被普遍禁止的。而且，甚至对于那些我们没有看出有什么差异的风俗，我们如果断言关于它们不存在什么分歧，也是不恰当的；因为如我所说的那样，关于它们的差别也可能存在于为我们所不知的民族之中。

因此，由于看到习俗上如此巨大的多样性，怀疑论对于是否天然地就存在好与坏、当做与不当做的事情这样的问题，只能悬搁判断，由此避免独断论的轻率；怀疑论者将会非独断地遵循生活的普通规则，并因此而对各种意见争论保持无动于衷；当他必须动情时，则尽量温和平静；尽管作为一个人，他通过感觉而经受情绪的影响，然而由于他并不认为他所经受的事情是本质上坏的，所以他的情绪就比较温和平静。因为断定某事本身就具有如此这般的性质，乃是人自己附加上去的主观意见，这种东西将会比实际遭受的苦难更为糟糕，这就像有时候病人自己可以忍受外科手术，而旁观者却会昏厥过去，因为旁观者认为那是一件可怕的经历。但是，实际上，以为天然地存在着"好"与"坏"、"当做"与

[①] 克莱奥比斯和毕同的母亲是阿哥斯的女祭司，她曾祈求女神将凡人所能享受的最大恩惠赐予她的两个儿子。结果就在当天晚上，这两个人在睡眠中死去。

"不当做"的事情的人，就会以多种方式遭受不安。当他经受被他当作自然的坏的东西时，他以为自己正在遭到复仇女神的追逐；当他拥有在他看来是好的东西时，他又会傲慢起来，并且唯恐失去它们，费尽全力避免让自己再度沦入他认为是"自然的坏"的状态中，于是他便陷入不同寻常的巨大焦虑之中。有些人认为好是不会再度失去的[①]，对于这种看法，我们可以通过由他们之间的争论所引起的怀疑而将他们反驳得哑口无言。因此，我们得出的结论是——如果产生坏的东西是坏的，而且是应当避免的，并且如果"这些东西是好的、那些东西是坏的"这样的信念自然就会造成焦虑不安，那么，任何东西"在其真实本质上要么是好的，要么是坏的"这个设定和信念就是坏的，而且就应当消除之。

现在，对于好、坏及"无所谓好坏的"中性事物的说明已经足够了。

25. 存在着"生活技艺"吗？

从上面说到的那些话中不难看出，并不存在什么生活技艺。因为，如果这样一种技艺存在，那么它必定与对好、坏及无所谓好坏的事情的思考有关，既然这些东西不存在，那么生活技艺也就不存在。再者，独断论者并未一致地主张同一种生活技艺，而是有的提出一种技艺，有的提出另一种技艺，所以他们彼此矛盾，因而必然会遭受我在对"好"的讨论中所提到的源于这种矛盾的反驳论证。然而，即使他们都赞同生活技艺只有一种——比如说是斯多亚派所梦寐以求的"明智"，这确乎看上去比其他哲学家提议的东西更有说服力——伴随而来的结果却会是同样的荒谬。由于"明智"是一种美德，而唯有贤哲才拥有美德；斯多亚派并不是贤哲，[②] 因而也就不可能拥有生活技艺。更为一般地讲，由于按照

---

① 犬儒派和某些斯多亚派如是说。另外一些斯多亚派另有不同的说法。
② 前面已经论证了"贤哲"不存在。

他们的观点,任何技艺都不可能存在,生活技艺也就不可能存在,这些都是从他们自己的话中推出来的。

例如,他们认为技艺是"由理解(apprehension)组合而成的",而理解则是"对可理解的印象的赞同"。但是可理解的印象是难以发现的;因为每个印象都是难以理解的,而且也不可能判定哪个印象是可理解的印象,因为我们不能简单地根据各个印象就判定哪个印象是可理解的,哪个不是;然而,如果为了判定哪一个印象是可理解的,我们必须有一个可理解的印象,那么我们就会陷入无穷的倒退,因为,为了判定一个印象是可理解的,我们总是要寻找另一种印象。在提出有可理解的印象这个概念时,斯多亚派的做法在逻辑上是有错误的;因为他们一方面说,可理解的印象就是来自真实存在对象的印象,另一方面又说真实存在的对象就是能够产生可理解的印象的对象,从而陷入了循环推理的荒谬性之中。如果要论证生活技艺存在,首先技艺必须存在;如果技艺要存在,则理解必须先在地存在,如果理解存在,则"对可理解的印象的赞同"必须被理解;但是可理解的印象是难以发现的——那么,生活技艺也是难以发现的。

另一个论证是这样的:每种技艺都是通过自己独特的产品而被理解到的,但是并不存在"生活技艺"的独特产品;因为你可能提到的任何作为生活技艺的产品的东西——例如荣耀父母,偿还押金,以及其他类似的事情——也同样为常人所具有。因此,没有什么生活技艺存在。我们不能像某些人所断言的那样,从明智者表面的言行中就断定那一定是[内在的]明智状态的产物。因为明智状态本身就是难以理解的,明智状态既不能直截了当地显现出来,又不能从其"产品"中为人所了解,因为明智的行为在普通人身上也可以看到。有些人声称,我们可以通过一个人的行为的固定不变的特性来识别拥有了生活技艺的人。[1] 我认为这些

---

[1] 即始终一贯地表现良好,无可指责。

人过高地估计了人的本性,他们与其说是真理的宣告者,不如说是幻想家:

> 正像不朽的神灵赐给了他们这些日子一样,
> 神也带给了凡人这样的心灵。①

还有人这样主张:生活技艺是通过他们在书中所描绘的那些为数众多的效果而被人理解的;我将从中抽取一些作为例子。例如,作为那个学派[斯多亚派]领袖的芝诺,曾经就教育问题著书立说道:"在性的关系上,对于喜欢的和不喜欢的儿童不要区别对待,对于男人和女人也无必要区别对待,无论你是喜欢还是不喜欢他们;要一视同仁,同样对待他们。"谈到对父母的孝敬,这个人在论说关于伊俄卡斯特(Jocasta)和俄狄浦斯(Oedipus)的故事时提出,俄狄浦斯触碰其母并不是什么令人惊骇的事情:"如果她身体的某个部位承受着病痛,而他用手抚摸该部位有益于她,这并不可耻;那么,如果他抚摸她其他部位以结束她的痛苦并给予她以快乐,而且通过他的母亲获得高贵的子女,这难道会是可耻的吗?"克吕西波也赞同这种看法。至少他在他的《国家篇》一书中说到:"我同意那些做法——即使在现在,这些做法在很多民族中也是习以为常的——按照那些做法,母子通婚、父女通婚和兄妹通婚并生儿育女。"在同一著作中,他接着提议在我们当中实行同类相食的习性,他说到:"如果从活着的身体上割下一块适于食用的肉,那么我们不应将其埋葬,也不应将其扔掉,而是要吃掉它;这样,从我们原有的部分中就可以长出新的部分。"有关埋葬父母的问题,他在《论义务》一书中明确地说:"当我们的父母辞世的时候,我们应当采用最简单的埋葬形式,仿佛身体——像指甲、牙齿、头发一样——对我们而言没有什么意义一样;我们对这些东西丝毫不必关心和注意。因此,人们应当享用适于食用的人肉,正

---

① 参看荷马《奥德赛》第18章。

如当某些部位如人足被砍下时，如此处置它以及其他类似的部位也是完全恰当的；但是，当人肉不适于食用时，那么他们要么将其埋葬然后离去，要么将用火将其化为灰烬，要么将其抛得远远的，就像对待指甲或头发那样弃之不顾。"

哲学家们的理论之中大多都是这样的；但是他们并不敢将理论付诸实践，除非他们生活在独眼巨人或莱斯特吕恭(Laestrgones)[①]的法律管辖之下。但是，如果他们完全不可能如此行为，而且他们在实际生活中的行为也和普通人没什么两样，那么，也就没有什么行为是专门属于那些被推测为"拥有生活技艺"的人了。因此，如果生活技艺必定是通过其特有的效果而被人理解的，而所谓的生活技艺又没有什么特有的效果能被观察到，那么，这种技艺也就无法被人理解。因此，关于生活技艺，没有人能够明确地肯定它真的存在。

26. 人类当中出现了生活技艺吗？

如果人类当中存在着生活技艺，那么，它要么是天生就有的，要么就是通过后天学习和传授产生的。但是，如果生活技艺是天生就有的，那么，这要么是就人是人时而言，要么是就人不是人时而言。显然，它不可能是就人不是人而言，因为说人不是人，这不合乎事实。但是，如果它是就人是人而言，那么"明智"就会属于所有人；这样，所有的人都会是明智的、有德行的和智慧的。但是他们却把大多数人都说成是坏的。这样一来，即便就人是人而言，生活技艺也不可能天生就属于人。因而，生活技艺是不可能天生而来的。而且，既然他们坚持认为技艺是"一个由协同运作的理解所构成的系统"，那么，他们这就已经表明了：和所有其他的技艺一样，我们所讨论的那种技艺也是通过某种努力和学习而获得的。

---

① 这些都是西西里的野蛮人。参见荷马《奥德赛》第1、10章。

27. 生活技艺能教吗？

但是，生活技艺也不能通过传授和学习而获得。为了使"学习"和"传授"能够得以存在，必须首先确定三件事情——被教的东西，老师和学生，学习的方法。但是，所有这些东西没有一个存在，所以"传授"也就不存在。

28. 教育的内容存在吗？

首先，被教的东西要么是真的，要么是假的；如果它是假的，那就不能教，因为他们断言虚假是不存在的，而不存在的东西是不可教的。然而，如果是真的，也不能教，因为我们在"论标准"这一节中已经说过真理是不存在的。如果真的和假的东西都不能被教，而且除此之外又没有什么可以被教了（因为没人会说：虽然这些不可教，但他可以教模糊可疑的东西①），那么就没什么可教的东西了。再者，被教的东西要么是明白的，要么是不明白的。如果它是明白的，也就不需要教了，因为明白的东西对于所有人来说都是明白的。如果它是不明白的，那么正如我常常指出的那样，它就会由于无法解决的意见分歧而无法被人理解，因而也就不能被教了——人们怎么能够传授或学习他们所不能理解的东西呢？但是，如果明白和不明白的东西都不能被教，那么也就没任何可以教授的东西。

再说，被教的东西要么是有形的，要么是无形的；而不论是有形的、还是无形的东西，或者是明白的、或者是不明白的；然而，按照我们刚才所做的论证，明白的与不明白的东西都是不能被教的。因此，没什么东西可教。

---

① 这大概是指"处于真理与虚假之间的"东西。

再者，可以被教授的东西要么是存在的东西，要么是不存在的东西。但是，不存在的东西是不可教的，因为如果不存在的东西可教，那么不存在的东西就是真实的，因为传授总是关于真实的东西的；而如果它是真实的，那么它也就是存在的；因为他们说"真实的东西就是存在的并且与某物相反的"①。但是，说不存在的东西存在是荒谬的；因此，不存在的东西是不可教的。然而存在的东西也是不可教的。如果存在的东西是可教的，那么，它之可教要么是就其是存在的而言，要么是就其是其他别的东西而言。如果是就其是存在的而言，那么它就是一件存在着的东西，因而也就是一件不能教的东西；因为"传授"应当从某种无须教的公认事实开始。②因此，存在的东西就其是存在的而言是不能教的。实际上，就其是其他别的东西而言，它也不能教，因为"存在的东西"不可能被附加上任何非存在的东西，因而，如果存在的东西就其是存在的而言是不可教的，那么就其是其他别的东西而言，也是不可教的；因为一切依附于存在者的东西都是存在的。再者，可教的存在的东西，不论其是明白或不明白的，都难以避免我们前面所说的那些荒谬性。但是如果存在的东西和不存在的东西都不可教，那么也就没有任何东西是可教的。

29. 存在着教师和学生吗？

上面的反驳同时也包含了对教师和学生的存在的反驳，尽管教师和学生的存在本身还面临着其他许多的质疑。因为，只可能存在这么四种情况：专家教专家，非专家教非专家，非专家教专家，专家教非专家。但是，专家不能教专家，因为他们作为专家都不需要人来教。非专家也

---

① 这是斯多亚派的关于"真实的"与"真理"的看法。此处所谓的"与真实相反的某物"应当指的是"虚假"。
② 参看亚里士多德《后分析篇》1.1。

不能教非专家，这就像盲人不能引领盲人一样。非专家也不能教专家，因为那是荒谬的。剩下的唯一一种情况是专家教非专家，而这也是不可能的事。因为，技艺专家之存在被认为是根本不可能的事情：我们既没有看到什么人一生下来就是专家，也没有任何人从非专家变为专家。因为要么一个课时的学习或一次理解就能使非专家变为专家，要么根本就没有这回事。① 但是，如果一次理解便能使非专家成为专家，那么，首先我们就完全可以说，技艺不是一个"由众多理解所构成的系统"；这样一来，一个一无所知的人，只要被教了一个课时的技艺，就会被冠之以专家之名。其次，也许有人可能会说，如果有人已经获得了某些技艺的原理，但由于还欠缺一项技艺原理而不能成为专家，故而只要此人一获得这一项原理，那么他就立刻借助于这一个理解而从非专家变成了专家。这样说的人是在胡说八道。我们完全不可能找出这样一个人来，此人还不是专家，却只要再额外学习一项技艺原理，就能成为一个专家。因为可以肯定的是，谁也无法计算出每一种技艺中的原理的数量，从而知道哪些已经习得了，可以置于一旁，然后就指出还需要再学习多少原理，从而构成该技艺的原理的总数。因此，仅仅学习一个原理并不能使非专家变为专家。然而，如果这是事实的话，那么，由于没有人能一下子学得所有的技艺原理，而是必须逐个地学得——我们暂且假定单个原理的习得是可能的——结果只能是：被认为是逐个地学得技艺原理的人就不能被冠之以"专家"之名。因为我们可以回顾一下上面的这个结论：学习一项原则并不能使非专家成为专家。所以，不可能有人能从非专家变为专家。因此，根据上述理由，技艺之专家显然是不存在的；于是，当然也就不存在教师了。

---

① 这里的论证思路是：非专家不能成为专家有两个理由：(1) 通过一课学习，当然不行；(2) 通过许多课组成的一门课程，也不行，因为这些课还是一个一个地组成的。此处讲的"理解"(apprehension)的意思是对所传授的一个真理或技艺的原则或手艺的把握。"技艺"则被定义为这些知识片段的"系统"。

如果所谓的"学生"并非专家的话，那么这个学生也不可能学会和理解他所不懂的技艺的原理。这就像生下来就盲的人无法感知颜色，生下来就聋的人无法感知声音一样，同样，非专家也不会理解他所不懂的技艺原理。因为如果他理解了他所不懂的技艺原理，那么在同样的事情上，这同一个人就会既是专家又是非专家——他是非专家，因为我们这里是这样假定的；他又是专家，因为他理解了技艺的原理。因此，专家教非专家也是不可能的。但是，如果既不是专家教专家，不是非专家教非专家，不是非专家教专家，也不是专家教非专家，而且除此之外又别无选择，那么结果只能是：既不存在教师，也不存在"传授"。

30. 学习方法存在吗？

如果学生和教师都不存在，那么也就没有什么教学方法可言了。而且，这一点从下面的理由看也是争论不休的。教学方法要么是借助视觉的证据，要么是通过口授而存在；但是，正如我们将要表明的那样，教学方法既不是借助视觉的证据也不是通过口授而存在的，因而，学习的方法也是很难发现的。

教学并不是通过视觉的证据来进行的，因为视觉的证据存在于那些显示出来的东西当中。但是显示出来的东西对于所有人而言都是明白的；而作为明白的东西，它可以被所有人感知到；而能被所有人共同感知到的东西就无须再教了；因此，没有什么东西能够通过视觉的证据而被传授。

实际上，也没有什么东西可以通过口授的方式传授。言词要么表示某个事物，要么什么都不表示。但是，如果言词什么都不表示，那它就无法传授任何东西。如果言词表示某物，那么，它要么自然而然地就是这样的，要么是约定俗成的。但是，言词并非自然而然就有这样的意义的，因为人们并不都理解所有他们所听到的言谈话语，例如当希腊人听到野蛮人谈话或野蛮人听到希腊人谈话时。如果言语是通过约定而有意义的，那么很明显，那些事先已掌握了某些词语所对应的对象的人们，就会通过回忆和想起他们所熟知的东西来理解外在对象，而不是通过被语词教导的那些他们所不知道的东西来理解；而那些要学习自己所不知道的东西并且对词语所指称的事物一无所知的人们，就什么都理解不了。因此，学习方法也不可能存在。因为，事实上，老师应当把他所教的技艺的原理的理解传授给学生，以便学生能够把技艺的原理作为一个理解的系统来把握，从而成为专家。可是，如我们前面所证明的，理解并不存在；因此，教学方法也无从存在。如果所教的东西不存在，老师和学生也不存在，而且学习方法也不存在，那么学习和传授也就不存在。

针对学习和传授所提出的一般性反驳就是这些。在所谓"生活技艺"的教学中，也可以举出同样的困境。例如，我们前面已经证明了，被教的东西即"明智"是不存在的，而且老师和学生也不存在。要么明智者教明智者以生活技艺，要么不明智者教不明智者，要么不明智者教明智者，要么明智者教不明智者；然而这些都是不可能的，所以所谓的生活技艺并不能被传授。也许再去提其他的论证已经是多余了，只要看看这一点就清楚了：如果明智者教不明智者以明智，并且明智是"关于好、坏及不好不坏的知识"，那么，由于不明智者不拥有明智，他对于好、坏以及不好不坏的事物也就一无所知；由于不明智者一无所知，所以，当明智者教他什么是好、坏及不好不坏时，他只闻其言却对言之何物不得而知。因为如果他在不明智的状态中能领悟这些，那么不明智也就能够理解什么是好、坏及不好不坏了。但是，按照他们的观点，不明智是断然不能理解这些东西的；因为一旦如此，则不明智者就会成为明智的了。因此，按照明智的定义来说，不明智者无法领会明智者的言行。正因如此，不明智者不能被明智者教导。而且，如我在上面所说的那样，他也不能通过眼观或口授的方式被教导。总而言之，如果所谓的生活技艺既不是通过学习和教导的方式传给任何人的,也不是自然而然地发生的,那么被哲学家们如此推崇的"生活技艺"就是不可能找到的了。

即便让我们大方地承认这种虚幻的生活技艺能够传授给某些人,结果依然不妙:它对它的拥有者将会是有害而无益,它会令人烦恼不安,而不会使人从中获益。

31. 生活技艺有益于它的拥有者吗?

对于这一点,我们只要在众多的论证中举出几个作为例子加以说明就够了。比如,生活技艺或许被认为有益于睿智者,因为它会令睿智者在对善的冲动和对恶的抵触中保持节制。被冠之以"有节制的贤者"之名的人之所以被称为有节制的,要么由于他从未感受到对善的冲动和对恶的厌烦,要么由于他在两方面只有轻微的冲动并通过理智而将其克服。但是,如果他从未感受过做坏的决定的冲动,那他就不是"自我节制的",因为一个人不能控制他所没有的东西。正如没有人会称阉人在性事上是节制的,或者称一个胃口不好的人对于宴饮的快乐是节制的(因为他们对于这些东西根本就感受不到吸引力,从而也就无从"通过节制来克服"它们)——同样,我们不应当称贤者是有节制的,因为贤者并不拥有他可以对之施加控制的自然感受。如果他们声称,贤者之所以是节制的,乃是因为贤者虽作出坏的决定,却可以通过理智来克服,那么,首先,他们就得承认,当贤者烦扰不安并需要帮助时,明智却对他并无益处;其次,他甚至比那些被他们冠之以恶人之名的人更加不幸。因为如果他对某事物产生了冲动,那么他必定已经受到了烦扰;而如果他通过理智将其克服,那么他便会记住那些恶的东西,而且为此他会比那些未曾经历此种感受的坏人更加烦扰不安;因为,对于后者来说,虽然他在感受冲动时会烦扰不安,但一旦他得到了他所想要的东西,他便会终止他的烦扰不安了。

所以，贤者不会由于他的明智而变得有节制；如果他的确会变得如此，那么他就是所有人中最痛苦的，因而生活技艺给他带来的不是益处，而是十足的烦扰不安。前面已经证明，相信自己拥有生活技艺并且相信借此可以分辨天然的好坏的人，当他拥有了好的东西或坏的东西时，都会遭受极度的烦乱不安。因而，我们只能宣称，如果关于好、坏及无所谓好坏的东西的存在没有什么一致公认的看法，而且生活技艺也可能不存在——或者即使姑且承认生活技艺是存在的，它也并不给其拥有者带来什么益处，相反倒会导致他们极度的烦乱不安；那么，独断论者对于他们所说"哲学"的伦理学部门的骄傲完全是毫无根据的了。

在以充足的篇幅完成了对伦理学的概述之后，我们可以就此结束第三卷了，这也是整个《皮罗学说概要》一书的内容。最后，我们只再加上这一节：

32. 为什么怀疑论有时故意提出缺乏说服力的论证呢？

怀疑论者出于对人类同胞的爱，希望通过言词来尽可能地治愈独断论者的自负和轻率。正如治疗身体疾病的医生拥有强度上轻重有别的治疗方案，对病情严重的人采用严峻的方案，对病情较为轻缓的人采用比较温和的方案——同样，怀疑论者也提出了力度有别的论证；当危害是由严重的轻率所造成时，怀疑论者会使用那些有分量的、能够凭借自身的强烈刺激力量消除独断论者的自负毛病的论证；然而对于那些自负的毛病较轻且易于治疗的人，以及那些通过较温和的劝说就可恢复健康的人，怀疑论运用较温和的论证。因此怀疑论原则的信徒并不在意有的时候提出强有力的论证，有的时候又提出给人印象不深的论证——他是故意如此的，因为后者常常足以使他达到他的目的了。

批判学校教师 *
（选译）

---

* 这部著作的希腊原文是"反博学家"。所谓博学家（mathematicus）并不是"数学家"，而是博学多才、开班授徒的教师。所以，我们翻译成"批判学校教师"（英文也有翻译成 against the professors 的）可能更为显明。——译者注

第一卷　导论·批判语文学家[①]

对学校教师的一般性批判早已为伊壁鸠鲁和皮罗学派所阐述，虽然他们所采用的立足点不同。伊壁鸠鲁的批判所根据的理由是，所教授的诸学科对智慧的完善没有任何助益。他之所以这样做，正如某些人想的，是由于他想掩饰其自身的缺乏教养（在很多问题上伊壁鸠鲁都被人证明为无知，即便是在日常交谈中，他的话也是不正确的）。他这样做的另一个原因，也许是出于他对诸如亚里士多德、柏拉图以及其他具有类似广博学问的人所持的敌意。他对皮罗的门徒瑙西芬尼（Nausiphanes）的憎恨也有可能促使他这样做。瑙西芬尼吸引了很多年轻人，并且真诚地致力于诸学科技艺尤其是修辞学的研究。伊壁鸠鲁虽然曾经是他的门徒之一，但是，伊壁鸠鲁为了能让人们把自己看成是一个自学成才的原创性哲学家，就竭力否认这一事实，一门心思地致力于贬损瑙西芬尼的声誉，于是就成了他老师引以为豪的那些学科技艺的激烈反对者。因而,他在《致米底勒的哲学家的信》中说道："我料定那帮'吼叫者'会认为我也是那条'淡鱼干'的门徒，也曾经与那些饕餮之徒一起听过他的说教。"他称瑙西芬尼为"淡鱼干"，只是想说这个人没有什么感觉。而且，伊壁鸠

---

① 第一卷明显分为两个部分，第一个部分从原文第 1 节到第 40 节，是"批判学校教师"的一个导论。从第 41 节到卷尾是第二部分，是"批判语文学家"。

鲁在进一步对此人作了长篇大论式的诋毁之后，说了一番暗示自己精通娴熟诸学科技艺的话："其实他不过是个拙劣可怜的家伙，只是在无助于导向智慧的那些事情上瞎折腾"，此处影射的是诸技艺学科。事实上，正如我们所能设想的那样，上述各种原因乃是促成伊壁鸠鲁对诸学科技艺展开抨击的动机。相反，皮罗主义者之所以要对诸学科技艺发难，既不是由于他们认为这些学科无助于智慧的获取（因为那也是一种"独断性"的断言），更不是出于他们自身的没文化；因为他们除了具备文化修养以及比其他哲学家拥有广泛得多的经验之外，还能不受大众意见的左右和影响。皮罗主义者之所以批判诸学科技艺，也绝不是因为他们对任何人所抱有的敌意（因为这种恶意与他们温厚的品格是完全格格不入的），而是因为他们在诸学科技艺中也遇上了他们在整个哲学中所遇到过的同样体验。正如他们怀着获取真理的心愿去研究哲学，却由于面对势均力敌的意见冲突而不得不悬置判断一样，在诸学科技艺中，当他们怀着学习真理的热忱试图掌握它们时，也遇到了同样严重的困难；他们并不想隐瞒和遮掩这些困难。与此相应，我们也将寻求与他们相同的方法，毫无好辩喜争之心，而是努力选择并提出批判诸学科技艺的各种实质性论证。

我们的阐释既然是专门针对那些已受过诸学科良好教育的人而作的，因此，我认为对"循环学科"（也就是一般性的、专业训练之前的那些教育科目）是如何得名的、它们有多少科目之类的问题进行解释是没有必要的。不过，就我们当前的主旨来说，指明如下这一点还是十分必要的：在我们所列举的用来批判诸学科技艺的相关论证中，有些是适用于批判所有学科的"一般性"论证，而另一些则是被分别用来批判各种学科的"专门性"论证。因此，关于"不可能存在任何学科或技艺"的那些论证就属于"一般性"论证，而更为"专门性"的论证有：批判语文学家（讨论言说的基本原则）的论证，批判几何学家（比如否认他们有设定诸公理的权利）的论证，批判音乐家（如质疑音调和节奏的存在）的论证。按照顺序，先让我们讨论一般性的论证。

批判学校教师概论

1. 存在学习的学科吗?

要对哲学家们围绕学习问题所展开的那些历史久远、变化无常的论争给予决断,并不是我们目前所能胜任的任务。我们现在只需指明下述一点就足够了:学习的任一学科如果存在、并且能为人所掌握,都必须首先满足四个条件,即被教授的学科、教师、学生和学习的方法。但是我们将证明,无论是学科、教师,还是学生和学习方法均不存在;因此,学习的学科就无法存在。

2. 论被教授的学科

在讨论第一个问题时,我们首先必须指出,能被教授的任何东西,或者是存在的东西作为存在的东西而被教授,或者是不存在的东西作为非存在的东西而被教授。然而,正如我们行将表明的那样,存在的东西作为存在的东西既不能被教授,不存在的东西作为非存在的东西也不能被教授;因此,没有任何东西能够被教授。现在让我们来证明,非存在的东西作为非存在的东西是不可能被教授的。因为,如果它是能够被教授的,它就是可教的;而既然它是可教的,也就是存在的;这么一来,它就会既存在又不存在。但是,同一个事物不可能既存在又不存在;因此,非存在的东西作为非存在的东西是不可能被教授的。还有,非存在的东西本身是没有属性的,而不拥有属性的东西当然也就不拥有"被教"的属性,因为"能够被教"也是众多属性之一。因此,从这一点来讲,不存在的东西也不能够被教。而且,那些能被教授的东西,是通过激起一种表象而为我们所习得的；但是，非存在的东西不能激起表象，因而也就不能被教授。再者，非存在的东西不可能作为真实的东西被教；因为真实的东西既不是非存在的东西，也不能够作为非存在的东西被教。然而，如果任何真实的东西都不可能作为非存在的东西被教授（因为真实的东西就是一种存的东西），那么非存在的东西就不可能被教授。而且，如果所教授的一切都不是真实的，那就意味着被教授的每一样东西都是虚假的东西，这种说法显然是极其不合情理的。所以，非存在的东西是不可能被教授的。因为被教授的东西要么是假，要么是真。说被教授的东西是虚假的东西，乃是最为荒唐的，而真实的东西必定是存在的。因此，非存在的东西是不可能被教授的。另外，存在的东西作为存在的东西也是不可能被教授的，因为，既然存在的东西对所有人来说都一样地明显，那么它们就都不可能被教。由以上讨论我们可以得出结论：无物能够被教；因为我们必须假设有一个未被教的东西，这样才有可能从已知的东西中去学会它。所以，存在的东西作为存在的东西也不能被教授。

有些人认为，要么"无物"被教，要么"某物"被教；对此我们可以采取同样的怀疑论方法来反驳。因为，如果"无物"被教，那么就其被教而言，无物就成了"某物"，这样，这同一事物就成了两个相反的事物：即"无物"和"某物"，这显然是不可能的。此外，"无物"没有任何属性，因而它也就没有被教的属性；因为实际上"被教"也是一种属性。因而"无物"不能被教。基于同样的理由，"某物"也是那些不能被教的众多东西之一。因为，如果"某物"之所以能被教授只是因为它是"某物"，那么无物是不被教的；由此可以得出结论，即无物是能够被教的。再者，如果某物被教，那么，它的被教授或者是通过"无物"，或者是通过"某物"；通过"无物"被教是不可能的，因为按照斯多亚派的说法，"无物"对心灵来说是没有任何实在性的。如此一来，所剩的唯一可能的情况是：学习的发生只能通过"某物"，而这同样是大可置疑的。因为，正如被教的东西本身是作为"某物"而被教一样，既然学习行为由以引发的事物也是"某物",那么,它们岂不是将同时被教授?而这是荒唐的。因而,既然无物是被教的,"学习"也就被驳倒了。

3. 论物体

进而言之,既然某些"某物"是有形的,某些"某物"是无形的,被教之物作为"某物"必定要么是有形的,要么是无形的。但是,正如我们行将表明的那样,它们既不可能是有形的东西,也不可能是无形的东西,因此根本不存在什么能够被教的"某物"。有形的东西,尤其是根据斯多亚派的说法,是不可能被教授的。这是因为,被教授的东西必须是"意义",而有形的东西并不是"意义",也就无法被教授。并且,如果有形的东西既不是可感的,也不是可知的,那么,很显然它们是不可能被教授的。正如我们的"有形物"概念本身所表明的那样,有形物是不可感的。因为,有形物或者像伊壁鸠鲁所说的那样,是由数量、形状和不可入性(坚固性)所聚合构成的,或者是如数学家所断言的那样,是三维的,即由长、宽、深三个维度构成的,或者按照伊壁鸠鲁的另一个定义(为了将它与虚空区别开来),它是由"三维加不可入性"构成的,或者如其他人所说的,它是一个"坚固的物质"。不论何种说法,"有形的东西"均被认为是许多独立要素的联合体;但是,认识一个许多元素的联合体不可能是某一个单纯的、非理性的感官的工作,而只能由理性的智力来完成;因此,有形的东西不可能是一个可感的东西。退一步说,即便我们假设有形的东西是可感的,它依然是不能被教的。这是因为,可感的东西作为可感的东西本身,是不能被教授的。因为人们并不是通过学习而看见白色、尝到甜味、感到热或闻到气味的,上述这些感觉都是不可教的,而是天然为我们所具有的。如此一来,所剩的唯一可能的情况是:有形的东西是为理智可知的,从而是可教授的。不妨让我们考虑一下这种可能是否符合实际。如果有形物本身既不是长度,也不是宽度，又不是深度，而是被认为是由所有这些维度所构成的，那么，既然这些维度都是无形的东西，人们就必须把由这些无形的东西构成的复合物看成是无形的东西，而不应看成是有形的东西，因此，它也就不可能被教授。另外，一个人若把物体设想为是由这些维度构成的，那么，为了能够去设想物体，他就必须首先设想到这些维度本身；但是，他是不可能设想这些维度的；这是因为，如果他要设想这些维度，他就或者是通过感觉经验的方式，或者是通过从感觉经验进行推演的方式。但是，他绝不可能通过经验的方式去设想。因为这些维度是无形的东西；既然感觉性的理解只有通过接触的方式才能产生，我们当然无法通过感觉经验的方式去理解无形的东西。人们也不可能通过感觉经验的推演的方式去理解，因为，只有从感觉对象出发进行推演才能形成这些维度的概念；但是人们并不拥有任何感觉对象。所以，既然我们连那些构成有形物体的要素［即维度］都无法理解，我们当然就更不可能去教授什么有形物了。

鉴于我们在《怀疑论者》[①]中就"有形物"的概念及其实在性问题已进行过更为精细的探讨，我们在此就不再赘述。需要进一步阐明的是：有形物可以划分为两个最一般的类型，其中一种是可感的，另一种是可知的。如果被教授的东西是有形物，那么，它必然或者是一个可知的东西，或者是一个可感的东西。然而，它不可能是个可感的东西，否则，它应该对所有人都一样地明显和自明。它同样也不可能是个可知的东西，因为它是不明显的；并且，正是由于这个原因，所有的哲学家中才一直存在着无法平息的论争；有些哲学家说它是不可分的，另一些哲学家主张它是可分的。而在主张可分的哲学家当中，又有人坚称它可以分至无穷，另一些人则认为只能分到最小的原子为止。因此，有形物是不可能被教授的。

---

① 参看《皮罗学说概要》第 3 卷第 7 节。

无形物也同样不能教。因为在任何情况下，不论被人宣称能教的那个无形物是什么——不论它是柏拉图的理念，还是斯多亚派的"话语"，抑或是"场所"或"虚空"或"时间"或其他别的什么东西，如果对这些东西的实在性不能作任何草率的断言，或者不能作一个个的分别研究来证明它们各自的非实在性，那么我们可以说，很显然，它们的实在性问题在独断论者那里就会是个讨论不决的问题，并将"像清水长流、大树生长那样长久不息"。因为有些独断论者固执地认定这些东西存在，另一些人断定它们并不存在，还有一些人则采取悬置判断的态度。由此可见，把那些悬而未决的事物、争论不决的学科说成是能够被教的东西，仿佛它们已经成了为人们所一致认可和不再有争议的东西，这显然是极为荒诞的。

因此，如果存在的东西中有些是有形的，另一些是无形的，而我们又证明了不论是有形的还是无形的，都是不可教的，结论就是：无物能够被教。

我们还可以这样论证：如果一个东西被教，它要么是真实的，要么是虚假的。[①]但是，无论是虚假的东西还是真实的东西，都是不能被教授的。因为，"虚假的东西"的概念本身就迫使我们承认它不能被教。所谓"真实的东西"，正如我们在《论怀疑论》中所证明的那样，又是令人怀疑的；而对于令人怀疑的东西就不存在什么学习的问题。因此，不存在被教的东西。而且，一般来说，如果一个东西能够被教授，那么，它或者是一个非技艺的东西，或者是一个技艺的东西；如果它不是技艺，它就不能教。如果它是一个技艺的东西，那么，它要么是自明的，从而也就不再与技艺有关，也不能被教；它要么是非自明的，从而就会因其非自明性而成为不能被教的。

以上论证也包含了对教者和学者存在的否认，因为教者将无物可教，

[①] 参阅《皮罗学说概要》第 3 卷第 28 节。

学者将无物可学。不过，我们还将分别从教者和学者的角度进一步来阐明这个问题所面临的困境。

4. 论教师和学生

假若存在教师和学生，那么，或者是非专家教授非专家，或者是专家教授专家，或者是非专家教授专家，或者是专家教授非专家。[①] 但是，非专家不可能教授非专家（正如盲人不能引导盲人一样）；专家也不可能教授专家，因为在这一情况下，教师和被教的人都无须学习，这一个并不比那一个更需要学习，那一个也不比这一个更需要学习，二者都同样地充满了知识；非专家也不可能教授专家，否则，那就无异于说一个丧失了视力的人在引导一个有视力的人。因为，就技艺的基本原理而言，非专家与盲人并无二致，因此他无法去教授他一点儿都不知道的东西；而专家由于对技艺原理清楚明了，并且已经获得了有关技艺原理的知识，是无须教师的。如此一来，所剩下的只能是专家教授非专家这一种可能。然而，这一假定较之前述的三个假定显得更为荒谬。这是因为，我们在"怀疑论教科书"中已经表明，专家本身的存在与其技艺原理一样都是受到怀疑的；并且，当非专家是非专家时，这个非专家是无法成为一个专家的；而当他是个专家时，他也就无须再成为专家——他已经就是一个专家了。因为如果他是非专家，他就像一个天生的盲人或聋子；正如天生的盲人或聋子永远不可能形成颜色或声音的概念一样，一个非专家就他是个非专家而言，由于对技艺原理既聋又瞎，同样也不可能看到或听到任何技艺原理；而如果他已经成为一个专家，那么，他就无须再接受教导，而是已经被教会了。

在这里，我们或许还可以借用我们在"反自然学家"中就变化、作

---

① 参见《皮罗学说概要》第 3 卷第 29 节。

用以及生成和灭亡问题所提到过的相关反驳性论证。就目前来说，不妨让我们暂且退一步，姑且同意各技艺教师的下述观点，即存在着能被教授的学科、指导者以及学生，然后，让我们对学习的方法再作一番研讨。教学活动或者是通过感官证据或者是通过言说口授来进行。感官证据关涉的是表面性的东西，而表面性的东西是明显的，明显的东西就它显现而言，是能够为所有人同样感知的；而为所有人同样感知的东西，是不能被教的；因此，通过感官证据所显示的东西是不能被教的。言说或者指称某种东西，或者不指称某种东西。如果言说没指称任何东西，那么它也就没有教授任何东西；而如果它指称某种东西，那么，它或者是天然地就指称一个东西，或者是根据约定俗成来指称一个东西。但是，并非所有人都理解彼此的言说——比如，希腊人不理解野蛮人的言说，野蛮人也不理解希腊人的言说，甚至希腊人不理解希腊人的言说，或者野蛮人不理解野蛮人的言说——因而，言说不可能天然地指称着某个东西。然而，如果言说是通过约定俗成来指称的，那么很显然，预先理解了语词所约定的指称物的人，也必定理解那些语词；这并不是说他们通过这些语词被教会了他们所不知道的东西，而是他们回想起了他们原先就知道的东西；而那些未曾学过未知东西的人却无法做到这一点。

综上所述，如果既不存在被教授的学科，也不存在教师和学生，又不存在学习的方法，那么很显然，学习的学科就不可能存在，掌握该学科的人也不可能存在。鉴于我们不仅仅要给出一个反诸技艺教师的一般性论证，而且还要给出反每一学科技艺教师的专门性论证，不妨让我们权且假定学习的学科是存在的，学习也是可能的，尔后再来考虑关于每一学科所作的这些论断是否可能。不过，我们切不可把我们要驳斥的那些人的所有论述都当作反驳的对象（因为这会显得杂乱无章、毫无系统可言，并且有可能难以做到），也不可以从那些人所有的论述中任意挑选出一些作为我们反驳的对象（因为这可能会使我们的反驳不能触及那些人的所有论述），而是应当把这样的一些命题当作我们反驳的内容——

只要驳倒了它们，其他的命题也随之被驳倒。这就像那些正在奋力去攻占一个城市的人，他们最急于去控制那些只要夺取了它们就可以确保夺取整个城市的东西——比如，摧毁城墙、焚烧设施，或者切断食物供应，同样，在我们与学院教师的较量中，也应该去攻击他们的观点所赖以立足的那些要点，比如攻击他们的那些基本原则、抨击从这些原则中衍生出来的一般性论点或是他们的结论，因为正是基于这些原则、观点和结论，他们的每一门技艺和科学才得以建立起来。

批判语文学家

1. 批判语文学家

让我们首先着手对语文学家（Professsors of Letters）进行批判分析，这首先是因为我们从孩童起、甚至从襁褓中，就得学习语文学，该门技艺是我们学习其他学科的起点；其次是因为这门学科将自己凌驾于所有其他学科之上，并许下了几乎是塞壬（Sirens）女妖似的诺言。语文学家们当然深谙人们本性中所具有的好奇心理，也熟识植根于人心中的那种对真理的巨大渴望，于是就投其所好地作出许诺：语文学不仅能凭其美妙婉转的韵律，令那些过往的人们陶醉忘返，而且还能教人以许多发生于世上的真实事情。下面就是他们所说的：

> 哦，声名远扬的奥德修，亚该亚人的骄傲，快到这里来吧：
> 停下你们航行中的船只来倾听我们的美妙的歌声吧。
> 黑色船只上的人们绝不会白白浪费这一个难得的机会，
> 当然愿意腾出一只耳朵来聆听我们那甜美如蜜的声音；
> 人们在狂喜中满意地驰离，在知识的海洋里变得愈加富有，

> 因为我们知道了在广袤的特洛伊的土地上
> 阿吉弗的王者和特洛伊人遭受着来自天命的苦难。
> 在这块丰饶的土地上发生的一切,都为我们所知晓。

这门语文学技艺就是这样自吹自擂,说自己不仅对辩证法和风格与吟诵的规则进行了系统的研究,而且还对神话传说和历史故事的众多内容作了缜密的论述,并借此激起了人们对它的热切渴望。然而,我们不会满足于只当一个匆匆的过客,而立意稍作停留,所以我们必须阐明究竟存在多少门语文学技艺,并将指明其中的哪几门技艺是我们打算作进一步深入考察的。

2. "语文学技艺"的不同含义

"语文学技艺"这个术语,作为一个"同形同音异义词",通常可以在两种意义上——即一般的和专门(特殊)的意义——被使用。在一般的意义上,它是指关于任何一种语言(不论是希腊语还是外国话)的知识,我们习惯上把它称为"语文学"。在专门的意义上,它指的是"完美的技艺",也就是曾为马路斯的克拉底、阿里斯托芬和阿里司塔库所精心阐发的那种技艺。① 这两种含义均明显地源自于"语文"(Letters)这一术语的原初含义。② 第一种含义[一般的意义]系从我们用来表达"清晰发出的声音"的字母演化而来。正如某些人所指出的那样,第二种含义[专门的意义]当是第一种含义的扩展和引申。因为第一种含义作为一个部分被包含在

---

① 阿里司塔库斯(Aristarchus)是拜占庭的阿里斯托芬(Aristophanes)的学生,他在大约公元前150年的亚历山大里亚创立了一所语文学校。马路斯的克拉底(Crates of Mallus)在西里西亚创立了帕迦马学派(Pergamene School),反对亚历山大里亚学派。

② Gramma 的原义是"字母"(Letters)。后来有"语法"的意思,更广泛的意思就是"语文"。——中译者注

第二种含义中；就如在古时，"治疗技艺"（iatrike）的名字来自提炼"毒药"（ioi），但是现在却推广到指对所有的疾病的治疗，而这可是一种高级得多的技艺形式；再如，"几何学"这一术语，本来源自土地的丈量，现在却用于与更为根本性的实体相关的理论；同样，"完善的语文学技艺"最初是由"字母知识"而得名的，后来却被扩展为"关于一种更复杂的、高级的技艺的语文理论"。不过，也许有如阿斯克勒彼亚德(Asolepiades)所说的那样，这种技艺虽然不是从与"语文学"相同的"字母学"（Letters）一字演变而来的，多半也是从"文字"（Letters）得名的，因为作为字母学的语文学之名源自"语词要素"，而"语学文技艺"之名则源自它所关涉的"作文"，因为不论是"语词要素"还是"作文"，我们一概都称为"文字"（Letters，或"语文"）。正如当我们说到"公共文字"时，也会谈及一个人"文字功夫娴熟"，这里的意思并不是指这个人对许多字母娴熟，而是指这个人作文技巧不错。卡里马库斯（Callimachus）有时把诗歌称为文字，有时也把散文称作文字，他为此感叹：

  我为克莱欧菲路斯（Creophylus）辛勤工作，他曾经邀请神一样的吟颂诗人荷马去他家做客。
  我叙述了一个忧伤悲哀的故事，金发碧眼的伊欧莱娅（Ioleia）和优利土斯（Eurytus）的悲惨境遇。
  但他们真地称我为"荷马的文字"！
  以朱比特神的名义！这就是这位作者的声名。

卡里马库斯又感慨道：

  出生于安伯拉西亚（Ambracia）的克莱欧姆伯罗杜（Cleombrotus）大声吼喊：

> 永别了，噢我的太阳！
> 他猛然从高墙上跳下去，跌落到死者的阴宅中；
> 他的死是有道理的，是阅读柏拉图作品
> 感动他这么做的——这就是柏拉图的文字"论灵魂"。

不过，"语文学技艺"有两种。一种承诺说能授人以字词及其结合，总体上说它是一门有关写作和阅读的技艺。另一种与此相比可就是一门"深奥"的才艺，它并不满足于干巴巴的语文知识，而是深入对语文的发现及本性的考察中去，并且还详尽地探讨由文字构成的言说门类以及所有其他这样的问题。我们目前要反驳的对象当然不会是前者〔即写作和阅读的技艺〕，因为该技艺对生活的助益是众所皆知的。在这里，我们不得不提一下，哪怕是伊壁鸠鲁也明白它的好处。尽管看起来伊壁鸠鲁对技艺及诸学科教师怀有极端的敌意，他在其《论馈赠与感恩》中显然努力证明研习语文学对于贤哲的确是不可或缺的。我们还要说，这不仅对贤哲是必要的，而且对所有人来说也是必不可少的，因为每一种技艺所追求的最终结果都是对生活的助益，这是一目了然的。有些技艺侧重于介绍对有害事物的防范，另一些技艺侧重于介绍对有益事物的发现；前者如医学，它属于对病痛疾苦加以疗治和解除的技艺，后者如航海术，因为所有民族都需要其他国家的帮助。"语文学"既然可以借助于其对文字的理解，治疗那最为顽钝的疾病——健忘症，并包含了一种最为必需的活动能力——记忆，那么就可以说，每一件事都得依赖于它。若离开了它，我们就既无法把任何必需的东西传授给他人，也无法从他人那里获知任何有益的东西。因此，"语文学"乃是最为有益的技艺之一。而且，即便人们想要取消它，结果也必然会自我否定，因为，就算证明"语文学"毫无益处的种种论证能够成立，它们也会因为没有语文学而既不能让人记住，也不能传承给后代。可见，语文学是有用的。不过还是有人认为，皮罗观点的阐释者蒂孟的下述话语表达的是与此相反的观点：

"当人们还在学卡德谟斯（Cadmus）的迦太基语言符号时，
是既不需要留心也毋须去考虑语文学的。"

但是，在我看来蒂孟这句语的意思并非如此。这是因为，他所使用的短语"既不需要留心也毋须去考虑"，并不是反对教授卡德谟斯的迦太基语言符号的实际上的语文学，因为当一个人在被人教以这种语言时，他怎么能够不去留意它呢？其实，他所说的意思是：当一个人已经被教会卡德谟斯的迦太基语言时，他就无须再去留意任何进一步的文法技艺了。在此，蒂孟并没有说研究语言要素及其在写作和阅读中的应用的技艺毫无用处，而是说过于夸耀的和过多地探索语文学是没有用的。很显然，对语言要素的掌握和研究确有助于指导生活，但不能因此而沉湎于对语言要素进行观察的成果，并更进一步打算证明有些音素天然是元音，其他音素天然是辅音，在元音之中，又有一些元音天然是短元音，一些元音天然是长元音，而另一些元音天然是中性的、长短两可不定的，等等——总之，那些自负的语文学家所教的所有其他文法规则都没有什么用处。因此，尽管我们不会对"语文学"吹毛求疵，并且还会对它致以热诚的谢意，但是，我们还是会把批评的武器指向文法技艺的其他部分。我们这样做的是是非非，相信人们在看了我们对语文学特点的深入阐释后将不难明白。

3. 对"语文学"的诠释

按照贤哲伊壁鸠鲁的观点倘若没有一个"把握的概念"（preconception），我们就既无法进行探究，也无法加以怀疑；因此，我们首先得厘清"语文学"（或"文法技艺"）的确切含义，并且弄清楚：循着语文学家所提出的概念向前走，是否就能够理解一门系统的、真正的技艺和学科。色雷斯人狄奥尼修斯①在其《指导》一书中认为,"语文学"主要是指一种有关诗人和作家的语言的专业经验。这里的"作家"既然是相对于"诗人"而言的,很清楚指的是用散文体写作的人。因为,在我们看来,语文学家不只是限于对诸如荷马、赫西阿德、品达(Pindar)、欧里庇得斯(Euripides)、米南达之类的诗人的作品进行解释,他们还得研究诸如希罗多德、修昔底德、柏拉图之类的作家的作品,这些都是所谓语文学家的正当工作。因此,其中不少的著名语文学家对散文家——不管是历史学家还是演说家(修辞学家)甚至于哲学家——的许多作品都作了论评,并且试图发现在他们的作品中,哪些是正确的、合乎习惯的表达,哪些又是错误的,以及比如在修昔底德的作品中,"镰刀"和"掉转方向"的确切含义究竟是什么?在德谟斯提尼(Demosthenes)的作品中,"他仿佛在四轮马车中叫喊"意谓何在?以及对于柏拉图的作品中的单词"edos"②,我们该如何发音?我们应把第一个音节发成送气音还是不发成送气音?或者我们该把第一音节不发送气音,而把第二音节发送气音?抑或是两个音节都该发送气音,或两个音节都不发送气音?正是由于这类研究,语文学才被称为"有关诗人和散文家的语言的专业经验"。

  上述就是狄奥尼修斯的看法,逍遥派的托勒密(Ptolemy)对此提出了异议。托勒密指责狄奥尼修斯不应把语文学限定为"专业经验"(因为这个意义上的"专业经验"③是一种实践和操作,它缺乏技艺和论证推演,而只不过是观察和共同练习。可是,语文学乃是一种技艺)。但是,他没有注意到,这个词也用于"技艺",正如我们在《经验论集》④中曾经指出的。

---

  ① 色雷斯人狄奥尼修斯(Dionysius "the Thracian")是著名的语文学家,大约公元前80年在罗马教学。
  ② 意思是"他说"。
  ③ 这个词也包含"专长"或"行家里手"的意思。
  ④ 此书已经不存在。

既然连普通民众都不加区别地称同一个人既是具有专业经验的、又是技艺专家；而且伊壁鸠鲁派的哲学家梅特罗多洛（Metrodorus）所持的观点也与托勒密大致相当，他认为"哲学可称得上是唯一能认识自身目标的专业经验"，这里说的意思也就是"唯一的技艺"。该术语尤其适用于用来指称有关众多不同事物的知识，我们正是在这个意义上称一个见多识广的人为"富有生活经验"的人。欧里庇得斯的下述这番话，其含义也是如此：

> 埃苔俄克莱（Eteocles），我的孩子：
> 老年并非一无是处，
> 经验能教人以年轻人所无法掌握的智慧。

那位色雷斯人〔即狄奥尼修斯〕之所以这样定义语文学，可能是由于他期望语文学家能成为一个知识渊博的人，因此，这一点并不是一个相当重要的问题。但是，这里还有一个更为深思熟虑的论证值得我们思考，它或许能用来驳斥狄奥尼修斯的定义：隶属于语文学的那种专业经验，是仅仅限于有关诗人和散文家的语言呢，还是也应包括未曾出现在诗人或散文家那里的其他语言呢？既然我们时常可以发现语文学也主导着没有什么学问的普通民众的流行交谈，语文学家当然不会说它是仅仅限于有关诗人和散文家的语言的专业经验，而会认为语文学还应考察并指明哪些是外国话、哪些是希腊语，哪些是有语法错误的、哪些是无语法错误的。既然语文学这种专业经验并不限于诗人和散文家的言说，那么，语文学家们就没有理由把语文学仅仅限定为其丰富内容的某一狭小部分。

用不着对上述类似的问题继续再作无谓的精细分析了，让我们来考虑已经着手的事情，即如果根据他们所提出的语文学定义来推论，语文学是否能够存在？当他们把语文学界定成"有关诗人和散文家绝大部分言说的一种专业经验"时,其所指的或者是全部言说,或者是某些言说。假若他们指的是诗人或散文家们的全部言说,那么,首先语文学就不再是"有关言说的绝大部分"的知识,而是"有关言说的全部"的知识了;其次,假若是全部言说,那将是无穷无尽的(因为诗人和散文家的言说是没完没了的);但是,对于无止境的言说是不可能形成什么经验知识的,因此语文学将无以存在。而假若他们指的是某些言说,那么,尽管普通民众并不具备任何语文学的专业经验,却也都能理解诗人和散文家们的某些言说;在这种情况下,他们还有什么理由说语文学存在呢?除非他们会这样辩解:"有关绝大部分"这一用词含有这么一种暗示,即语文学家偶尔也会缺少有关所有诗人和散文家的语言的专业经验,会偶尔缺少有关诗人、散文家的语言与普通人语言不同之处的专业经验。因为很显然,就语文学家是专家而言,其区别于普通人的地方绝不在于具有一丁点语言的专业经验,而应在于对绝大部分散文家和诗人的语言都具备专业经验;并且,语文学家也不会承认他们原本不可能做到的事情——具备关于全部语言的专业经验;既然他们无法佯装知道全部语言,便只说他们知道绝大部分语言而已。然而,语文学家的这种伎俩,算不上是有力的自我辩护,而只能往自己的头上罪上加罪,将自己拖入一种无以复加的窘境。首先,正如"很多"是不确定的、并会产生"堆粒"之类的悖论[①]一样,"绝大部分"同样无法免去类似于"堆粒"的困境。如此一来,要么让他们为我们给出一个关于"绝大部分"的精确定义,指明这种有关诗人和散文家语言的专业经验究竟可以达到多远的范围;要么他们依然奉行其模糊不定的申言,一再重弹他们知道"绝大部分"的老调,这样他们就不得不遭到类似于"一点一点地加上或减去"的诘问而无以应答。因为,假如一个"非常巨大"的数量是确定的,那么该数量在减去

[①] 所谓"堆粒"悖论是诸如:一堆谷子,减去(增加)一粒还是不是一堆?二粒呢?三粒呢?……n 粒呢?——中译者注

1个单位后仍然是"非常巨大";如果这个巨大的数量只是因为增加了1个单位就能称为"非常巨大",而在加上这一个单位之前却不能称作"非常巨大",那当然是荒诞的。因此,要是人们往他们所谓的"非常巨大"的数量那里一直不停地增加1个单位,这个原本就"非常巨大"的数量当然不会依旧还是一个"非常巨大"的数量;因此,语文学也就难以继续存在,这是"谷堆"("堆粒")悖论的必然结局。而且,在论及一个无穷大的数量时,如果断定它是"非常多",这种断定毫无疑问存在着语法上的弊病。因为,正如"微小"是一个相对的概念、因而它只能相对于"非常巨大"才能理解一样,对概念"非常巨大"也只能相对于"微小"才能加以理解。这样一来,要是语文学家就是精通"诗人、散文家的大量语言"的专家,那么他们就不再是其余的少量语言方面的专家;而如果包含于"大量"当中的量是"非常之多",而为语文学家所忽略的那部分语言的量又是"非常之小"的话,那么,两者的加总就不再是一个无穷大的量了。不过,哪怕对上述各方面不作细致缜密的论辩,所谓语文学家知道"诗人和散文家大量语言"的说法也是错误的。因为,有如我们在讨论过程中行将证明的那样,还有比这种"大量"多很多倍的语言并不为语文学家所知,所以语文学家所知道的"大量"实际上是"非常之小"的。不过我们暂且先把这一点搁置不表,当下容我们先来考虑另一种观点。

阿斯克勒彼亚德也责难狄奥尼修斯把语文学定义为"专业经验",不过,阿斯克勒彼亚德除了提到托勒密所说的那几个理由之外,还对狄奥尼修斯把语文学规定为"绝大部分语言的专业经验"的定义进行了更为严厉的挑剔。因为,技艺的一个特征就在于它是猜测性的,常常受到不可预测事件的制约,比如航海术和医学就是这样;而语文学并不是一种富于猜测性的技艺,它类似于音乐和哲学。他说,除非他担心生命短暂,因而没有足够的时间来理解全部的语言,但这也是荒谬的;因为在这种情况下,他不是在定义语文学,而是在定义语文学家;因为语文学家作为生命短暂的个体,也许只能熟悉诗人和散文家语言的一小部分而已;但是语文学却是关于它们的全部知识。因此,阿斯克勒彼亚德通过改变狄奥尼修斯的定义中的一部分并删去另一部分的办法,给出了语文学的又一个定义:"语文学是研究诗人和散文家的语言的技艺。"但是,阿斯克勒彼亚德的语文学定义非但无助于原有困难的克服,反倒遭致了有增无减的批评;并且,阿斯克勒彼亚德的语言学定义本意是荣耀和抬高语文学的,未曾想却在无意中贬损了语文学。因为,姑且让我们同意"语文学是关于诗人和散文家所有言说的知识"这一定义,但正如离开了散步者就无所谓散步、离开了躺卧者就无所谓躺卧一样,离开了具有知识的人就无所谓知识,离开了语文学家当然也就无所谓语文学。但是,我们已经公认语文学家不可能拥有关于全部语言的知识,因此,所谓"有关诗人和散文家所有言说"的那种知识也是不可能存在的。与此相应,语文学也是不可能存在的。再者,如果语文学是一种技艺,是关于诗人和散文家所有言说的知识,而技艺又是"由诸多理解[表象]构成的一个系统",[①]那么,由于没有人能够理解并掌握诗人和散文家的所有言说,语文学必定不存在。

卡莱斯(Chares)在他《论语文学》的第一卷中说道,完美的语文学是"在那种能精确地区分希腊语言和思想的技艺的基础上衍生出来的一种技巧,它不包括那些已为其他技艺探讨过的内容"。该定义后面部分的附加性说明并非多余,因为希腊语言和思想中的某些部分确实是由其他技艺研究的,某些部分则未曾有过任何的探讨。卡莱斯坚持认为,语文学并不是关于其他技艺所研究的内容的技艺或技巧,例如,语文学不涉及音乐中的第四谐音及"诸系统"的变调,也不涉及数学中研究过的日食或诸天体的位置;类似的情况同样也适用于其余门类的技艺。语文学的确不是关于其他技艺所探讨的主题的知识,而是关于未曾为其他技

[①] 这是斯多亚派的定义,参看《皮罗学说概要》第 3 卷。

艺所探讨的那些语言及其含义的一种系统化的研究——这里所谓的"含义",就是如"pisures 的意思是指 tessares(四)""bessai 和 ankea 的意思指的是可通达的地点"这样的东西;这里所谓的"语言"是指所涉及的各种方言,例如:"这一短语是属于多立克语(Doric)的,那一语段是属于埃奥里亚语(Aeolic)的。"不过,这里的语言不是像斯多亚派那样讲的是短语所指称的东西,相反,它讲的是进行指称的短语本身,因为含义只能从被指称的东西中推衍出来。不过,卡莱斯看起来是在质疑克拉底的一个观点。因为他曾经说过,"评论家"是与语文学家有所不同的,并说"评论家"应当是语言学科的所有方面的行家,而语文学家仅仅具有阐释方言和音节音调之类的东西的娴熟技艺。因而,批评家可以比作工匠中的统领,而语文学家只不过是他的一个属下而已。

以上就是卡莱斯的语文学的定义的特征,在某些方面它比狄奥尼索斯的荒谬定义要显得合理些,但在另外一些方面则显得更糟。因为十分明显的是,卡莱斯的定义虽然让语文学从"堆粒"的困境中解脱出来,并能将语文学与音乐和数学等这些不同的学科区分开来(这些学科同语文学的确没什么关联);但无论如何他依然未能挽救语文学,使之免遭"非存在"的厄运,毋宁说他反而进一步加重了这一厄运。这是因为,狄奥尼修斯由于将语文学限定在诗人和散文家的言说内,便多少还限制了语文学的范围,但是此人〔卡莱斯〕的定义却又让语文学覆盖了整个希腊语及其每一个语义——我们可以说,这乃是一个甚至连诸神都无法做到的事情。正如我们在前面已经说过的那样,科学研究正是要进行限定,所以绝不可能以无限的东西作为探究的对象;科学的主要任务是要把非限定的东西框定下来。但是,指称的东西和被指称的东西都是无限的,因此,语文学不可能是关于指称的东西和被指称的东西的知识。其次,就词汇而言,各种各样的变化在过去发生过,在现在正在发生,在将来还将发生,因为时间无疑是变化的钟情者,这不光对动植物来说是如此,对词汇来说也是如此。然而,即便是对于一个固定不变的无限者,人类也不可能有什么知识,更不用说是关于一个变化着的无限者了;因此,从这个意义上来说,语文学也不可能存在。再次,卡莱斯或是认为那种技巧(skill)是技艺性的,或是认为它不是技艺性的。假若他所指的技巧是技艺性的,那他为何不把技巧直接冠以"技艺"(art)之名,却偏要代之以从技巧中推衍出来的那个名称呢?假若它是非技艺性的,那么,由于不可能通过非技艺性的东西去理解技艺性的东西,我们自然不可能形成所谓"语法的技巧"——这种"技巧"凭借"技艺"在希腊人的语言中区分出能指是什么、所指是什么。

德米特里乌(Demetrius)——此人的姓是克劳路斯(Chlorus)——和一些其他语文学家还给出了语文学的这样一个定义:"语文学是关于诗人的以及普通人的言说形式的知识。"但是,对于这些人,同样的窘境依旧存在。语文学既不可能理解诗人的所有言说的形式,也不可能理解其中某些言说的形式。首先,由于诗人们总是在谈论诸神、德性和灵魂,而语文学家并没有关于这些事物的专门知识,因而,语文学要研究所有的言说形式是根本不可能的;其次,由于像这样的主题并不仅仅属于语文学家们的研究领域,而且也属于哲学家、音乐家和医生等其他一些学问家的研究领域,这些人也在探讨诗人的"某些言语";因此,语文学也难以研究和处理"某些言说形式"。再次,在他们的表述中,语文学同时也是"关于日常言谈说形式的一种知识",如果他们的意思是一个普遍命题,即"语文学家研究日常使用的任何言说形式",那么,他们就又错了:日常使用中的言说形式是无限的,而无限的东西是不可能成为知识对象的。或许他们把这一定义视作是一个特称命题,即"日常使用中的某些言说形式是语文学的研究对象";但是即便如此,他们也无法让语文学成为真实存在的东西;这是因为,雅典人会有阿提卡(Attica)一带的日常言谈形式的知识,多里安人(Dorian)也会有多立安一带常用的言谈形式的知识,而演说家同样会有在演讲中使用的言谈形式的知识,医生当然也会有在医学中使用的言谈形式的知识。而如果他们的定义"日常言说的

207

所有形式的知识"，不是指所有那些不同的言谈形式的知识（因为这实际上是不可能的），而是指在方言中普遍性的、被广泛使用的言谈形式的知识，例如多里安人通常使用某种形式的音调，伊奥尼亚人（Ionian）则通常使用另外一种音调，那么，他们所说的看似合理，实际上却并不正确。因为不存在一种为每一种方言所公认的习惯性用法（多里安人和阿提卡人的方言都太多了），而且，语文学家自认为它们所教给人们的所谓规则也不可能适用所有言谈形式，而只适用那些具有类似音调（比如尖音和重音）的言谈形式；这些规则是不可能包容所有言谈形式的。

我们依据语文学家所给出的"语文学"定义所作的上述例举式的批判分析，已足以表明语文学的无根基。下面，让我们对语文学的那些最重要的原理以及它所借以构建整个体系的那些原理作一番研究和检验。

4. 语文学的部分

关于语文学的部分问题，既然在语文学家中存在着喋喋不休的巨大纷争，我们就不应让那些次要的问题来侵占甚至于替代主要问题的位置，也不应陷入那些对我们当下的目的既无裨益又无恒久性的问题，以免我们的讨论从更为必要的驳难模式中偏转游离开去。我们相信，公平地讲，可以把语文学划分为这几个部分：一个部分是技艺的，另一个部分是历史的，还有一个是专业的（也称评注的）——这第三个部分论述和研究诗人和散文作家们的作品。"技艺的"部分系统地阐述有关音素的规则、言说的部门划分、正字法、希腊语的习惯用法以及由此而来的一些问题。在"历史的"部分中，语文学家们教授有关人物的事迹，比如神圣的人物、普通人物和英雄的介绍，另外还有对诸如山脉河流的解说，以及对虚构的故事或人物传说或其他有关描述的记载。在"专业的"部分中，他们将就诗人或散文作家们的言说进行考查，并阐释作家语言中的晦涩难懂之处，还就作家们在表达上的正误、作品的真伪等作出评判和甄别。上述这些就是语文学各部分的大致轮廓。不过，人们切勿把这些部分看作该术语的精确意义上的"部门划分"，也不可以类比于把灵魂和肉体说成是"人的部分"的那种理解，因为后者往往把各部分当作彼此区别、互不关联的部分来理解，而语文学的各部分——技艺的、历史的以及研究诗歌和散文的——的每一个都是紧密关联、相互交融的。因为对诗歌的考察并不与技艺的、历史的部分相分离，而后两个部分的每一部分也都不缺乏与其他两个部分的相互联系。在那些把食疗、外科手术和药疗看作医学技艺的"部分"的人的观念中，必然隐含着如下的理解，即三者之间存在着许多相互借鉴的关系（因为饮食若是离开了用药和外科手术就会寸步不前；反之，用药也包含在其他"部分"的功能之中），同样，在我们目前讨论的这个主题中，语文学的每一个部分同样也不是互相独立、彼此分离的。我们预先所详尽作出的这种部门划分，绝不是一个边缘性的问题，因为它使我们理解：如果其中有一个部分被证明为不可靠，那么另外的两个部分实际上也同样地站不住脚；因为它们相互之间谁都无法分离存在。不过，尽管这是一种简明扼要的证明法，我们还是不会采用这种方法；我们会尽力去驳斥语文学的每一个部分，就如同它并不需要其他两个部分的存在那样。本着按序批驳的原则，我们的论驳从第一部分开始。

5. 论语文学的技艺部分

对语文学技艺部分的细心审查的必要性虽有其他许多理由，但是尤其重要的是下述几点理由：首先，语文学自我炫耀并引以为傲的正是凭其对所谓技艺部分知识的把握，语文学家总是以此去数落那些在其他学科上颇有声誉的人，说他们甚至不懂希腊语的通常用法。其次，语文学家每当在争论中被逼入窘境之时，除了指责论敌的言说完全是外国话、语法都不对之外，往往再也找不到转移论敌注意力的其他更好的办法了。

再有，让人感到气不过的是，我们看到这些甚至连两句话都无法熟练地联结起来的语文学家，却一味地企图证明古人中那些精通正确的语言和希腊语惯用法的大师如修昔底德、柏拉图和德谟斯提尼等犯有语法错误。为了反驳他们的攻击，一个辩驳就足以解决问题，即只要证明他们所谓的"技艺"是非技艺性的。我们必须先就"音素"问题作些检讨，因为他们的整个技艺部分的体系正是以音素为基础构建而成的，而我们对音素的否证必将导出这样一个结论，即那些所谓的语文学家其实都是些不合语法的人。

"音素"这个术语有三种含义，即写下来的字母或形式，它的功能（或语音），命名。鉴于语文学家都把语音当作标准意义上的"音素"，我们不妨把对语音的探讨作为我们深入考查的第一步。在书写的形式中共有二十四个音素，语文学家把这些音素总体上划分为两大类，其中一类他们称为元音，另一类称为辅音。元音有七个，它们分别是 α, ε, η, ι, ο, υ, ω；其余都是辅音。他们还认为，元音又可区分为三种，其中两个为长元音，即 η 和 ω，两个为短元音即 ε 和 ο，另三个为中性元音，其发音可长可短，它们是 α, ι, υ。他们还称中性元音为"双重的"（或具有双重音量的）、"流动的"、"模棱两可的"（含糊不清的）、"变化的"（可变的），因为这三个中性元音中的任何一个都天然地具有此时发长音、彼时发短音的转换能力，例如，在下述例句"Αρες Αρες"中的 α，就各有长短：

阿瑞斯，阿瑞斯！攻城略地的猛士和杀人如麻的屠夫。[①]

又如在 Ιλιον εισιερην 中的 ι：

---

① 荷马：《伊利亚特》第 5 卷 31。

哪怕到神圣的特洛伊，阿波罗也要急于赶去见她。①

还有如在 υεν υδωρ 中的 υ：

不可思议的洪水从天神的云层中倾泻而出。

根据语文学家的说法，在辅音中有些辅音是"半发音"的，另一些是"不发音"（哑音）的。"半元音"的辅音，是指那些在发音时它们自身本来就能发出 ρ 或 ς 或 μ 或与此类似的语音的辅音，例如 ζ, θ, λ, μ, ν, ξ, ρ, σ, φ, χ, ψ；或按某些语文学家所说的，是略去了 θ, φ, χ 之后的八个。"不发音"的辅音是指那些凭它们自身形成不了音节或语音的辅音，它们只有在连同其他音素时才能发出音来，如 β, γ, δ, κ, π, τ, 或像某些人所说的还加上 θ, φ, χ。另外，他们还总体上认为，在辅音中，有一些是天然的"阻音"（或送气音），另一些是天然的"流音"（或不发送气音），"阻音"为 θ, φ, χ, "流音"是 κ, π, τ。他们认为，只有 ρ 既可发"阻音"也可发"流音"。他们还宣称有些辅音是"双重的"，比如 ζ, ξ, ψ, 因为 ζ 是由 σ 和 δ 组成的，ξ 是由 κ 和 σ 组成的，ψ 是由 π 和 ς 组成的。

对上述这些被语法家们当作音素看待的东西，我不得不认为：首先，他们把其中的某些音素说成是"双重的"，这种说法是十分荒谬的。这是因为，第一，所谓双重的东西是指由两种事物构成的复合物，而音素（元素）当然不应是别的东西的复合物，它必须是单一的、非复合的；因此，所谓双重性的音素是不存在的；第二，如果构成双重性的音素的部分是音素，那么，由这些音素构成的双重性复合物也就不再是一个音素了。事实上，构成双重性的音素的部分确实是音素，因此双重性的复合物绝不可能是一个音素。

---

① 荷马：《伊利亚特》第 7 卷 20。

其次，正如这些所谓双重性的音素能够被否证一样，那些被语文学家认为天然地兼具长、短音的"双重性"音素也终将被否证。因为，如果它们天然就兼具长、短音，那么，要么它们的字母本身形状如 ε、ι、υ 就能标明这一"时短时长"的双重性，要么还得再附加上"缀符"。然而，字母形状本身并不能表明某个音素天然就"兼具双重性"（"共同的"），因为字母本身无法清楚显示出音素到底是发长音还是发短音，抑或是既发长音又发短音的。正如我们在前面的例子 Αρες 中所说过的那样，对于由音素组成的音节，若是离开了附加上去的"缀符"，我们无法确切地知道该音节是发长音还是短音；同样，从字母 α、ι、υ 本身看，看不出它们兼具"双重音量"，毋宁说它们什么都不具有。如此一来，剩下的唯一可能的情况是：唯有与"缀符"① 相结合时，字母才能兼具"双重性"。但是，这种假定依然是难以成立的。这是因为，当字母附加上了"缀符"时，字母在加上的是长缀符时就发长音，在加上的是短缀符时就发短音，从来也不会长短"兼具"。依此看来，天然的"双重性"音素是不可能存在的。也许他们会辩解说：说这些音素天然就"兼具长短的双重性"乃是就它们能够容许变成或长或短的音的意义上说的。即便是这种辩解，也会在不知不觉中把他们自己推入同样的困境之中。这是因为，那能够成为某一个事物的东西并不等于该事物本身，正如能够成为雕像的青铜仅仅就它只是"能够成为"来说，并不是雕像本身，具有适合于成为船只之性质的木材，并不因此就是船只本身，同样，这类能够成为长、短音的音素在被赋予"缀符"之前，既不是长也不是短，更不是同时既长又短。此外，短音和长音是对立不相容的，二者无法共同存在。因为长音的存在要以短音的消失为前提，当一个长音消失之时，一个短音方才产生。由于这个原因，一个发"抑扬音"的字母不可能发短音，因为抑扬

---

① 希腊语古代没有缀符，在后来的发展中加上了这种"缀符"，可以表示重音，比如 ὅ、ή 之类，还可以表示是否"送气"，以及表示发音长短。表达重音的有三种：尖音、沉音、扬抑音。我们这里由于排版问题，没有在希腊语词上加缀符。

音必定伴随着发长音。因此,如果一个音素天然地就是"双重"的,那么,这种"既长又短的性质"要么同时存在于该音素中,要么每一时刻只存在一种性质。但是,长音和短音这两种性质是不可能同时存在于一个音素中的,因为,彼此水火不相容的两种截然不同的性质是绝无可能存在于同时发出的一个语音之中的。如此一来,所剩的唯一可能是:在同一个时间内,长、短音当中只能有一个存在。然而,这一种选择也是难以置信的,因为当音素是短音时,或当音素是长音时,在那一个时间中的音素是不可能兼具长音和短音的,而只能仅仅是短音或仅仅是长音。

我们可以将同样的驳论方法,运用到对"阻音"、"流音"或"二者兼具"的音素的批判分析中去。我们认为在这里只需提一下这种驳论就已经足够了。

既然所谓"长短音二者兼具"的音素已经被否证,并且我们也已经证明它们只能要么是短音,要么是长音,那么,随之而来的情况是,每一个音素都是双重性的:一方面天然就是长音,另一方面又天然就是短音。那么,由于α、ι、υ这几个因素所具有的双重性,"发音的"音素(或元音)就不再只有7个——即2个长元音η和ω,2个短元音ε和o,以及3个"长短音兼具"的可变元音α、ι和υ;而是总数将是10个了——5个长元音即η、ω和发长音的α、ι、υ,还有5个短元音即o、ε和发短音的α、ι、υ。并且,根据语文学家们的又一假定,缀符除了可以标示"长"和"短"两种属性之外,还可以标示"高音"、"低音"、"扬抑音"、阻音和流音等属性;因此,每个元音只要标上缀符,具有上述这些属性中的一个,便可以成为一个新的音素。正如我们业已发现的那样,既然一个音素不可能长、短音兼备,而只能或者是长音——当它标着长音的缀符时,或者是短音——当它标着短音的缀符时;依此类推,一个音素同样也不可能高、低音兼备,也只能是当具有高音的缀符时就只是高音,或当具有低音的缀符时就只是低音;其他的缀符的效果也依此类推。鉴于2个短元音可以被标上五种缀符即短、高、低、阻和流,2个短元音就成

213

为 10 个短元音。2 个长元音由于不仅能标上长、高、低、阻和流的缀符，而且还能天然地标上"扬抑音"的缀符，这么一来就成了 12 个长元音。而那 3 个"长短兼具的可变"元音的每一个如果又都加上 7 种缀符，那么就会变成 21 个元音。如此屈指算来，元音的总数就有了 43 个！这些元音再加上 17 个辅音，音素的总数就不是 24 个，而是 60 个了。

不过，还存在着另一种不同的论驳，该论驳所证明的元音数目要比现在语文学家们所热衷的"7 个"还要少！这是因为，若按语文学家的说法，如果 α 在它是长音和短音时并不是不同的音素，而是一个"共同的"（二者兼具的）音素，而且 ι、υ 也是如此，那么，由于 ε 和 η 二者都具有这种潜能：当 η 发短音时就成 ε，当 ε 发长音时就成 η，ε 和 η 就应当属于一个"共同的"音素了。按照同样的道理，因为 o 和 ω 只存在发音长短的不同，ω 不过是发长音的 o，o 不过是发短音的 ω，o 和 ω 当然也是一个"共同的"音素。作上述论证的学者于是把那些主张存在 7 个元音的语法学家说成是缺乏判断力的人，因为他们未能洞悉到只存在 5 个元音的这一简单事实。

与此相反，又有一些哲学家宣称，另外还存在着一些具有不同于传统的元音的潜能的音素——例如 αι、ου 以及其他具有类似性质的音素。这是因为，"音素"之所以是一个元素，就在于它具有一个非复合的、单一性的发音，有如 α、ε、o 和其他字母的发音一样。既然 αι 和 ει 的发音是单一的、同一种类型的，那么它们就是音素。我们之所以把这些字母的发音看作单一的、同一类型的，其理由从下述的阐释中是不难看到的。所谓复合的发音，是指它不能把开始震动发音器官时的同一种声音性质自然而然地保持到终了，而是会随着发音的延续有所变化。相反，那些的确具有"音素"性质的单一的发音的性质则自始至终都不会有变化。因此，当 ρα 的发音延续进行时，很明显感官对它在发音末尾时的感受与发音开始时的感受就不同：感官首先会被 ρ 的发音所震动；在 ρ 的声音消退之后，又会获得纯粹发 α 音时的感受。因此，ρα 以及其他所有的类似发音都不是音素。然而，如果发 αι 这个音，情况就全然不同了，在开始时所听到的那个特别的音调是与终末时所感受到的音调完全相同的，因此 αι 就是一个音素。既然 ει 和 οι 的声音听起来自始至终都是单一性质的、非复合的，不曾发生过任何改变，其情况与 αι 的发音别无二致，所以这些字母也当属音素无疑。

我们暂时把这个思路放在一边，来看看语文学家还可能面临的另一个更为棘手的驳论。鉴于 α、ι、υ 这 3 个音都能够发长短音，如果我们因此就把这三个音素称为"兼具"音素的话，那么，我们就不得不承认所有音素都是"兼具"音素，因为每个音素都可以加上 4 个"缀符"，即低音、高音、流音和阻音。而如果语文学家不允许我们说每个音素都是"兼具"音素，那么我们同样有理由不允许他们借口 α、ι、υ 具有发长、短音的潜能就把这 3 个音素称为"兼具"音素。

既然我们已经证明了语文学所谓的"音素"是十分令人生疑的，我们也就完全可以结束就这个问题所作的探究了。因为当语文学家们不能再坚持那些原理时，对于在原理基础上产生的东西，他们还能有什么可说的呢？尽管如此，作为一种例证而进一步检查由那些原理产生的东西，也并非无关宏旨之事。"音节"的形成既然立足于"音素"的基础之上，不妨让我们对音节进行一番审视。

6. 论音节

每一个音节或者是长音节，或者是短音节。语文学家认为，长音节有两种类型，一种是本来（天然地）就有的，一种是通过排列（位置变换）才有的。本来就有的长音节又有三种情况：其一是这个音节包含了一个发长音的音素，例如单词 ηως 就是这种音节；由于该单词包含了两个本来就是长音的音素 η 和 ω，其中的每一个音节就都是长音节；其二是由

215

两个元音组成的音节，就如单词 αιει 中的情况，由于其中的每一个音节都由两个元音构成，从而该单词的两个音节都是长音节；其三是该音节包含一个"兼具长短音的音素"，并且该音素此时发长音，比如在单词 Αρης 这种情况中，因为这里的"双重性音素"此时发长音。上述三种不同的方式都能使音节天然地成为长音节。至于通过位置变换而成长音节的，又有五种方式，它们是：或者是该音节以两个单辅音结尾；或者是该音节的下一个音节以两个辅音开头；或者是该音节以一个辅音结尾而它的下一个音节以一个辅音开头；或者是该音节以一个双写音素结尾；或者是在该音节的后面被插入了一个双写音素。如果每一个音节都是以语文学家的"技艺"中所指明的那些方式而或长或短，那么，只要我们能够证明长音节和短音节都不存在，语文学家们也就没"词"了。因为，正如音节随着音素的被否证而被推翻一样，音节如果不存在了，那么，不论是单词还是"言说的各部分"，也就都不存在了；结果，"言说"自身的存在也必将不攻自破了。

一个短音节如果要能存在，就必须首先有一个使音节得以存在于其中的最小单位的短暂时间。但是，正如我们行将证明的那样，由于每一段时间都是可以无限可分的，所以，就不存在"一个最小限度的时间"，因而并不存在一个占据短暂时间的短音节。要是他们辩解说，他们所谓的短暂而最小单位的音节并不是指本性上最微小，而是指对感官而言最微小的音节，这种辩解只会加重其困境；因为我们能很容易地发现，他们名之曰短音节的东西，即便对感官来说也是可分的。例如音节 ερ，我们可以通过感官感觉出声音 ε 的发出先于声音 ρ；反之，要是我们想发 ρε，我们又能感觉到声音 ρ 先产生，尔后才产生声音 ε。任何事物，如果能被感官感受到它有一个先出现的部分和后出现的部分，那么它对感官来说就不是最微小的。语法学家所说的"短音节"明显地具有一个先出现的部分和一个后出现的部分，因此，对感官而言，并不存在一个所谓"最微小而短暂的音节"。音乐家们或许还能提供给我们一些非理性的时间及延长的音调，然而，对于那些并不承认这种巨大的无限，而只是在划分长短音节的人来说，循入这一借口中是不合法的。因此，短音节不存在。

另外，长音节也不存在。语文学家们认为，长音节是双时性（双重）的。但是，两个不同的时间不可能彼此共存。因为，两个不同的时间之所以被区分，是由于一个时间存在于现在，另一个不存在于现在；然而如果一个时间存在于现在，而另一个并不存在于现在，那么这两个时间就不可能彼此并存。因此，如果长音节是"双时性"的，那么，其必然的结果是：当它的第一个时间出现（存在）时，第二个时间就尚未出现；而当它的第二个时间出现时，第一个时间就不再存在了。由于长音节的两个部分不可能共存，那么，作为整体的长音节也不存在，能存在的只是其中的一个部分。但是，音节的一部分并不是音节本身，否则，长音节和短音节就别无二致了，因此长音节不存在。语文学家又会辩解说，长音节可以通过"联合记忆"（joint memory or concurrent recollection）[①]被理解（那就是说，通过记住已经发出的声音，并感受正在发出的声音，我们就能够把这两者的联合理解成为一个长音节）；——如果他们说的就是这个意思，那么，他们还是将不得不承认，诸如此类的所谓音节也是不存在的。这是因为，倘若这种音节能够存在，那么它或者存在于先发出的声音中，或者存在于后发出的声音中；但是这二者都不可能仅仅依凭其自身而存在，所以其中任何一个都不是一个音节；因而，长音节既不存在于先发出来的声音中，也不存在于后发出来的声音中。长音节因此也就不可能存在。并且，即便这样的音节能够存在，它也只能是个短音节，而绝不可能是个长音节。另一方面，长音节也无法同时存在于两个先后不同的声音中，因为当其中的一个声音存在时，另一个声音就不存

[①] 或译"共同回忆"（Concurrent recollection），这是斯多亚派的术语，参见《皮罗学说概要》第 3 卷。

217

在；而从一个存在的东西和另一个不存在的东西中，我们是无法理解任何应当是由这两个部分复合而成的东西的。因此，长音节不存在。

我们还应提一下"单词"和"言说的各部分"所面临的与此相类似的困境。首先，正如刚才我们已经指出过的那样，如果音节不存在，"单词"也不能存在；因为各单词正是从音节那里获得自身的材料的。其次，我们按照相同的反驳思路，完全可以将同样的批判直接运用到对"单词"本身的驳斥中去。因为，单词或者是一个音节，或者是几个音节构成的；不论在何种情况下，单词的存在均面临着我们在反驳音节时所提到的种种困境。为了不至于对此感到迷惑和不解，我们有必要就这一点对语文学家再多说一些东西。

当语文学家把某些东西——比如名词、动词、冠词以及其他一些东西——称为"言说的各部分"[①]时，他们究竟是从哪里搬来这个称号的呢？他们或者把这些东西说成是言说的整体，或者说成是言说的部分，但是言说既不能被理解为一个整体，这些东西也不能被理解为言说的部分。为了不至于让我们的讨论偏离语法原则这个议题，不妨让我们举几个符合语文学家的假设的例子作详细的分析。我们假定下面这句诗是一则"言说"（或句子）：

噢，女神，歌唱珀琉斯·阿基里斯（Peleus Achilles）心中的愤怒吧！[②]

该句的组成部分有：名词"愤怒"，祈使性动词"歌唱"，阴性名词"女神"，"珀琉斯"是父姓名词，另外还有一个专有名词"阿基里斯"。依此看来，或者句子是与其组成部分不同的另一个东西，而各个部分又

---

① 即"句子成分"。
② 这是荷马的《伊利亚特》的第一句诗。

是与句子不同的东西；或者，各组成部分的聚合就是句子。假若句子是不同于其组成部分的另一个东西，那么很显然，当抽去句子中的各部分时，应当还能剩下句子。然而事实上，当抽去句子的所有部分时，我们上面所给出的诗句根本就不可能存在；甚至只要我们将例句中的任何一个部分比如"愤怒"或"歌唱"抽离，那么这句诗文马上就不存在了。而假若把句子理解成句中各部分的聚合，那么，由于聚合除了聚合起来的各部分之外不会再有别的东西，正如距离除了间距开来的各个事物之外不再有别的东西一样，因此，被理解为各部分之聚合的句子是不存在的。当整个句子不存在之时，句子中的任一部分也是不可能存在的。所以，正如没有了左手就不会有右手一样，要是作为整体的句子不存在，它的各个部分同样也就不存在。依此观之，假若他们把各部分的聚合看作整体性的句子，那么最终的结果必然是：他们不得不把句子的部分说成是各个部分相互之间的部分。因为，如果存在的不是整体（句子）而是部分们自己，那么，句子的部分也只能是部分们彼此的部分。但是这是多么不合乎理性啊！部分当然应当被包含（存在）于各部分的整体之中；每一个部分在整体中均有自己的位置，并有着自己的现实性。而不可能包含于彼此之中。例如，双手是人体的部分，手指是手的部分，指甲是手指的部分，从而可以说双手包含于人体中，手指包含于手中，指甲包含于手指中。但是，右手并不能替代和包办左手，食指也不能完全取代拇指，头也构不成脚，脚也构不成胸。因此，我们当然不能说句子的各部分乃是部分彼此的部分，因为要是如此，部分也就会彼此相互包含，如"愤怒"就得包含于"歌唱"之中，"歌唱"就得包含于"女神"之中，简言之，所有的部分包含于所有的部分之中——而这是不可能的。既然句子的部分不可能是它们自己相互之间的部分（因为这种情况是难以想象的），而且句子若没有了部分就会流于空无，部分若没有了部分们自己也会流于空幻，我们就不得不说，句子的部分不存在。因此，句子也不存在。

我们也许还可作如下的驳难。假若"愤怒"是诗句的一个部分，它或者是整句诗的一个部分，或者是"女神，歌唱珀琉斯·阿基里斯"的一个部分。然而，如果它是整句诗的一个部分，那么，既然作为整体的诗句之所以能被理解，只有在包含了"愤怒"之后才是可能的，"愤怒"也就成了它自身的一个补充部分；这么一来，"愤怒"就既大于自身又小于自身。就"愤怒"作为被它自身所补充来说，"愤怒"大于它自身，因为被补充了的东西要大于用来补充的东西；而就"愤怒"作为用来补充自身的那个东西来说，"愤怒"又小于其自身，因为用作补充物的东西要小于被补充的东西。鉴于上述这些结果难以置信，因此，"愤怒"不可能是整个诗句的一个部分。另一方面，"愤怒"也不可能是该诗句在除去了"愤怒"之后所剩余部分的一个部分——我的意思是说它是"女神，歌唱珀琉斯·阿基里斯"所组成的一个余下的句子。这是因为，首先，部分理应包含于它所从属的那个东西之中，而"愤怒"并不包含于"女神，歌唱珀琉斯·阿基里斯"之中，因此，它就不可能是这一余下之句子的一个部分。其次，短语"女神，歌唱珀琉斯·阿基里斯"并不需要任何补充，因为它就自身来说就是一个完整的句子。但整个句子——我的意思是说整句诗——并不是"女神，歌唱珀琉斯·阿基里斯"，因此，"愤怒"也不是这剩余句子的一个部分。如果"愤怒"既不是整个诗句的一个部分，也不是所剩余的句子的一个部分，而除此之外又不可能有别的东西存在，那么，"愤怒"就不是任何句子的一个部分。

　　上述就是我要阐述的对"言说（即句子）的各部分"的总体性反驳。当我们继续考察他们的各种专门技术理论时，会发现更多无意义的空谈闲聊。我们不必去漫游其全部的领域，因为其中尽是些语文学家空泛的冗词赘语和老妇式的唠叨。我们只需采用酒商们所惯用的办法就行了：因为正如酒商们从一丁点儿样品的品尝中就可判断出整船酒的品质一样，我们只要从他们的"技术"中抽取出一部分——比如"名词"——加以剖析探问，就足可获取对语文学家在论述其余部分方面所具技巧的一个总体印象了。

7. 论名词

　　语法学家们认为，有些名词天然（或译"自然"）是阳性，有些名词天然是阴性，有些名词则天然是中性；有些名词天然是单数，有些名词天然是双数，有些名词则天然是复数。其他的特性则都与这些相关。下面我们来探讨一下究竟何谓"天然"。"天然"或者是指那些最初说这些名词的人所发出来的是"自然的"声音，例如哭声就是疼痛时发出来的一种自然声音，喊声就是欢乐或赞美时发出来的一种自然声音；有人因此认为有些名词天然地就属于这一种类型，另一些名词天然地属于另一种类型。另外，"天然"还可以是指每一个名词在当下能自然地使我们感受到它是阳性的，尽管我们并不认为它是阳性的；在另一场合又能自然地指示我们它是阴性的，尽管我们也并无此愿。不过，谅必语法学家还不至于敢声称自己讲的是前一种含义的"天然"，因为以语法学家的痴笨，如何能够明断出名词或是由于自然，或是由于习俗，抑或是部分由于自然部分由于习俗呢？我们要知道，即使对那些在自然科学方面有着极高造诣的人来说，由于对立双方论据的力量均衡，对此要作出明断也是件颇为棘手的事情！况且，上述这种观点还会面临一个强有力的驳难——对此语法学家即便能够勉为其难地硬撑着辩抗，也终究无法提供一个能令人满意的回应。假若名词能自然地存在，并且在每一个言谈场合下其含义都不受习俗的影响，那么，所有人理应能理解所有人的言谈，也就是说，希腊人能理解外邦人的言说，外邦人也能理解希腊人的言谈，并理解其他不同的外邦人的言说。但是，事实上情况远非如此。因此，名词不可能自然地具有其意义。语法学家看来也不敢贸然下此断言。但是，倘若语法学家认为每一个名词能自然地向人们表示它或是阳性的，或是阴性的，或是中性的，并据此断定有些名词天然地是这种类型，另一些名词天然地是那种类型，

221

那么，他们的基础就更不稳定了；因为我们要再次向他们指出，能使我们自然地感受到的那些东西，理应也能给所有与我们相类似的人以同样的感受，而不会是给这一些人以这种感受，给另一些人则以另一种截然相反的感受。例如，火能"自然地"温暖外邦人和希腊人、无技术的人和有技术的人，它不会给希腊人以温暖感而给外邦人以刺冷感；雪能"自然地"给人以冰冷感，它绝不会给某些人以冰冷感而给另一些人以温热感。因此，那能"自然地"给我们以感受的东西，应当以相似的方式影响所有不存在感官弱障的人。然而，事实上同样的名词却不能给所有人以同样的感受；对某些人来说是阳性的，对另一些人来却是阴性的，对其他人来说又成了中性的。例如，雅典人说"坛子"（η σταμνος）时用的是阴性词，而伯罗奔尼撒人则用阳性的词（ο σταμνος）；有些人用阴性的词说"圆形大厅"（η θολος），有些人则用阳性的词（ο θολος）；有些人用阳性的词说"灯"（ο βωλος），有些人却用阴性的词（η βολος）。无论是哪一种意义上的说法，我们都不能说它是错的，因为每一种处理词的方法都是依从习惯确定下来的。甚至同一个人说同样的名词，也会有所不同。一个人说"饥饿者"时，有时可以指阳性（ο λιμος），有时可以指阴性（η λιμος）。因此，一些名词是阳性，另一些名词是阴性，这并不是"自然地"使然的，而都是因习惯用法所导致的；因此某些词为这一一种类型、另一些词为那一种类型。再者，假若一些名词能自然地是阳性的，另一些名词能自然地是阴性的，那么，雄性的事物理应都冠以阳性之名，雌性的事物理应都冠以阴性之名，非雄非雌的事物则理应冠以中性之名。然而情况也并非如此，对雄性事物我们经常会以阴性名字相称，对雌性事物我们也会以阳性名字相称；对那些非雄非雌的事物，我们则会用那些或阳性或阴性的名字称呼它们，而不是用中性的名字称呼。因此，即使下述这些事物是雌性的，例如渡鸦、鹰、小昆虫、甲壳虫、蝎子、耗子等，人们依旧还是用阳性的名字冠名之；与之相反，下列事物哪怕明明是雄性的，例如燕子、乌龟、乌鸦、蝉、鼹鼠、蚊子，人们照样也给标上阴性的名称；与此相似，虽然"靠床"本身既不属雄性事物也不属雌性事物，却被人们冠上了阴性的名字 κλινη；虽然"柱子"本身是中性的事物，却也被人们冠以阳性的名词 στυλος。[①] 依此看来，如果没有任何名词是自然（天然）的阳性或阴性的，那么试问，对那些反常地说"ο χελιδων（燕子）"和"η αετς（鹰）"[②] 的人，语法学家又该作何指责呢？语法学家或者基于"燕子"（χελιδων）"自然是阴性的"之理由去批评他，然而这个人已经通过加阳性冠词的方法使这个词变成阳性了；或者，语法学家基于习惯用法业已确定这个词是阴性而不是阳性的理由去责怪他。但是，一方面，假如语法学家采纳前一种理由，即"燕子"自然地是阴性的，那么，正如我们前面业已表明的那样，由于名词无所谓自然地是阴性的，从而应该用这种方式还是用那种方式来表达"燕子"就成了一件无关宏旨的事了；另一方面，假如语法学家采纳后一种理由，即该名词已被习惯用法规定为阴性的，那么，判断言说正确与否的标准就已不再是什么"技术的"和"语法学"的理论，而是对于非技术的、简单的实际通用用法的遵从。

我们还能运用类似的论证来批驳名词的单数和复数。我们往往可以用复数的名词如 Αθηναι（雅典）和 Πλαταιαι（普拉蒂亚）来指称单个的城市，反之，我们不仅可以用单数的词，也可以用复数的词指称同一个地方，比如 Θηβη（忒拜，单数）和 Θηβαι（忒拜，复数），Μυκηνη（迈锡尼，单数）和 Μυκηναι（迈锡尼，复数）。对这些不合常规的用法，随着我们探讨的深入继续，我们还会进行更为缜密的讨论。

至此，鉴于我们已经通过例举的方式领略到了语法学家们关于上述这些问题看法的"精确性"；在我们转入下一个论题之前，不妨让我们

---

① 希腊语中阳性名词的末尾多为 ς，而阴性名词的末尾多为 η。

② 在此，本是阴性的名词 χελιδων 的前面却用了阳性定冠词 ο，本是阳性的名词 αετς 的前面却用了阴性定冠词 η。

再对这一问题略作考量——我的意思是，让我们看看按语法学家们的观点，其所谓的"言说"或"言说的部分"究竟所指为何？言说或者是有形的声音，或者是不同于声音的那无形的"言说"（即含义）。但是，谅必他们不会断定言说就是声音。这是因为，当声音发出来时，人人都能听到它，不论是有文化的人还是没文化的人。然而，言说以及言说的各部分只有希腊人和那些对语法原则颇为娴熟的人才能听懂并理解；因此，言说以及言说的部分不可能是有形的声音。它们也不可能是无形的"言说"（含义），这是因为，除了物体和无形的虚空[①]，另外还会有什么无形的东西存在呢？对此，在哲学家当中不是依然还存在着源源不尽的巨大论争吗？因为，按独断论者的说法，能够运动的东西是有形的，而如果那东西是静止的，且能无阻碍地容许物体进入其中，那它必定是虚空（"无阻挡性"即"可入性"乃是虚空的属性）；而如果那东西能阻挡物体进入其中，那它必定是物体，因为不可入性乃是物体的属性。再者，当有人说无形的"言说"存在时，他或者只依凭简单的"武断"，或者还得援引另一个证据。假若他仅凭武断，那么他必将会遭到一个与之相反的武断的反驳；而假若他求助于另一个证据，那么，由于论证（证据）自身还必须凭靠一个无疑问的前提才得以成立，而该前提还是"言说"，这样一来，他就是在使用有待证明的东西——就像它已经解决了似的——来自我证明，从而就不会有人相信他。正是基于这一理由，由于言说既不可能是发出来的声音（有形的），也不是声音所指称的无形的"言说"（含义），而除此之外又想象不出还有什么其他的选择；因此，言说不存在。

不过，暂且让我们认可语法学家所期望的结论，即言说以及言说的部分是存在的，那么，试请回答这样一个问题：你们究竟是如何把言说划分成不同部分的？

[①] 这些是伊壁鸠鲁所认为的唯一的两种"真实"的东西。

8. 论言说的部分

鉴于对韵律诗的划分主要是两种，其一是格律，即把诗句划分成音步；其二是把句子划分成各种部分（成分）。为此，要彻底驳斥语文学家，就得对上述的每种划分法都给以抨击与批判。一方面要通过对语法学家划分的所有音步的否证，来抨击其韵律划分的方法，另一方面则通过证明其句子划分的虚幻性，来抨击其划分句子各部分的方法。不过，考虑到我们在"批判音乐家"中将会就"音步"问题作专门的探讨，为避免重复，也为了避免再次论及同样的问题，我们拟将语文学家在音步问题上所遇到的窘境延搁到合适的时候再来分析；目前仅限于考论句子划分成部分的问题。

对一句诗的划分，往往是从该诗句中减去某些词或加上某些词，比如，他们从整句诗那里分离出"愤怒"（μηνιν）一词并将它减去；与此类似，人们还可以把"歌唱"（αειδε）以及其余各部分从句子中减去。有时他们又把一些东西加到有所省略的词中去，比如我们把 α 加到"αιμ εμεων"（吐着鲜血）中去，因为完整的表达乃是"αιμα εμεων"。同样，我们也可以把 ε 加到"βη δ ακεων"（他安静地离去）中去，因为完整的表述应该是："βη δε ακεων。"但是，从一事物中既不可能减去某个东西，也不可把某个东西加到一事物中去，[①] 所以，语法上的所谓"部分划分"也是不可能的。关于减去的不可能性，我们可以从下述的论证中得到印证：如果要从某物中减去某东西，那么，减去的这个东西，或者是从整体中减去的一个整体，或者是从一个整体中减去的一个部分。然而，从一个整体中减去一个整体是不可能的，因为一旦整句诗被写下之后，假若减去的东西正是一个整体，那么我们就会将整句诗减去。因此，要是

---

① 参见《皮罗学说概要》第 3 卷的论证。

承受"减去"这一行为的那句诗依然还存在着，那就足以说明从整句诗中压根儿就没有减去整句诗，因为当一个整体被减去了一个整体时，它怎么可能依旧还是一个整体呢？而要是被减的那个整体不再存在，那么很显然，从不存在的东西中是无法实施"减去"这类事情的。其结果必然是：不可能从整体中减去一个整体。"减去"也不可能是从一个部分中减去一个整体，因为整体不可能包含于部分之中，例如，"女神，歌唱珀琉斯·阿基里斯的愤怒"不可能包含于"愤怒"之中。然而，由于减去的东西理应包含于被减的那个事物之中，如此一来，留待说明的可能情况只剩下两种：减去的东西或者是从一个整体中减去的一个部分，或者是从一个部分中减去的一个部分。但这两种情况同样也是问题重重。这是因为，假若"愤怒"是从整句诗中减去，那它无疑也是从它自身中减去；这一是由于整句诗被认为是包含着这个词的，二是由于假如它能够从整句诗中减去，那么整句诗所余下的句子也被减损了，而不再是毫无变化。因为被减去东西的那个东西不能说是毫无变化的。再者，当"愤怒"被从整句诗中减去时，会从那整句诗的每个部分中都减去某些东西，但这显然是荒诞的。所以，由于既不可能从整体中划分出整句诗，也不可能从一个部分中划分出一个部分，又不可能从一个部分中划分出整个诗句，更不可能从整体中划分出一个部分，而除此之外又没有别的可能的操作方式，循此可见，句子的划分对语法学家来说也是件不可能之事。

另外，即使在那些省略了元音的短语中，加上任何字母也是不可能之事。我们若把"言说"不是当作音节或音素——语法学家们在划分中进行的"添加"主要就是这些——而是当作所有不同的短语看待，这一点就会更加清楚了。这样一来，假若把那半句诗"女神，歌唱珀琉斯·阿基里斯"写下来（因为，我们暂且认可这是一个半句诗，并假定能够把"愤怒"加到该半句诗中去，并结合成一句完整的六韵步诗），那么，我们不禁要问：我们能把"愤怒"加到什么东西上去呢？有三种可能：或者把"愤怒"加到它自身中去，或者把它加到业已写下来的那半句诗中去，或者把它加到由二者共同组成的六步诗中去。但是，我们无法把"愤怒"加到它自身中去，因为它不是别的，正是它自己；它不可能双倍于自己，也就谈不上把自己加到它自身中去。那么，我们能把"愤怒"加到那业已写下来的那半句诗中去吗？若是把它加到整个的半句诗中去，就意味着强使它与另半句诗相等，那它岂不也成了半句诗？因此结果竟是这样：我们不得不说长长的半句诗与短小的一个词——"愤怒"——相等，于是也变成了短小的。而如果假定实际上能把愤怒加到诸如"歌唱吧"等半句诗的全部中去，短小的词——愤怒——就会由于与那半句诗同样大，于是又成了长长的东西。又若假定把愤怒仅仅加到"歌唱"中去，那么，其相加后的整体无法构成一句六韵步的诗句。如此一来，所剩的唯一的可能是：把愤怒加到二者的结合即"愤怒"和先前写下半句诗的结合中去，也就是加到一个完整的六韵步诗行中去。但是，这是完全难以置信的。这是因为，那承受"加上"这一行为的东西在此之前就已经存在了，而由"加上"所产生的那个结果当然不可能先于"加上"这一行为而存在。因此，我们不可能把"愤怒"加到那个加上"愤怒"后所产生的结果——即那句完整的六韵步诗行——中去。因为当我们正在加上时，它还尚未成为一句完整的诗；而当它已经是一句完整的诗之时，"加上"这一行为已不再进行了。至此，我们先前所提出的任务可以宣告完成了：既然既不存在加上，也不存在减去，语法学家所谓的划分方法随之也就被消灭了。

鉴于我们已经深入考问了语法学家在上述问题上的"精确性"，那就不妨让我们继续就他们在写作上的"效力"问题再作一番审视吧。

9. 论正字法

语文学家们认为，正字法有三种模式：（字母的）数量、（字母的）性质和（音节的）划分。所谓"数量"是指诸如在拼写单词时我们会问：是否应在与格上写 ι？在拼写 ευχαλινον 和 ευωδιης 时，是只拼写字母 ι

227

呢还是 ει？所谓"性质"则指诸如在拼写 σμιλιον 和 Σμυρναν 时，我们得思量前面的那个字母应写成 ζ 还是 σ？至于"音节的划分"，指的是诸如在单词 οβριμς 中，字母 β 是第二个音节的开头呢？还是第一音节的末尾呢？还有如在名字 Αριστιων 中，我们该把字母 σ 置于什么位置？① 在这里，即便我们不提那些令对手更为难堪的驳难，这种"语法技术"的无效用性也是明白无疑的。这首先是因为人们对正字法存在着不尽的分歧意见，其次是因为正字法并无实际效果。正字法的技术家们此起彼伏、漫无止境的互相论争，对同一个单字，某些人坚执用这种方式拼写，另一些人则坚持用那一种方式拼写；我们不免要问：如果有关正字法的技术对生活有益，那么，由于有关正字法的纷争扑朔迷离，不论是我们还是对正字法争论不休的每一个语法学家，一旦涉及词语的拼写问题，一定都会乱成一团而不知所措。但是情况恰恰相反，我们也好，语法学家们也好，都未曾因此陷入任何的混乱不适之中；只要人们不是从所谓的正字法技术出发，而是从更为普适的、无争议的实用拼写出发，只要切合为我们（语法学家和非语法学家）所实际采用的、对名词的含义标示来说不可或缺的那些原则，而完全不管那些毫无必要的东西，我们完全能够在毫无争议中顺利地达到我们的目的。由此可见，由语法学家们所给出的所谓正字法的"指导"，对生活并无助益。

　　这些就是立足于语法学家对正字法存在的无尽纷争所进行的批驳。至于从正字法本身几无裨益这一基础上进行驳论，也是一目了然的；因为我们完全不会由于比如不知道下面的问题而受到伤害：我们在拼写与格时是否要用 ι？在拼写单词 σμιλιον 和 Σμυρναν 时是用 σ 还是用 ζ？在拼写名字 Αριστιων 时，应该把 σ 与前面的音节相连还是与后面的音节相合？在拼写 σμιλιον 时，如果由于用了 σ 而不用 ζ 会导致其含义不再是"一把手术刀"，而是"一把镰刀"；或是在拼写名字 Αριστιων 时，如果

---

① 即与 ι 合为一个音节呢？还是与 τ 合为一个音节？

把其中的 σ 与后一音节即与 τ 相合、而不是与前一音节即与 ι 相联，就会导致它的意思从"用早餐者"变成"用餐者"（就如一个诙谐风趣的人所说的那样），那么，这些词的拼写倒确实不再是件无关紧要的无谓小事了。但是，实际上不管人们采用什么拼写形式，词义毫不变化。Σμιλιον还是 σμιλιον，不管它是用 σ 开头还是用 ζ 开头；Αριστιων 总是 Αριστιων，不管我们是把其中的 σ 与 ι 相联还是与 τ 相合；那么，语法学家们围绕这些问题所进行的喋喋不休、空泛愚蠢的论争，还会有什么意义呢？

至此，我们已经以极为概要的方式探讨了正字法。为完成对语文学家技术部分的驳难，不妨让我们就他们是否拥有揭示"希腊语"（或希腊人习惯语）的系统方法的问题作进一步的考量。

10. 论希腊语的习惯用法

一个人必须多少留意语言的纯正性，这是件极其明白的事，因为那些经常使用外国话（不合语法规则的语言）或经常讲一些有语病的话的人，会遭到人们的轻视，被看作没文化的人，而那些说着纯正希腊语的人，则能清楚准确地表达自己的思想。不过，"希腊语"存在着两种不同的类型，一种与我们通行的用法不同，似乎与语法规则相一致；另一种则遵循每个希腊人的通行用法，它源于日常交谈中的观察和构词。例如，从主格 Ζευς（宙斯）以类推的方式构设出 Ζεο、Ζει、Ζεα 等不同词形，就属于第一种类型的"希腊语"的变格构词；而如果只是简单地说 Ζηνος、Ζηνι、Ζηνα 的人，则是在按第二种类型的"希腊语"构设词形。其实，后一种类型的希腊语更为我们所喜闻乐见。既然存在着两种类型的"希腊语"，我们将基于那些业已指出的理由宣称：唯有第二种类型的希腊语才具有巨大的效用；而根据我们行将指明的理由，第一种类型的希腊语可谓没有任何效用。在一个通用着某种特定的当地铸币的城市中，任何一个使用这种通货的人都能够畅通无阻地在该城市从事商贸往来，而对一个不愿采用这种货币而宁要自己铸造某种新钞并企图把它流通开来的人来说，无疑是一个地地道道的蠢货。在日常的交谈中，情形也是如此，一个拒绝入乡随俗遵从业已为人们所普遍采用的交谈模式（类似于通货）谈话，而一味地企图创设出一种新的专属于他自己的交谈方式的人，可能是疯了。因此，如果语法学家提供给我们一种所谓"类推法"的语法技术，并许诺说凭借这种"类推"技术可以强使我们按那一种"希腊语"的形式交谈，那么，我们不得不遗憾地指明，这种技术是没有什么根基可言的；那些努力要"正确交谈"的人，最终将不得不转而去求助于非技术的、朴素而常用的交谈方式，不得不遵循那些与大多数人的使用法相一致的规则。

如果存在着有关"希腊语"的技术，那么该技术或者具有某些它赖以建立起来的原则，或者不具有。至于该技术不具有原则，这一点是连语法学家都会否认的，因为任何一门技术都只有在原则的基础上方能建立起来。而如果该技术须以某些原则作基础，那么，它的原则或者是技术性的，或者是非技术性的。假如这些原则是技术性的，那么，这些技术的构建必然地或者是依凭于它们自身，或者是依凭于另一种技术，而这另一种技术又得依凭于第三种技术，第三种技术又必须依凭于第四种技术，如此以往，以至无穷。这样一来，就会使这种有关"希腊语"的技术没有了"开端"（原则），从而我们也就无从谈起什么技术。要是它的这些原则是非技术性的，那么，它们不是别的，不过是通行的用法而已。因此，到头来通常用法还是成了区分何为"希腊语"、何为"非希腊语"的标准，而绝不是什么关于"希腊语"的技艺。其次，由于有些技艺——比如说雕塑和画画——确实是一种技艺，而那些自称是"技艺"的某些其他技艺——比如说占星术和祭献术——却不是完全的真正的技艺；因此，为了能让我们能够明确知道所谓的"希腊语"技艺仅仅是一种自夸呢，还是具有实质性力量，我们必须要拥有一种能据以检验的标准。这一标准或者是技术的——因为它被用来检验那种判断"希腊语"的技艺究竟能否进行准确判别,或者是非技术的。但由于前述的无穷后退,该检验标准当然不可能是一种关于"希腊语"的技术性标准;而如果该检验标准是非技术的,那么,除了通常用法之外,我们尚无法找到别的什么其他标准。因此,用来对有关"希腊语"技术本身评判的通常用法是不需要任何技艺的。

按语法家的说法,我们若不能从语法技艺中学习"好希腊语"的知识,就不可能说好希腊话,那么,说好希腊语或者是某种自明自显的事情,或者是含糊不明的事情。说好希腊语当然不会是件自明自显的事情。这一是因为,它要是自明的话,它就该像所有其他自明的东西一样,理当能为所有人一致认可;二是因为,正如看见一件白色的物体、尝到一种甜蜜的东西、感受到一个燃烧的事物一样,知悉一种自明的东西是无需任何技艺辅助的;但按语法学家们公认的说法,说好希腊语这件事是需要某种特定的方法和技艺辅助的。由此可见,说好希腊语并不是件自明的事。而说好希腊语若是件暧昧不清的事,那么,由于含糊不清的东西总得依靠另外的东西才能得到明白揭示,为此我们必然会再次陷入下述困境:或者不得不借助于某个自然的标准作为引导,去决断何为"好希腊语"、何为"坏希腊语";或者为了掌握它,我们不得不把某个人(由于他语言能力出众)的说话习惯或所有人的说话习惯作为"希腊语"中的典范加以采纳和推广。可是,我们不可能拥有一个关于何为"好希腊语"的自然标准,这是因为,阿提卡人把 το ταριχος(干鱼)当作好希腊语使用,而伯罗奔尼撒人则宣称 ο ταριχος 为正确的希腊语;有人说 η σταμνος(坛子),另有人偏喜欢说 ο σταμνος。语法学家当然没有判定人们应按这种方式而不是那种方式说话的自身可靠的标准,他们所能诉诸的只能是每个人的说话实践,而这既不是"自然的"、也不是"技术的"。如果语法学家转而宣称说,我们应该遵行某个人惯常的实践说话,那么,他们作此宣言时,或者仅仅出于武断,或者是运用了某种方法论的证据。对他们的武断,我们当然完全可以拿出与之相反的独断加以回击——即我

231

们应该遵行"许多人的实践"而不是"某个人的实践"说话；如果他们试图使用论证方法来证明这个人说的是好希腊语，那么，他们将不得不承认，他们用来证明的标准正是那个用来证明该人说的是好希腊语的那个方法，而绝不是这个人本身。如此一来，我们唯一剩下的选择就是牢牢地遵循"所有人的通常用法"了。这样，也就不需要这门"类比"技术，只需观察大多数人是如何交谈的、他们把什么当作好希腊语加以采纳、把什么当作"坏希腊语"加以回避就行了。然而，好希腊语或者是自然地存在，或者是依俗规存在。既然同一段话在某些人看来是好希腊语，在另一些人看来却不是好希腊语，因此好希腊语不可能自然地存在。假若好希腊语依俗规和人为的约定存在，那么，说好希腊语的人必定是那些练习得最多且又能娴熟运用通常用法的人，而绝不会是那些所谓精通语法类推规则的语法家。我们还可通过另一种论证来证明这样一个事实，即我们无须任何语法技艺照旧可以说好希腊语。在颇为常见的交谈中，普通人或者是不认可我们所说的某个语词，或者是认可。如果他们不认可我们，他们就会立马纠正我们；因此，我们不是从语法学家那里、而是从过着平凡生活的人们那里学会了好希腊语。而如果他们觉得我们的话清楚正确，不以为怪，那么，我们就会保持下去。再者，依循语法学家们的"语法类推规则"交谈的人，或者是所有的人，或者是大多数人，或者是很多人。然而，人们都不可能按语法规则交谈。事实上，几乎难以发现会有一两个人会依循"语法类推规则"进行交谈，大多数人根本就不知道还有这么一回事。既然我们在交谈时必须依循很多人而不是两个人的习惯用法，任何一个人都不得不承认，对于说好希腊语来说，唯有观察通常用法而不是什么遵循语法类推规则才是有用的。很显然，在几乎所有日常生活中有用的事情中，一个人只要毫无阻碍地满足自身的需求，这一事实本身就足以成为一个充分的标准。因此，如果"希腊语"的被接受基于两个主要的理由，第一是它所描绘的事物得到清晰合宜的表达，第二，由此而来、而且与此有关的是使用隐喻、强调以及其他修辞手段；那么，我们不免要问，这些品性是靠什么获得的呢？凭借的是通常用法呢还是语法规则？我们只有知道了答案，才能遵守之。我们可以清楚地发现，正是依凭通常用法而不是什么语法规则，才能更好地获得这些品性；所以，我们必须运用的是前者而不是后者。与主格 Ζευς（宙斯）相应的变格构词形式是 Ζηνος、Ζηνι 和 Ζηνα，与主格 κυων（狗）相应的变格构词形式是 κυνος、κυνι 和 κυνα，这些甚至对普通人都是清晰无误的、无可置疑的；然而它们不正是通常使用的构词形式吗？但若从主格 Ζευς 导出 Ζεος、Ζει 和 Ζεα，从主格 κυων 构设出 κυωνο、κυωνις 和 κυωνα，或从所有格 κυνος 通过类推断言主格乃是 κυς，以及在动词形式上通过与 ποιησω 和 θελησω 的类比而讲 φερησω 和 βλεπησω，就不仅会显得含混不清，而且也会因为滑稽可笑而遭到人们的反对；而这些不正是按语法规则所类推出来的构词吗？因此，正如我们所指出的那样，我们不应遵循语法规则，而只须依循通常用法。

语法学家们或许还会转换出其他一些论证。但是，不论他们是否愿意，他们终将不得不戒除语法规则而遵循通常用法。不妨让我们以其人之道还治其人之身，来检证一下他们所说的东西。当有人问他们究竟是该说 Χρησθαι 还是 Χρασθαι 时，他们答曰该说 Χρασθαις，而当有人追问其依据何在时，他们断言 Χρησις 和 κτησις 是可以类比的；正如我们总是说 κτασθαι 而不说 κτησθαι 一样，我们也应说 Χρασθαι 而从不说 Χρησθαι。但当人们继续要求他们解释我们何以知道那个被据以作出类比推论的词即 κτασθαι 是正确的构词形式时，他们回答说，那是因为它是通常使用的形式。语法学家们的如此说法，等于默认了人们该采用通常用法而不是语法规则作为判定的标准；这是因为，如果人们之所以说 Χρασθαι，只是由于 Χρασθαι 是通用的形式的话，那么，我们就应该放弃语法规则之技艺，而回到该技艺所依托的通常用法中去。

其实，既然"语法类比规则"不过是众多相似的名词之间的一种比较，而这些名词无不来自日常习惯性的言说，因此可以推断，语法类比规则的实质乃是源自习惯性的言说。既然如此，人们不禁会以这样的方式来诘问语法学家们：你们要么把习惯性的言说作为判别"希腊语"的可靠标准，要么拒斥习惯性的言说。如果你们遵行了习惯性的言说，那么，摆在我们面前的问题可以说已经自动解决了，根本不再需要任何语法类比规则的辅助；而如果你们拒斥习惯性的言说，你们等于也同时拒斥了类比规则，因为类比规则的实质正是从它那里获取而来的。另外，对同一个事物，在把它当作值得信赖的东西加以采纳的同时，又把它当作不值得信赖的东西加以拒斥，这种做法是幼稚和荒谬的。语法学家们抱有双重的企图，他们一方面把通常用法当作不可信赖的东西予以拒斥，另一方面又反过来把它当作可信事物加以采纳，从而使相同的一个事物既是可信的又是不可信的。他们为了向我们证明不该依循通常用法交谈，就引荐了语法规则；而语法规则若离开了通常用法的支持，又会失去其可靠有效性。他们的这种做法，无异于是在借助通常用法来拒斥通常用法，必将使同一事物在同时成为既可信又不可信的东西。要么，除非他们宣称，他们并没有在同时既接受又拒斥同一种通常用法，而是在拒斥某种形式的通常用法的同时又接受了另一种形式的通常用法。关于这一点，品达里奥学派（Pindarion）曾有所阐释。品达里奥学派认为，类比规则确实承认自己把通常用法作为其出发点，因为语法规则是对相似东西和不相似东西的研究和思考，而相似的东西和不相似的东西都是从业已为人们所认可的通常用法那里引导出来的；《荷马史诗》就是业已为人们所认可的最古老的言说，因为迄今为止，我们还未发现有比《荷马史诗》更古老久远的诗作。所以，我们应当遵循荷马史诗的语言用法进行交谈。但是，就荷马是最古老的诗人这一点来说，从未被所有人一致认可过，因为有些人说，赫西阿德就先于荷马，利诺斯（Linos）、奥菲斯（Orpheus）、弥赛乌斯（Musaeus）以及其他许多人也都早于荷马。事实上，在荷马时代以及早在荷马之前，完全有可能也存在过一些其他诗人，因为连荷马本人也曾说：

> 这些诗歌毫无疑问得到了所有人的大声喝彩，
> 因为在他们听来，这是最为新颖的诗篇在回荡。

当然，这些诗人因为荷马的辉煌才华而黯然失色直至默默无闻。其次，即便人们一致认为荷马是最古老的诗人，品达里奥学派的上述断言也是不足信的。因为，正如在这之前，我们对人们该采用通常用法还是语法类比规则问题进行了质问一样，我们现在又在困惑了：到底采纳通常用法还是语法类比规则呢？若采纳通常用法，那么，试问是荷马的用法还是所有其他人的用法？关于这一点，品达里奥学派不置可否。再次，我们当然应当采用那种不至于让我们遭人嘲笑的语言用法；而若是依循荷马的用法，当我们把 μαρτυρες 说成 μαρτυροι、把 σπαρτα. λελυται 说成 σπαρτα. λελυνται 时，我们的希腊语则难逃被人耻笑的厄运；而其他按荷马用法的言说也许会显得更加滑稽可笑。如此看来，即便撇开我们的论点，即不该遵循语法规则交谈的观点已得到认可，品达里奥派的论证也是不正确的。这是因为，关于我们是求助于很多人的用法还是仅仅仰仗荷马的用法，难道其间还存在着什么差异不成？正如在采纳很多人的用法的情况下，我们所需要的是观察而不是什么技术性的类比规则一样，在采纳荷马的个人用法的情况下，我们所要做的依然是观察而不是语法规则；因为当我们观察到他通常是如何言说的时候，我们自己也就会以相同的方式交谈了。总之，正如荷马本人未曾遵行类比规则、而只是遵从他那个时代的人的用法一样，我们同样也绝无必要去仰赖某种以荷马为权威的类比形式，只需让我们的言说服从于我们这个时代的人们所通用的言说就足够了。

所以，若以语法家之道还治语法家自身，我们就不难得出结论：对"希腊语"来说，语法类比规则纯属累赘，对通常用法的观察反倒颇具效用。这一点即使从他们自己的有关断言来看，也是不难明了的。他们在给"外

235

国话"和"语病"下定义时说:"外国话"是指在一个单词中与通常用法相矛盾的一种错误,"语病"是指在整个结构中与通常用法相抵触的一种错误,以及逻辑不一致。对此,我们立马可作出如下的分析应答。首先,如果"外国话"存在于一个单词中、"语病"存在于字词的结合中,那么,正如前述业已表明的那样,由于既不存在单词,也不存在字词的联合,因此所谓"外国话"和"语病"都是不可能存在的。其次,如果"外国话"只要在一个单词中、"语病"也只要在字词的联合中就能为人理解,而不是只有在潜在的所指对象中才能为人理解,那么,当我们指着一个妇女说 ουτος(阳性词形)或指着一个年轻的男子说 αυτη(阴性词形)时,我岂不成了一个犯了大错的人?既然我并没有说过由许多相矛盾的字词组成的联合句,我只是说了单词 ουτος 或 αυτη,也就没有任何理由要我承认犯了大错,又由于单词 ουτος 本身并不含有任何与通常用法相矛盾的东西,正如亚历山大语 εληλυθαν 和 απεληλυθαν 不含有任何错误一样,我在这里根本谈不上犯了什么"外国话"的错误。

  我们完全可以引用更多的类似论证来批判语法学家,虽然如此,但为了不给人们留下一个"我们怀疑每一个事物"的错误印象,还是让我们重新回复到原先的论题中来,并作如下的推断:假若"外国话"是一种与通常用法相悖的大错,并能够在单词中被发现,与此类似,假若"语病"也可以在一些字词的联合中发现它的存在,那么,单词 τραπεσα("一张桌子",与单词 τραπεζαε 相应)由于与通常用法相矛盾,就属于一个"外国话",句子"πολλα. περιπατησα. κοπια. μου. τα. σκελη"("我的腿因赶路过多而疼痛"),也因为它没有遵循通常用法,就是一个"语病"——若果真是这样的话,那么,人们就不得不承认,语法规则既然不能够有效地防范外国话或语病的出现,它充其量只是徒有虚名而已,人们是应该对通常用法加以细心观察并在交谈中尽量与它保持一致。而如果语法学家们又想改变他们的论证,不再加上"与通常用法相矛盾"的字眼,而只是简单地断言"外国话"是在单词中的一种"大错",在定义"语病"时也不再附上"与通常用法相抵触"的字词,而只断定"语病"是在"整体结构方面的一种错误和逻辑不一致",那么,他们还是会不可避免地把自己推入一个更为险峻的窘境之中。因为"在整体结构方面",他们还会有"逻辑不一致"的如下语句:"Αθηναι καλη πολις, Ορεστης καλη τραγωδια, η βουλη οι εξακοσιοι。"(说它有"语病",其理由有三个:其一是 Αθηναι 是复数,与单数 καλη πολις 不一致;其二是阳性的 Ορεστης,却与阴性的 καλη τραγωδια 搭配;其三是阴性的 βουλη,却与阳性的复数 οι εξακοσιοι 搭配),他们就不得不把该语句称为"语病句"。但是,由于该语句是在通用中的,因此他们实际上并未犯什么"语病"。由此可见,究竟是否有"语病",并不是可以由语法上的逻辑一致性来评判的,而只需依据通常用法来认定就足够了。

　　对语法学家进行了以其人之道还治其人之身式的反驳之后,若立足于语法规则基础上的语次转换方面再加以驳论,我们还能进一步把语法学家置入于一个更为尴尬蒙羞的境地。这是因为,如果他们遵行相似性的语法原则,由于句子 εις την ρινα τυπτεσθαι("在鼻子上被蜇了一下")和句子 εις την γυστερα("在腹部"),是与句子 εις αντικνημιον τυπτεσθαι("在小腿上被叮了一下")相类似的,并且这是通过 αντικνημιαζειν 来表达的,那么,我们也必须按语法上的类比原则说 γαστριζειν 或 μυκτηριζειν 了。遵循相同语法规则的其他例句还有:ιππαζεσθαι("被推动")和 κατακρημνιζεσθαι("被摔了个倒栽葱")以及 ηλιαζεσθαι("沐浴着太阳")。但是,由于与通常用法相矛盾,事实上我们并没有使用上述这些词,同样我们也没有使用 κυησω 或 φερησω 或其他任何按语法规则来说应该运用的一些构词,这同样也是由于它们与通常用法相矛盾。假如我们可以依据一个人由于按照色雷斯人所习惯的言说讲话,就认定他说的是最出色的色雷斯语的话,或者我们可以依据一个人由于按照罗马人所习惯的言说讲话,就宣布他说的是最好的拉丁语,那么,我们若依从习惯用法

237

而不是依从人为的语法系统来评判，一个人只要按照希腊人所习用的言说讲话，他所讲的当然就是好希腊语。因此，只要遵从通常用法而不是语法规则，我们就完全能够做到说出色的希腊语了。一般而论，语法规则或者与通常用法相一致，或者不一致。如果一致，那么首先，由于后者并不是技艺，前者[即语法规则]也就不可能是一种技艺，因为很显然，与非技艺的东西相一致的东西必然也是非技艺的东西；其次，语法规则既然与通常用法相一致，那么，依照通常用法言说的希腊语，当然也就是按照语法规则来言说的希腊语，那些已为人们所共同使用的希腊语，当然也属于好希腊语之列了。如果事情是这样的话，那么，由于我们已经拥有了用来辨别哪些好希腊语的通常用法，我们也就再也用不着拿什么语法规则来判别了。另一方面，若语法规则与通常用法不相一致，那么，由于语法规则引入了不同于通常用法的另一种使用法——外国话的使用法，它就得不到人们的认可，并且由于造成表达的错误而成为一种纯然无用的东西。

也许还可以从语法技艺的结构这一角度提出又一个驳论。这是因为，他们在构建起某些普遍性的语法规则之后，便打算用这些规则去评判所有的具体的词，看看它们究竟是否是好希腊语。但是，由于他们所谓的"普遍规则"的普遍性并未得到一致同意，而且当这些规则在具体应用时未必能保持普遍性，因此，他们也就无法对具体字词的好坏加以有效的评判。为了更清楚地说明这一点，不妨让我们从语法家们所搜集的事例中选取一例加以详细分析。人们会就一个具体的词发问，比如 ευμενης，它的所有格究竟是 ευμενου（没有 ς）好呢？还是 ευμενους（有 ς）好呢？语法学家的回答总是搬出一个普遍性规则。比如他们断言道："每一个以 ης 和尖音结尾的单词，其所有格都必须以带有 ς 的形式结尾，例如 ευφυης 的所有格是 ευφυους，ευσεβης 的所有格是 ευσεβους，ευκλης 的所有格是 ευκλεους。由于 ευμενης 与这些词一样，发的是尖音，其所有格就必须以带 ς 的形式结尾，从而就得说：ευμενους。"遗憾的是，我们那些可敬可佩的朋友们却未能注意到：其一，那些不把 ευμενης 的所有格说成是 ευμενους 的人，当然是不会同意"语法规则具有普适性"的说法的，相反他们必定会认为，这个以尖音结尾的单词 ευμενης 的所有格偏偏不是以字母 ς 结尾的，并认为语法学家们的上述解答不过是将疑问中的东西当作已经解决了的东西罢了，是在以有待证明的问题来自我证明；其二，假若语法规则是普遍的，那么，其构建或者是在考虑了全部的词以及它们的变格情况后才作出的，或者仅仅考虑了一部分。很显然，他们不可能考虑所有的词和规则，因为考察者的人数是有限的，而且对无限的东西是不可能具有知识的。而如果他们只是调查了其中的一部分，那他们又何以知道每一个单词都是这种类型的呢？因为那些为某些单词所具有的属性，未必就是所有单词都会具有的属性。对此，一些语法学家却作出了荒谬的狡辩，说什么普遍性的规则是建立在大多数情形基础上的。第一，他们根本就没有能够搞清楚，所谓普遍性的东西是一回事，对大多数人来说是好的东西又是另一回事；在普遍正确的东西那里，我们发现不了任何错误，而在那大多数场合是正确的东西那里，时不时就会出点儿错。第二，他们也未能弄明白，虽然普遍性的东西是由许多东西组成的，但是，为许多单词所具有的属性并非总是必然地能为所有存在着类似结构的单词所具有，正如在许多具有相同性质的事物中，自然往往会产生出某个别具一格的事物一样；例如在数不胜数的蛇类中会存在一些有角的毒蛇、在四足动物中会冒出长着巨鼻的大象、在卵生的鱼类中也会有胎生的鲨鱼、在石头里会有能吸铁的磁石；同样，在为数众多的有着类似变格形式的单词中，存在几个变格形式不同于众多单词的单词，这种情况也是合情合理、不足为怪的。所以，不妨让我们结束对语法类比规则的"多与少"的有关考问，并让我们来审察一下通常用法究竟是如何看待语法类比规则的，是把它看作适用于为数众多的单词呢还是看作仅适用于某种独特的单词？不论通常用法以何种方式对待语法规则，我们都要按那种方式发音。

受到各种驳论围追堵截的语法学家们，总企图对怀疑论的驳论进行反击。他们反驳说，存在着形形色色的日常用法，既有雅典人的用法，又有拉西蒂孟（Lacedaemon）人的用法；在雅典人的日常用法中，古老用法与现行用法的两种形式也不尽相同，城里人与乡下人的用法又各不相同。为此阿里斯托芬（Aristophanes）在其喜剧诗中曾说：

像所有中等市民那样说话吧！
勿以女子气的长腔低吟，
勿以乡下人的粗俗方式喧嚷。

他们还质问怀疑论者说，既然"通常用法"如此众多不一，我们究竟选用哪一种呢？由于它们彼此相互抵触，我们不可能采用全部用法；而如果采用其中的某种用法而摒弃其他用法，那又必须依据技艺进行。对此，我们可作如下答复。首先，对我们该采用何种通常用法的研究本身，无异于断定了那种"希腊语"技艺的存在。这种技艺——我指的是"类比规则"——是对相似的单词和不相似的单词的思考和斟酌；但是你们是从通常用法中选取相似的单词和不相似的单词的；如果它是一种通用中的形式，你们就选用它；否则，你们就不予选用。所以，我们同样可以提出类似的反问：由于通常用法的形式众多且彼此冲突，你们又是以何种通常用法为依据来选取相似的词和不相似的词的？你们对我们的这一反问所能给出的辩护，也将是你们从我们这里听到的应答。其次，当你们说"外国话"指的是在单词中与通常用法相矛盾的错误时，我们也可以反问：你们所指的是众多通常用法中的哪一种？不论你们指的是哪一种，我们都会说那也将是我们遵守的通常用法。据此看来，同样的疑问既然为你我双方所共具，我们对此给出的解决方案，应当没有什么可怀疑的了。有些通常用法出现在诸学科中，有些通常用法则表现在日常生活的交谈中，某些特定的术语在哲学以及医学中会受到人们的偏爱，有些则流行于音乐以及几何学等学科中。并且，平民百姓那非技艺的、平易浅显的用法，也会由于城邦或国家的不同而不同。因此，在哲学中我们将遵行哲学家的用法，在医学中我们会遵循适合于该学科的用法，在日常的言说中我们也会采用广为流行的、没有任何矫饰的，当地人的说话方式。换言之，当有两种不同的名称可以用来表达同一个对象时，我们将使用不会为人所哄笑的名称，来努力使自己与一道谈话的人相适应，而用不着在意对象的"自然名称"会是什么。例如，同一个对象可以被称作 αρτοφοριον（"面包篮"）和 παναριον，或被称为 σταμνιον（"尿壶"）和 σμιδιον，或被说成 ιγδις（"研钵"）和 θυια。但是，如果在日常生活中我们的目的是合宜得体和清晰明白，并避免受到仆人和老百姓的嘲笑，我们就该选用术语 παναριον（哪怕它是"外国话"）而不选用 αρτοφοριον，采用 σταμνιον 而不采用 αμις，采纳 θυια 而不采纳 ιγδις。但是，在一个严谨讨论的场合，我们既然得留意当时在场的同行们，我们就应暂时撇开日常口语，力求使用更为精密、文雅的说话方式；因为正如文雅的说话方式易受平民百姓的耻笑一样，日常通用的说话方式同样会受到文化人的耻笑。因此，只要我们能够谨慎地使自己的说话风格与每一种不同的场合相适应，我们就能够正确无误地说好希腊语。

再次，如果语法学家们责难通常用法形式众多、缺乏逻辑一致性，那么，我们也会基于相同的理由来批评语法规则。这是因为，既然"类比规则"是"把相似的词放在一起比照"，而相似的词恰恰又是依托通常用法来选取的，由于通常用法是变动不居、彼此不一的，那么，类比规则也不可能是恒久不变的。并且，人们也可以在名词、动词、分词以及其他形式的单词中毫不费力地表明这一点。例如在名词那里，那些主格形式彼此相似、可类比的名词，其变格形式的构词就不一样，而且不是按类比规则进行的，比如 Αρης、Χαρης、Χαρτης，其变格形式分别为 Αρεως、Χαρητος 和 Χαρτου；又如 Μεμνων、Θεων、λεων，其变格形式分别是 Μεμνονος、Θεωνος 和 λεοντος；再如 Σκοπας、μελας、Αβας，其

变格形式分别为 Σκοπα、μελανος 和 Αβαντος。就动词而言，有许多一般现在时的构词形式彼此相近的动词，在其他时态中却并未依循类比规则进行构词；而且一些动词的词形变化存在着部分的缺陷，如 αυλει 和 αρεσκει 的变格形式分别为 ηυληκεν 和 αρηρεκεν。我们习惯于使用动词形式 κτεινεται，而不用 εκτανκε；人们习惯于说 αληλιπται，而不说 ηλειπται。在分词那里，我们同样可以发现，与 βοων、σαρων 和 νοων 相应的变格形式是 βοωντος、σαρουντος 和 νοουντος；在实名词那里，我们也能够发现，与 αναξ 和 αβαξ 相应的变格形式分别是 ανακτος 和 αβακος，与 γραυς 和 ναυς 相应的变格形式是 γραος 和 νηος。在其他类似的场合，其情况也是如此。所以，αρχων 既可以当专有名词使用，也可以用来指称"领导人"；但是，当它当专有名词使用时，其所有格的构词形式是 Αρχωνος；而当它当冠词使用时，其所有格的构词形式则成了 αρχοντος。分词和专有名词兼可的 μενων、θεων 和 νεων，其情况也同样如此，它们都采用了各不相同的变格形式；当它们当专有名词使用时，其所有格形式分别为 Μενωνος 和 Θεωνος，而当分词使用时，它们分别又成了 μενοντος 和 θεοντος。简言之，从上述的事例中可以清楚地表明，正如通常用法缺乏逻辑的一致性一样，语法类比的规则同样也不是恒定不变的；但我们不必遵行语法规则，反倒应弃置它们于不顾，而只需牢牢依循通常用法的流行言说形式。

11. 论词源学

既然语文学家们提出要依据"词源学"来评判"希腊语"，我们就有必要运用相类似的论证来驳难他们。词源学或者与通常用法相一致，或者与通常用法不相一致。倘若它和通常用法并无二致，那么它就是多余的；倘若它和通常用法不相一致，那么人们就不该使用它，否则，就会比因使用外国话或有语病的语言导致更多的错误。总的来说，我们完全可以把与前述驳论颇为相似的论证直接用在这里；不过，我们在这里还将阐释一个专门的驳论：依词源学而被认定为是"希腊语"的词，或者还有一些先于它并在任何情况下都是它的词源（真正的词根）的词，或者可以将它追溯到某个自然地发音的词。一方面，如果被认定为"希腊语"的词是从词源（词根）衍生而来的，那么，在词源方面由于存在着一个无限的后退，词源学就没有了开端；我们于是无法知道最开头的那个词，因此也就无法了解从它衍生出来的词是否是好希腊语。因此，如果词 λυχνος（灯）来源于 λυειν το νυχος（消解黑暗），那么，我们就得进一步搞清 νυχος 是否源自一个希腊语的词；而这个希腊语词又来源于另一个希腊语词；由于如此回溯，以至无限，我们就无法找到最初说出的那个单词，由此我们就无法确定 λυχνος 是否是一个好希腊语的单词。另一方面，如果词源学所还能回溯到不再有其他词源的某些词中，正如我们会同意的，它们之所以能衍生出别的词，并不是因为它们是"词源"的缘故，而是因为它们是日常通用流行着的缘故；那么，我们对所谓依据词源学而被认定为（好）希腊语的那个单词的认可，就绝不是因为词源学的缘故，而是因为该单词已经被共同地使用着的缘故。例如 προσκεφαλαιον（"枕头"）一词，是因将一个前缀置放于 κεφαλη（"头"）之上而得名的，而词 κεφαλη（"头"）和前缀词 προσ（"置放于"）都是属于无词源的词。依此看来，被人们共同运用于言说中的那些词，就会被认为是好希腊语，与"词源"全然没有关系。同样，προσκεφαλαιον 也被认为是与"词源"无关的好希腊语。再者，同一个对象有时可以用两个不同的名称来称呼，其中一个名称有词源，另一个名称无词源，但我们不能说有词源的名词是好希腊语，无词源的名词是外国话；而应说后者如同前者一样都是好希腊语。例如我们称作 υποποδιον（"脚凳"）的那个东西,雅典人和科恩人（Coans）却称为 χελωνις；前者有一个词源，而后者无词源，但我们并不能因此说雅典人在说着"外国话"，而我们在说好希腊语；应当说二者说的都是好希腊语。如此一来，既然我们认定他们在说好希腊语，并不是因为他们所使用的词有词源，而是因为这个词是共同使用的，那么，我们因此也可以认为，我们之所以能说好希腊语，只是因为我们所使用的这个词流行于我们习惯性的言说之中，而绝不是因为我们对词源学的依赖。

综上所述，足以证明语文学技艺的技术部分是没有任何根基可言的。现在让我们转入下一个单元——对"历史的"部分的探讨。

12. 历史的部分自相一致吗？

"历史的"部分很显然被人们看作语文学技艺的一个部分。① 克拉底的门徒托利斯库（Tauriscus）与其他评论家一样，把语文学（语法）归属于"评论技艺"的门下，并宣称评论技艺可划分为三个部分：一是文字的，二是实践的，三是历史的。文字的部分探讨语言和语法修辞，实践的部分研究各种方言、构词划分和字母，历史的部分则讨论用于整理散乱材料的敏捷技巧。色雷斯人狄奥尼修斯断言语文学存在着六个部分——我们在前面曾经归纳为三个部分——其中就包含了历史的部分；因为他说："语文学的各部分指的是如下这些：依据韵律娴熟地读诗，对包含于诗歌的各种修辞格的诠释，对各种词语和历史故事的阐述，词源的考证和发现，语法类比规则的设定，对作品的评论。"——狄奥尼修斯所作的各部分的划分显得有些荒诞，他把某些语法的效果和材料的那些东西竟也当作语文学的部分（"部门"），并从探讨诗人和散文家的那门技艺中取走了阅读、诠释、评论，[并当作三个独立的部分]，还从技术的部分中分走了词源学和语法类比规则[作为两个单独的部分]；然后提出阐述语词和历史故事的"历史的部分"与之相并列。阿斯克勒彼亚德在其有关的论文中，在把语文学分为三个部分——技术的、历史的和语法的（该部分与前二者密切关联）——之后，进一步又把历史的部分细分为三种；他说在历史的部分中，"有一部分是真实的，一部分是虚假的，

---

① "历史的"一词在古代显然是广义的，有"故事"、记事、叙事等的含义。

另一部分仿佛是真实的。纪实性的历史是真实的，虚构性的故事和传说是虚假的，似真的东西则是诸如喜剧、哑剧之类的文学形式"。在真实的历史部分中，他认为又有三个部分，其一是有关众神、英雄和卓著人士的，其二是有关地方和时间的，其三是有关行为的。在他看来，虚假的历史（即传说）只有一种类型，那就是神谱。像狄奥尼修斯一样，他也把考证罕见的词或不再使用的词的释义部分归入历史的部分中去；他所根据的理由是，释义部分能向人们表明 κρηγυον 的含义是"真的"、"好的"。他还把有关各种谚语和定义的那个部分归入"历史的部分"中去。

综上所述，语文学家都主张"历史的"部分是语文学的一部分。进一步，由于绝大多数语文学家都一致认为"历史的部分"是非技术的，是由那些与方法无关的东西构成的，因此，对该部分我们原本没有进行深入驳斥的必要。尽管如此，为了不至于忽略了该议题，我们还得以下述的方式对他们加以质问。语文学或者是一门技艺，或者不是一门技艺。倘若不是技艺，那么问题就自动解决了。倘若语文学是一门技艺，那么，既然一门技艺的各部分按理应当都是技术的，但大家已经公认"历史的部分"是没有方法可言的，依此看来，"历史的部分"并不能成为语文学技艺的一个部分。其次，就"历史的部分"自身所显明的情况来看，确实也是如此。因为，只有立足于一般的方法和技术才能，医生才能宣称这个人是健康的，那个人是有病的，音乐家才能明断这是和谐的、那是不和谐的——和谐是因为这种音调、不和谐是因为那种音调。但语文学家却并非如此，语文学家的如下种种说法是没有任何科学的、总体的思考可言的：珀罗普斯（Pelops）的肩膀被阿瑞斯（Ares）或得墨忒耳（Demeter）吞吃后变成了象牙，赫拉克勒斯（Heracles）被那个攻击赫西俄涅（Hesione）的海怪吞到肚子里后，头发掉落，变成了秃头。[①]语文学

[①] 这是个关于赫拉克勒斯的故事，说的是赫拉克勒斯为了救赫西俄涅，在海怪的肚子里待了三天，把海怪砍成了碎片。

家为了能记录下这些事件，就必须设法和这些事件的每个具体记录者谋面。但是，为了能复述这些具体的历史事件而与每个记录者见面的做法，并不是一个技术性的方法。因此，历史的部分并不是语文学家依凭方法从技艺中导引出来的。再次，由于存在着多种形式的历史，一种形式记载的是地方，另一种形式记录的是时间，还有一种形式描绘的是人物，再有一种形式叙述的是行为。如果记载地方和时间的那种历史不是技术性的话，那么很显然，叙述人物和事件的那种历史也不是技术的，因为它们会有什么差异，能让你认为这一种高于那一种呢？事实上，关于某个地方之"历史的"详细叙述毫无技术可言，例如，当我们断言玻里利苏斯（Brilesus）和阿拉西杜斯（Aracynthus）都是阿提卡（Attica）的一座山，阿卡玛斯（Acamas）是塞浦路斯的一块地岬时，是不需要任何技术的。有关时间的叙述，例如说克罗封的赛诺芬尼出生于第四十届奥林匹亚赛会时①，也是没有任何技术性的东西可言的；因为，即使是从事其他行当的、不是语文学家的人，也能做到这一点。对人物和事件所作的陈述也根本不需要什么技术，比如：哲学家柏拉图原先叫阿里斯托克勒（Aristocles），年轻时曾在一只耳朵上穿孔并戴了只耳环；亚里士多德的女儿皮西厄斯（Pythias）曾先后与三个男子结婚，第一个是亚里士多里德的一个亲戚、斯塔吉拉（Stageira）的尼卡诺尔（Nicanor）；第二个是拉西蒂孟人的国王达马拉杜斯（Damaratus）的子孙普洛克留斯（Procleus），他们还生了两个儿子，即普洛克留斯和达马拉杜斯，后来跟色奥费拉斯特（Theophrastus）研习过哲学；第三个是克尼杜（Cnido）的克吕西波（Chrysippus）②的门徒、埃拉西斯特拉图斯（Erasistratus）的老师梅特罗多洛医生。诸如此类的故事，不仅纯然无用，而且显示不出什么技术性的才艺。由此可见，历史故事的叙述是缺乏技艺的。再者，正如我们前面

---

① 约公元前 620 年。不过恐怕有误，此人年代不会那么早。大概是"第五十届赛会"。
② 此人鼎盛年约公元前 350 年，不是那个著名的斯多亚派哲学家克吕西波。

所说过的那样，对无限的事物或变化多端的事物是无法形成技术性知识的。而具体的历史故事，一方面因其数量巨大而近乎无限，另一方面又因相同的事实不能为同一个人所实录，所以不具有确定性。例如（我们应当运用那些颇为人们所熟悉的适宜事例），史学家们从错误的假设出发，说我们这门科学的奠基者阿斯克勒皮乌斯（Asclepius）①死于一次雷击。他们对于这一虚构之事感到还不满足，进而发明出更多的版本。斯苔西克路斯（Stesichorus）②在其《尤里菲勒》（Eriphyle）中认为，那是因为阿斯克勒皮乌斯救活了一些死在底比斯的人；昔勒尼学派的波吕安杜斯（Polyanthus）在其《论阿斯克勒皮乌斯学派的谱系》一书中则认为，那是由于他治愈了因受赫拉的天罚而变疯的普罗伊图斯（Proetus）的女儿们；帕耶西斯（Panyasis）③认为，那是由于他把一个梯达瑞斯（Tyndareos）的人从死中救活；斯塔菲路（Staphylus）在其一本有关阿卡狄亚人（Arcadians）的书中，依据在悲剧中所流传下来的有关他的身世的相关记载，认定那是由于在他逃离特洛埃塞（Troenzen）时治愈了希波吕特斯（Hippolytus）；菲拉库斯（Phylarchus）在他的第九本书中断言，那是因为他恢复了菲纽斯（Phineus）的盲儿们的视力，作为给盲儿们的母亲、厄瑞克忒乌斯（Erectheus）的女儿克利奥帕特拉（Cleopatra）的一种好处；忒勒萨库斯（Telesarchus）在其著作《阿格里库》（Argolicum）中，则归咎于他舍身救活奥里欧（Orion）。④由此可见，从一个虚构的事实所催生出来的那么一个假设，竟然引发出如此众多却又无法加以检验的解释性说法，每一个编解者都在尽其丰富的想象力作着不同的说明，这里根本无需什么技术性的处理。

---

① 阿斯克勒皮乌斯是医生，所以，同样是一位医生的塞克斯都称他为"我们"这门学科的奠基者。
② 斯苔西克路斯是西西里岛的一位著名抒情诗人，鼎盛年约公元前580年。
③ 帕耶西斯是哈利卡那苏（Halicarnassus）的史诗诗人，鼎盛年约为公元前480年。
④ 奥里欧是玻俄提亚的一个猎人，被猎神杀死，此后被置放于繁星之中。

更进一步说，既然在历史的诸主题中，一部分是历史（故事），另一部分是传说，还有一部分是虚构。历史（故事）是对某些真实的、已经发生的事件的记载，如记载亚历山大被密谋毒死于巴比伦；虚构是对并非真实的事件的叙述，不过其叙述方式则与对真实事件的叙述方式颇为类似，例如在喜剧和哑剧中的那些虚拟的场景布置；至于传说则是对那些从未发生过的虚假事件的叙述，比如这些故事：毒蜘蛛和毒蛇的种类从提坦巨人（Titans）的血液中活生生地长了出来；当戈尔工（Gorgon）的喉咙被吹断时，从她的头上喷涌出佩伽苏斯（Pegasus）；[1] 还有，狄俄墨得斯（Diomede）的伙伴们都被变成了海鸟，奥德修变成了一匹马，赫库巴（Hecuba）变成了一只狗等，这些就是历史学的千奇百怪。既然不存在一门关于虚假的、不真实的事情的技艺，而构成语文学之历史部分的主题——传说和虚构——乃是虚假的、不真实的，那么结论只能是：所谓语文学之历史部分不存在任何技艺。还有人辩解说，即便历史的主题缺乏方法，但对历史主题的评断也还是存在着技艺的——这种技艺可以提供判断何为真实、何为虚假的标准；然而，作如此辩解的人只会遭人讥笑；因为首先，语文学家并不能为我们提供用来确定什么时候为真实、什么时候为虚假的一个真实的历史标准；其次，正如语文学家不可能有什么真实的历史一样，真理的标准也是不存在的，因为有人说奥德修是被他的儿子忒勒戈诺斯（Telegonus）在不知情的情况下误杀的，另有人说一只海鸥扔了一根鱼骨头在他头上，他就咽下了最后一口气；又有人说他被变成了一匹马，如此等等。在如此不相一致的诸多叙述中，要发现真理实在是一件艰巨异常的事。这是因为，我们首先必须在这些互不一致的叙述者中确定哪一个是在说真话，尔后才能对诸事实进行查考；但由于几乎所有的历史叙述都与不可能的虚假事件有联系，我们找不到通向技术的标准的道路。

---

[1] 参看《神谱》，第 280 页。

在我们该如何才能正确地书写（叙述）历史的问题上，语文学家也无法给我们提供任何指导，无法证明它有规则，并因此是技术性的历史部分。因为这是雄辩家们的工作。因此，如果语文学家们自己也承认历史不过是一部毫无方法的编年记录，我们更是通过逻辑确证了这一点。并且，如果他们无法向我们提供有关理解历史或建构历史的任何技术性规则，那么我们不得不宣布：语文学技艺的历史部门是没有任何根基的。

13. 论作家的部分

通过对技术部分和历史部分的否证，我们事实上也就摧毁了语文学中有关诗人和散文作家的部分；因为，若没有了技术和历史的部分，写作的阐发也就难以正确地进行了。尽管如此，我们还是打算就作家部分努力地以总体的方式作一番审查。这主要是因为，语文学家对该部分是如此自信和得意，以至于他们竟敢拿它来证明语文学的实践效用及对幸福的不可或缺性。他们断言，至少诗歌对智慧和幸福生活有着众多的助益；但是，如果没有语文学的帮助，我们就无法确定诗人所说的话语的真正含义；因此语文学是有用的。他们还认为，诗歌对幸福所起的诸多助益可以从下述事实中明显地得到佐证：最为优秀的和培养品德的哲学，往往也要到诗人的格言中寻找起始的根基。正是因为这一点，哲学家们在给出众多的劝告性建议时，也总是念念不忘地要贴上来自诗人的话。因此，一个哲学家在颂赞德性时说：

人虽死了，但其品德永存。[①]

另一位哲学家在劝告我们要远离贪婪时，也说道：

[①] 欧里庇得斯的诗。

> 勿谈财物：我们可不会敬拜一个卑鄙小人所拜之神。①

还有一个哲学家在赞颂知足常乐时，也不忘引证欧里庇得斯的诗为证：

> 除了谷物和泉水，人们还需要什么呢？
> 这两样东西唾手可得，是我们的天然滋养品。

这些哲学家这么做，还算是与自己的理论体系一致的。但是，甚至那些对语文学持激烈批评的哲学家，比如伊壁鸠鲁和皮罗，也都承认它的必要性。根据有关记载，皮罗始终在拜读荷马的诗作；要是皮罗不知道诗歌的巨大效用，他怎么会时常去阅读它呢？语文学家们还怀疑伊壁鸠鲁的最好的学说都是从诗人那里剽窃来的，因为他有关快乐的强度的定义——"快乐是每一件痛苦事情的消除"——就来自下述诗文：

> 当他们最终摆脱了吃东西和喝水的欲望之时。②

伊壁鸠鲁对死的看法，即"对我们来说死毫无干系"，早就为诗人埃庇卡尔默斯（Epicharmus）的下述诗行所指明：

> 我对死或已经死去完全无动于衷。

他们还指责伊壁鸠鲁从荷马那里偷来了诸如"死去的肉体已全然失

---

① 欧里庇得斯的残篇884。
② 参见荷马《伊利亚特》第1卷，第469页。

去了任何感觉"的观点，因为荷马曾经写道：

> 他在狂怒之中呵斥痛打这个毫无感觉的泥块。①

语文学家进而还认为，诗人们不仅对上述问题作了精彩的表述，还对神发表过许多看法。例如欧里庇得斯在其《佛里克索斯》(Phrixus)中写道：

> 凡人们日复一日地犯着罪，
> 总以为神对此一无所知。
> 想错了！他们在这么想时，就会被逮个正着，
> 当正义之神正好有了闲暇之时。

如果上述这些诗篇以及诸如此类的格言警句确实是有效用的，并且，若不借助于语文学技艺，诗句的含义就无法得到确切的理解，那么，语文学也就对幸福生活大有裨益。他们认为，对那些已经习得了语文学技艺的国家来说，语文学还包含了尤为必要的东西；所以，当莱拜多人（Lebedians）②为了卡曼多都斯（Camandodus）而与邻国人发生争执时，语文学家正是凭着援引希波那克斯（Hipponaxs）③的下述诗句赢得了胜利：

> 别跟我唠叨那些来自卡曼多都斯的莱拜多无花果。

同样，它会使那些致力于语文学的人更善于交际。语文学在很多场景下，就是以这种方式造福于那些语文学家的朋友们的。他们认

---

① 参见荷马《伊利亚特》第 24 卷，第 54 页。
② 吕底亚沿岸（伊奥尼亚）希腊城邦莱拜多的居民。
③ 爱菲索（Ephesus）的希波那克斯用抑扬格写讽刺诗，鼎盛年约公元前 530 年。

为，语文学的这一效用是不难从下述效应中得到印证的。当索斯特拉图（Sostratus）[1]受托勒密一世的委派，前去请求安提柯（Antigonus）王的帮助时，安提柯给了一个相当敷衍仓促的答复；但因为索斯特拉图引证了这句诗，最终还是达到了出使的目的：

> 黑发的撼地之神，你真的要我
> 给宙斯捎去此番口信，此番严厉而顶撞的话语？
> 您难道就不会改变主意吗？高贵的心智都可以接受变通。[2]

安提柯听了这一诗句后还是改变了原先的主意。

鉴于诸如此类的许多论证都被用来证明语文学中关于诗人和散文作家的部分是极其有用的，让我们暂且就举这些例子，尔后对每一个论证进行回答。先来看这个论证：诗人们的格言对生活以及哲学的产生都是有用的，而语文学对诗句的真实含义进行阐发，所以语文学确实是值得语文学家好好搞的学问。但是，首先，即使我们先同意不对诗作本身进行批评，我们也可以十分明显地看到，在诗人那里所发现的那些所谓对生活有用和不可或缺的诗句——比如那些格言式的和忠告式的诗句——已经为诗人们清晰地表述了，也就根本不再需要语文学的诠释；而那些需要语文学进一步阐释的诗句——比如用典过多、表述玄乎的诗句——则本来就一无所用。所以，语文学在两种情况下都没有用处：对于前一类诗句带不去任何助益，它无法提供任何帮助；对于后一类诗句，它只能弄出一些空洞无聊的"注释和论评"。其次，那些格言只是论断而已，例如这样一句诗：

---

[1] 埃及国王托勒密一世时的著名建筑师，鼎盛年公元前320—前310年。托勒密与"小亚之王"安提柯是对头。

[2] 荷马：《伊利亚特》第12卷。

> 一个智慧的头脑，胜过一百双手，
> 群氓欢呼雀跃的蠢行，乃是可怕的病态。①

但理性当然是不会仅凭一句空话就相信它的，论断究竟是否正确，理性要求证明。而对命题是否合适的证明，乃是哲学的事，而绝不是语文学所能胜任的事；因此，就这一方面而言，也足可表明语文学是多余而空洞的。再次，如果说语文学——诗句的诠释者——之所以有用，乃是因为诗人们那为数众多的精美有益的诗句的话，那么，当我们看到诗人们还说了更加多的邪恶的话，对实践生活十分有害时，我们就应该说语文学无用了。因为，正如有人可以宣称：

> 勿谈财物，我可不会敬拜一个卑鄙小人所拜之神。

而有人也可以完全可以作出截然相反的宣言：

> 啊，金子，凡人们的最爱！因为
> 母亲、小孩、慈父所能给予的欢愉，
> 都不能与家中有了你的人的那种快乐相比。

有人还会说：

> 永别了！这个不幸［即失去财产］的人终于发现友谊的虚妄。

也会有人感慨：

---

① 欧里庇得斯残篇，第 220 页。

最为甜蜜的音乐乃是富人的声音。

然而，由于这些互为矛盾的观点都是在没有任何证明的情况下作出的，人们往往更容易倾向于选择那些错误的观点；就凭这一点，诗作至少看起来也是有害的。而要是对它们加以甄别，撇舍一种而选取另一种，那么靠的也绝不会是语文学，而是那些能够作出鉴别的学科，即哲学。最后，只会现成地利用来自诗人那里的各种证见的人，决不是那些真正的哲学家（因为对于哲学家，论证就足以建立信念了），而是那些哄骗粗俗民众的骗子。因为，我们可以轻易地证明诗人们自相冲突，并且总是在随心所欲地吟唱自己喜欢的调子。杰出的哲人们对于诗人提出了不少针锋相对的论点。在批评语文学的人当中，皮罗的确曾逐首展读过荷马的诗作，但他这样做绝不是出于前述的理由[①]，而极可能是由于荷马的作品能给他带来愉悦。这种情况就好像他是在聆听一出喜剧一样，或许他还不时瞥一眼做诗的手法和诗中的人物；因为，据载皮罗本人就曾经为马其顿的亚历山大王写过一首诗，并因此得到了上万枚金币的赏赐。此外，还有一些我们在《皮罗学说概要》中所探讨过的其他理由，也不是没有可能的。至于伊壁鸠鲁，并没有从荷马那儿剽窃过什么有关快乐强度的定义，因为在下述的两种说法之间明显存在着巨大差异。当荷马说"当他们终于停息了对饮食的所有欲望之时"，他的意思是指那些人吃饱喝足，满足了食欲。当伊壁鸠鲁把快乐度定义为"痛苦的移去"时，他的意思是说快乐不只是酒足饭饱的自然结果，也是享用了最简单的食物的自然结果。此外，诗人（荷马）这里讲的只是食物，而伊壁鸠鲁则讲的是所有悦人的东西，包括性爱；至于荷马怎样看待性爱，这是人人都知道的。"死亡与我们毫无干系"，这句话毫无疑问出自索福隆（Sophron）[②]

[①] 即诗歌有很大的用场以及因此而来的语文学的必要性。
[②] 索福隆是叙拉古人，哑剧作家；他的鼎盛年约为公元前440年。

之口，但对它的证明却是由伊壁鸠鲁完成的；而真正值得敬佩的事情不在于说了点儿什么，而在于对它的证明。并且，当伊壁鸠鲁说"死亡与我们毫无干系"时，他这句话并不是在"活着或死去是件无所谓的事情"的意义上说的，因为他深知一切好的东西只能为有感觉的生物所拥有，所以活着更值得选择。伊壁鸠鲁这句话的意思是说，在缺失了感觉的地方是不存在好与坏的。死去的肉体不会再有感觉，这是一个不单为诗人而且也为所有人都明喻的简单事实。因此，一个为过世的儿子悲哭不止的母亲会哭诉道："可惜你再也不能感觉到这些事了，你娘我真是悲伤啊"；当母亲目不转睛地凝视着死去的儿子时，又是一阵悲泣："你无论如何也无法从这些事情中得到快乐了呀！"虽然如此，只要人们注意寻找的话，仍可发现诗人们还会拥有相反的观点，因为灵魂总是渴望着血腥的：

> 请你退离洼地，收起利剑，
> 这样我才能上前尝尝鲜血，告诉你真实的预言。①

蒂提奥斯（Tytios）因为贪欲而被罚让秃鹫叼吃自己的心肺；坦塔卢斯（Tantalus）立在湖面上：

> 水波撞着他的下颌,饥渴的他虽竭尽全力也无法喝到一口解渴。②

再进一步说，欧里庇得斯对神所写的下述这些东西，普通的老百姓一般也是这么看的：

---

① 荷马：《奥德赛》第 11 卷，第 95 页。
② 同上书，第 583 页。

> 凡人们日复一日地犯着罪，
> 总以为神对此一无所知；
> 想错了！他们在这么想时，就会被逮个正着，
> 当正义之神正好有了闲暇之时。

可以与此般配的，还有那经常被人们所引用的［普鲁塔克的］下述诗句：

> 神的磨虽然缓慢地研磨，但是却能磨碎极其细微的东西。

二者所存在的差异仅仅在于韵律的不同。可是，如果人们略作查证的话，那么就不难发现，诗人们的情感往往要比普通百姓们的观点恶劣得多。有"舞台表演的哲学家"之称的这位悲剧诗人[1]曾说他并不知道他是在向谁祈祷，这话看起来还算是温和的：

> 你是大地的支撑，你统治着大地。
> 如果我们想认识你——噢宙斯——你是谁呢？
> 这可难倒了人类的才智！难道你是自然的必然性，
> 抑或是人类的心智？
> 无论如何，我都永远向你祈求。[2]

但是，按照克罗封的赛诺芬尼的有关记载，在荷马和赫西阿德的作品中

---

[1] 指欧里庇得斯。
[2] 欧里庇得斯：Troad, 884。

> 充斥了大量有关诸神无法无天的邪恶事迹的故事,
> 偷盗、奸淫和彼此间的相互欺诈。

这些诗人们说克洛诺斯的时代是一个幸福生活的时代。可是克洛诺斯却阉割其父,吞吃自己的孩子;而他的儿子宙斯剥夺了他的至高统治权,然后

> 宙斯把克洛诺斯摔到了大地的底下,摔到了茫茫大海的底下,
> 跌入远在地底下的毁灭的深渊之中。

但是,宙斯的兄弟又共同密谋反叛宙斯,而宙斯得到了赛蒂斯(Thetis)的帮助:

> 其他奥林匹亚诸神赫拉与波塞冬都想捆绑宙斯,
> 帕拉斯·雅典娜也过来帮助他们。[①]

这是因为宙斯强暴至极,他把他的姐姐兼妻子当作一个抢劫庙宇的盗贼吊起来,还不满足,又对她破口大骂:

> 你已经全然忘记了上一次是如何被我吊起来,
> 还在你的双脚上紧紧地绑上两块铁砧;
> 忘记了我用金锁链紧紧地捆住你的双手,你没法挣断它;
> 你被悬吊在天上,高入云端,[②]
> 巍峨的奥林匹斯山上的众神无不感到愤怒!

[①] 荷马:《伊利亚特》第 1 卷,第 399 页。
[②] 荷马:《伊利亚特》第 15 卷,第 18 页。

宙斯还在狂怒中把火神赫菲斯托斯（Hephaestus）摔出天国，而赫菲斯托斯

> 坠落于利姆诺斯岛（Lemnos）上，奄奄一息。①

宙斯对待他的兄弟也极其轻蔑：

> 把他的兄弟安置在悲凉阴冷、霉烂不堪的地府，
> 连众神都为之感到厌恶的地方。②

宙斯不仅被描述为极为残忍，而且还毫无自制，因为当他在伊达山上一看到打扮妩媚动人的赫拉，甚至来不及回到他们的卧室，就在山顶抱着妻子躺在地上，

> 在他俩身下，神圣的土地催生出的鲜草给他们当厚实的床，
> 有蔷红花、风信子和挂着晶莹剔透的露珠的三叶草。③

诗歌所具有的变化不一的特性已如上述。由于语文学根本无法向我们表明，诗歌中哪些内容是值得人们相信是真的，哪些内容是我们应当作为神话般的不实之词而不予信任的，因而语文学是无用的。

语文学家们还认为，莱拜多人曾经由于援引诗歌中的一句证词而赢取了胜利，因此，语文学对城邦来说是十分有益的。我们对此可作如下的回应：首先，基于同样的理由，你们就不得不说舞蹈技艺也是必不可

---

① 荷马：《伊利亚特》第1卷，第593页。
② 荷马：《伊利亚特》第20卷，第65页。
③ 荷马：《伊利亚特》第14卷，第347页。

少的。索斯特拉图斯（Sostratus）是安条克（Antiochus）的一位舞蹈家。当他的故乡普里埃尼（Priene）被征服之后，他被命令须在宴会上跳一曲"自由之舞"。他说：在他的祖国遭受奴役之时，他感到跳"自由之舞"是不适合的。由于这句话，他的城市重新得到了自由。其次，对城邦有用是一回事，对我们自己有用则又是另一回事。例如，修鞋匠和铜匠的技艺对城邦来说是必要的，但对我们自己的幸福生活来说，我们并没有必要让自己成为铜匠或鞋匠。依此看来，不能说对城邦来说有用的，对我们自己来说就是有用的。这是因为，交谈的技艺通常并非是从语文学那里获取的，而是来自一种一般性的机智与才智——否则，演说家德玛得（Demades）[①]就该成为一个语文学家了。他曾对强迫自己参加宴庆的腓力浦（Philip）说：

一个怀有正义感的人，在他没有让自己的同伴获得自由、并亲眼目睹他们站在自己面前之前，能心安理得地享受吃喝之乐吗？[②]

以上就是我对语文学家的相关论证的驳难。不过，我还要总的说一句：倘若唯有诗人们对生活有益，那么，作为以阐释诗人（作品）为专业的语文学自然就对生活颇具实用了。然而，由于事实上诗人们或者无用，或者几无所用，相反哲学家们以及其他散文作家们却能给我们指导一些有用的东西，因此我们并不需要语文学。正是散文作家们而不是诗人们向我们揭示了对生活有用的东西，这一事实是不难说明的。因为散文作家们以真理为目标，诗人们却千方百计地穷尽一切办法来吸引灵魂，而虚假的东西往往比真实的东西对灵魂更具吸引力。从而，那些公开地以追求虚假的东西为其主旨的人们，所喜欢的必是诗人而不是散文作家。

[①] 德玛得是雅典演说家，德谟斯梯尼的对手，公元前338年在凯罗尼亚（Chaeronea）战败后与许多雅典人一起被捕。
[②] 引自荷马的《奥德赛》第10卷，第383页。

其次，概而言之，就诗人们而论，语文学不仅对生活无用，而且对生活最为有害，因为诗歌是人们激情的大本营，正如以下所言：

　　对古人来说，古人的话最为动听。

同样，对一个狂热恋爱的人和酗酒成性的人来说，阅读阿尔卡修斯（Alcaeus）和阿那克里翁（Anacreon）的诗歌就会进一步激起内心的狂热的情感；而性情暴躁者则由于沉迷于希波那克斯（Hipponax）和阿尔基洛库斯（Archilochus）的诗作得到了进一步的"培训"。

其他人，尤其是伊壁鸠鲁，对该论题都会这么说的。不过，即使在不批评诗歌的情况下，我们也完全可以对那些声称存在着一种能对诗人和散文作家的陈述加以甄别的语文学技艺的人作出一系列的驳难。既然每一件作品以及每一首诗歌都是由指称的词语和所指称的东西构成的，如果语文学果真具有一种能区分诗人和散文作家所言说的东西的技艺的话，那么，语文学家必须或者只能理解词语，或者只能理解对象，或者同时能理解二者。首先，哪怕我们不想多说，他们很显然是无法理解对象的。因为在对象当中，有些对象是物理学的，有些是数学的，有些是医学的，有些是音乐的；而研究物理学对象的人当然是个物理学家，研究音乐对象的人必定是个音乐家，研究数学对象的人毫无疑问是个数学家，其他学科的情况也是如此。然而很明显——而且实践经验的结果也表明：语文学家不可能同时是一个全才，精通每一门学科。这些浅薄的语文学家中又有哪一个能够理解赫拉克里特的话语呢？当柏拉图说"在那不可分的、永远保持原样的存在和那物体中可分的存在之间，他融合二者，构建出了又一存在形式，即由'同一'和'不同'组成的存在形式"[①]时，语文学家又怎么可能明白这句话以及上下文中的思路呢？要知道连

---

① 柏拉图：《蒂迈欧》，35A。

柏拉图的诠释家们对此都不得不保持缄默。或者，语文学家又如何能够去讨论克吕西波的辩证法研究、阿基米德和欧多克索的数学研究呢？其次，正如语文学家对于对象方面一无所知一样，在针对这些对象所写的诗歌方面，语文学家同样缺乏起码的判断力。恩培多克勒说：

> 你们好！我已不是凡人，而是一个永生不灭的神，
> 徜徉在你们中间，受到所有人的敬拜。

他还说：

> 我若已远远超越了所有注定要死亡的凡人，
> 我为何还要关切这些东西，好像它们很重要似的呢？

不论是语文学家还是普通人都会认为，这个哲学家所发表的这番高论纯然是出于自负和对其他人的藐视，尽管事实上稍微学习过哲学的人都不会如此认为，更别说这位如此著名的人物了。研究过自然哲学的人就能明白无误地知道，"同类相知说"这一教义正是传承自毕达哥拉斯、并且出现在柏拉图的《蒂迈欧》中的一则古老教义。该教义早已为恩培多克勒本人所阐释：

> 确实，我们以土认识土，以水认识水，
> 以以太认识神圣的以太，以火认识毁灭性的火，
> 而且还以爱体认着爱，以令人忧虑的仇恨体认着哀痛。

搞过自然研究的人当能理解，恩培多克勒之所以把自己称为神，是因为唯有他能使自己的思想免去邪恶和污浊，并凭借那内在于自身心中的神去理解外面的神。还有，当阿拉杜斯（Aratus）这样写道：

> 从眼睛那里远远地射出来的一道射线，[抵达于太阳出现的地方，]如果你截取天空中两个星宫的一块天区，目光就越过了这一天区的六倍。

理解此处的含义，显然不是语文学家所能做到的事。当我们把从我们的眼睛到太阳升起的地方这一直线距离作为一个单位的空间时，六倍于该距离就能测度出黄道十二宫的圆周，从而这一单位距离截取出了黄道的两个星宫。进行这一设想和理解的该是数学家的职责，数学家通过几何学证明，黄道十二宫圆圈的第六个部分正是由伸展至太阳升起的这段直线构成的。当佛利乌斯（Phlius）的蒂孟把皮罗比作太阳时，他说道：

> 你，唯有你，是人类的导师，最像那太阳神，
> 当他在其运行轨道绕行时俯瞰着整个大地。
> 你展现出他良好运转着的日球，就像一个火光闪闪的圆圈。

在语文学家们看来，蒂孟这是在赞美歌颂，想把哲人描绘成光彩夺目的太阳。然而，换一个人则可能会这样思量：佛利乌斯的这个人所作的阐述是否与怀疑论的信条有矛盾？因为太阳通过以其光亮照彻万物的方式，昭明了以前看不到的东西；而皮罗却使我们曾经一度看得见的东西变得晦暗不明。不过，在一个更为哲学地思考该问题的人看来，事情显然并非如此，他知道蒂孟说的乃是，皮罗就像太阳神，因为太阳神把那些紧紧盯着他看的人的眼睛都刺得昏暗不清；与此类似，怀疑论者的论证把那些一味指望智力的人的"智力之眼睛"弄昏暗了，使之无法理解轻率的独断论者所假定的每一种东西。如果有人要讨论医学的思想的话，那么，他一定能发现一则出自诗人之口的短语，是如何蕴含着一个

深奥而科学的思想的。例如，荷马史诗中的短语"灯心草深处，青草的温床"就是如此。因为它隐含了一个语文学家所不能洞悉的深层意蕴：灯心草的种子有助于交合；这就好像诗人们用"床"来指代性爱一样。另一个例子是欧里庇得斯关于里科麦第（Lycomedes）的女儿代达迈丽亚（Deidameri）的一段话：

> 你的女儿病倒了，她的状态处在危险之中。
> 是因为什么？究竟是什么瘟疫击倒了她？
> 莫非是受寒把她折磨得口吐胆汁？

因为欧里庇得斯正在询问她是否患了胸膜炎症——胸膜炎的患者在咳嗽时往往会咳出黄胆汁。然而，语文学家对于所有这一切是一无所知的。

不过，我们实在用不着拿古人之话或科学术语去羞辱语文学家们，因为他们甚至连普通人的话语都搞不懂。例如，卡里马库斯在谈及第奥多罗斯·克诺努斯时所讲的这些话，语文学家就根本明白不了：

> 看啊，屋顶上的穴鸟是如何深沉嘶哑地啼鸣，
> 告诉我们什么东西结合了，我们将如何一直生存下去。

第奥多罗斯·克诺努斯是一位伟大的辩证法家，他教授给我们应该如何判断一个假言三段论的逻辑有效性。正是由于其学说的广泛影响，哪怕是屋顶上的那些穴鸟们都因为经常不断地听到被重复唠叨的这一学说，竟也能鹦鹉学舌地发出他那三段论（"结合"）的逻辑有效性的标准来。这一层含义或许一些语文学家也能说出来，但那不过只是理解了甚至对小孩来说也已成为常识的东西。可是，当语文学家面对"我们将如何一直生存下去"这一短句时，由于看不出其中的含义，只能目瞪口呆。因

263

为，唯有哲学家才知道第奥多罗斯的一个信条是"无物能够运动"。他认为，对于能够运动的东西来说，或者在它所在的地方运动，或者在它不在的地方运动，但无论是前者还是后者都不可能，所以无物运动。并且，从无物运动这一前提中，又可进一步得出结论，即无物能够灭亡。因为，正如无物能够运动，是因为事物的运动或者是在它所在的地方运动，或者是在它所不在的地方运动；同样，生物既不可能在该生物活着的时候死去，也不可能在该生物不活着的时候死去，所以生物永远不会死。而如果确是如此，那么，根据第奥多罗斯的观点，既然我们是永生的，"我们就一直生存下去"。

依此看来，语文学家的确无法理解隐含于字词背后的对象，剩下的唯一可能是，他们或许能够理解字词？但是，这同样是不可能的。这首先是因为语文学家不具备理解有关术语的技术手段。在索福克勒斯（Sophocles）的戏剧里，当牧羊人们说"ιω βαλλην"时，这乃是富里基亚语（Phrygian）的"噢，国王"。但是人们之所以知道这一点，所凭依的当然不是什么技艺，而是因为从其他人那里听说了它。在对外国话的字词和对久已废弃的字词的理解上，并不存在什么差别，因为对我们来说，它们二者的发音都是同样陌生离奇的。其次，由于单词在数量上的无限，而且在不同的人那里其拼写又彼此不同，或者由于别人把单词用在我们并不知道的事物上，因此，哪怕要理解单词也是不可能的。例如，在句子"εβαρβαριζε το ολολον, ελκν εχον εν τη χειρι"中，因为叙利亚人是野蛮人，所以他们用 εβαρβαριζε 代表 εσυριζε(用管子的)，而用 ολον 表示 παν（所有），这两个词是同义词，又因为 συριγξ（瘘管）是 ελκο（病痛）的一种，ελκο 就表示 συριγξ("管子"或"细管"）。这样一来，整个句子的意思变成了"εσυριζεν ο παν, συριγγα εχων εν τη χειρι"（潘神演奏管乐，手上握着管笛）。再次，语文学家们又何以知道科学的术语呢？例如，他们怎么知道亚里士多德的 εντελεχεια（隐德莱希，Entelechy）或 το τι ην ειναι（实体）？或者，他们如何能知道

264

怀疑论的表达式 ουδεν μαλλον（"谁也不更……"）？该表达式是疑问句还是陈述句？它所指向的东西是外在物还是我们的主观感受？或者，当面对一首由一些含糊朦胧的语词构成的诗句时，语文学家们又能说些什么呢？例如：

> 在一座双峰之下，一对情人死去了：①
> 然而命运给了他们一种奇特的新形式。
> 如同蛇那蜿蜒的躯体，并连相接，
> 扭曲缠绕至双臀的接合处；
> 看哪，再下面真可怕，两只狐狸一起奔跑，
> 直到那储藏着后代的隐秘处。

此处的"一对情人"、"双峰"、"像蛇一样相接"、"双臀的接合处"、"躯体"、"两只狐"、"储藏室"、"后代"等字词的用法，既不是隐喻性的，也不是技术性的，而都是通常意义上的——但语文学家哪怕把这些词考量个千万遍，也未必能理解它们到底指什么。

因此，如果语文学家既不能理解所指的事物，也不能理解字词本身，而诗文或散文除了这二者又什么都不是，那么，他们就不可能拥有用来诠释诗人和散文作家所说的东西的技艺。另外，如果我们确实需要语文学技艺的话，那么，我们就要它用来研究最好的诗文，而绝不会要它去研究那些低劣的诗作。然而，按语文学家自己的说法，最清晰的诗文就是最好的，一首诗文的出色之处就在于其表达清晰；缺乏清晰性的诗文就是差的诗文。而好诗由于自身的清晰性，已无须再作任何的解释，所以也就不需要语文学。至于那些劣质的诗文，由于明显是不好的，也根

---

① "一对情人"是指卡德摩斯和他的妻子哈尔摩尼亚（Harmonia），他们双双变成了蛇。

本不需要语文学。还有，对那些没有任何明断、尚处于论争中的东西，要理解它们乃是不可能的；而语文学家们对作者的意思的解释争论不休，无法决断；因此，作者的意思是不可理解的。基于这一理由，语文学是无用的。

上述所论，算是我们对那些专门研究该门学科的人的总的回应。

第二卷　反占星术士[①]

我们当前的任务是探究占星学或"数学技艺"——这并非由算术和几何学所构成的那个完整技艺（因为我们已经驳斥了这些学科的教师），也不是由欧多克索 (Eudoxus)、希巴库斯（Hipparchus）以及他们那一类人[②]所做的预言所构成的所谓"天文学"技艺（因为天文学与农业和航海相似，都是对现象进行观测，并借此预测干旱、洪水、瘟疫、地震以及各种天象变化）；占星学不过就是给人算命的玩意儿，可是占星师[③]却用更加显赫的头衔将自己标榜成"数学家"和"占星学家"，以各种方式傲慢无理地对待常人，建立起针对我们的一个巨大的迷信堡垒，阻挠人们根据正确的理性行事。在我们大致考察了导致他们的思考方式的那些东西之后，对此将就会有所了解。我们的说明只能是简略和概括的，因为确切的细节可以留给专攻这方面研究的那些人；对我们而言，只要留意那些对于批判占星师必不可少的要点就够了。

他们先假设地面上的东西与天空中的东西彼此"感应"（sympathize，共感），而且前者总是受到后者的流溢的影响。正如：

---

① 原书中是第 5 卷。
② 欧多克索是柏拉图的一位学生，大约生活在公元前 370 年；希巴库斯大约生活在公元前 150 年的比提尼亚（Bithynia）的尼卡亚（Nicaea）。两人都是著名的天文学家。
③ 占星师（the Chaldeans），也就是所谓查尔丹术士或"迦勒底数术师"。

> 日子是由诸神和人类的创造者带来的，
> 我们这些地上动物的心灵思想也是如此。①

根据这个假设，那些对天穹极度入迷的占星学家们就宣称：七政之星②及其在黄道带各宫中的不同位置是地面一切人事发生的动力因。据人们所说，他们将黄道带划分为十二个"天象区"（或"宫"），每一天象区为三十度（让我们姑且这么大致地描述他们的理论），每一度又可以分为六十分 (lepta)——他们把这个称为"不可再分的最小部分"。在黄道十二宫中，他们把有些称为阳性的、有些称为阴性的；把有些称为双体的、有些则不然；把有些称为回归型的（tropical），有些称为固定型的。"阴性"和"阳性"指的是黄道十二宫中那些分别司掌男女的出生的宫，比如白羊宫是阳性的，金牛宫是阴性的，双子宫是阳性的，其余各宫也依照相似的比例依次交替，有的阴，有的阳。我猜想，毕达哥拉斯学派可能是从这里得到灵感的，称"一"为"阳性"的，"二"是"阴性"的，"三"是"阳性"的，其余的奇、偶数依照同样的规则交替为阴为阳。有些人还把每个宫再分成阴阳交错的十二等分，例如对于白羊宫，他们把它的第一个十二等分之一描绘成雄性的白羊宫，把第二个描绘成雌性的金牛宫，第三个描绘成雄性的双子宫，等等，同样的规则也适用于其他部分。他们还说，双子宫以及正好与它相对的人马宫，还有室女宫和双鱼宫，这四个宫是双体的；其余各宫则不是。所谓"回归的"宫是指太阳在进入这个宫之后就会改变行程，从而出现天穹中的"回转"现象。白羊宫及与之相对的天秤宫，还有巨蟹宫和摩羯宫，就是这样的宫。因为，春分出现在白羊宫，冬季出现在摩羯宫，夏至出现在巨蟹宫，秋分则

---

① 荷马：《奥德赛》第 18 卷，第 136 页。
② 日、月、金、木、水、火、土。

出现在天秤宫。同时，他们也假定金牛宫、天蝎宫、狮子宫和宝瓶宫是"定宫"。

然而，他们说，在黄道十二宫中，能在每个人出生的时候对他产生有效影响的那些宫是四个，他们主要根据这些宫进行预测。而且他们把这些宫总称为"中央之宫"，而后又进一步分别称为"开端"、"中天"、"下沉"、"地底"（即"反中天"）四种星位。① "开端"是指碰巧出现在分娩完成之时的那个宫；"中天"是指从此（包括此）开始的第四个宫；"下沉"是指正好与"开端"相对的那个宫；"地底"或"反中天"是指正好与"中天"相对的那个宫。（下面举个例子会使之变得清楚明白）当巨蟹宫是"开始"的时候，白羊宫是"中天"，摩羯宫是"下沉"，而天秤宫是"地底"。而且，他们把在这些"中央之宫"之前的那一宫称为"下降"，把它后面的那一宫称为"上升"。他们还说，在诞生之宫之前上升并为人所见的那个星位是属于邪恶精灵的，在"中天"之后的那个星位属于好的精灵，先于"中天"的那个星位是"劣等部分"、"单独部分"和"神"，走向"下沉"的那个星位是"无效的"，是"死亡原则"；"下沉"之后的、无法看到的星位是"惩罚"和"厄运"——它与"邪恶的精灵"交叉相对。走向"地底"的星位是"好运"，与"善的精灵"交叉相对；在"反中天"之后出现的、朝向东方的星位是"女神"，她与"神"交叉相对；在"诞生"之宫后面出现的是"无效的"，并且它又与另一个"无效的"交叉相对。或者，说得更简明些就是："诞生"之宫的"下降"被称为"邪恶的精灵"，它的"上升"被称为"无效的"；相似的，"中天"的下降是"神"，它的

---

① 我们可以用法布里修斯（Fabricius）那里画的一张图来帮助理解塞克斯都此处的讨论。

	无效	开端	恶灵	
女神				好灵
反中天地底				中天
好运				神
	惩罚，厄运	下降	无效，死亡原则	

上升是"好的精灵";同样,"反中天"的下降是"女神",它的上升是"好运";同样,"下沉"的下降是"厄运",它的上升是"无效的"。他们认为他们对这些事物的考察不仅仅只是无足轻重的游戏;他们深信,众星被观察到时究竟是处在它们的"中央"位置上,还是处于它们的上升或下降的位置上,将会产生不同的伤害力量或非伤害性的力量;不过,它们的力量在某些位置上会更有效些,在另外一些位置上则不太有效。有些占星师甚至把人体的各部分也对应于与之"感应"的一个天象区,他们把头称为白羊宫,脖子称为公牛宫,肩膀称为双子宫,胸部称为巨蟹宫,两胁称为狮子宫,臀部称为处女宫,腰部称为天秤宫,阴部和子宫称为天蝎宫,大腿称为人马宫,膝部称为摩羯宫,胫部称为宝瓶宫,双脚称为双鱼宫。这些并不是被随意称呼的,而是出于这样的原因,即如果某个邪恶之星在某人出生时正好出现在这些天象区中,那么就会在具有相同名称的人体部分产生缺陷。

这就是对于黄道带内诸事物的本质的一个概括性说明;接下来我们不妨对它们的划分进行一个解释。由于看到各个天象区并非按照自己的原则组织起来的,而总是与彼此分散的七政之星相关联,他们在观测中感到困惑,于是便把黄道带划分成十二个部分。在展示他们的划分方法时,他们说:古人在观测到黄道带中某颗特别明亮的星升起之后,便立即在一个有孔的罐子中盛满水,然后让水流到位于其下的另一个容器中,直到同一颗星再一次升起。因为根据他们的推断,黄道带的旋转乃是从同一个天象区回到同一个天象区,于是他们就截取流淌过的水的十二分之一部分,并计算它的流淌所耗用的时间。他们说这也就是那颗星穿越过黄道带的十二分之一部分所需的时间长度;这个部分与整个黄道带的比率,是与其间所滴漏的水和全部水之间的比率相等的。从这个比例——我指的是那十二分之一的比例——中他们划分出来最终的极限,这是从那时观测到的某一颗显眼的星开始的,或从同时升起的更靠北或靠南的那些星之中的某一颗星开始的。他们对其他各个十二分之一部分也是这样划分的。

这就是引导他们将黄道带划分为十二个部分的方法；而且，据说占星师是用类似的方法来观察孩子出生时的"开端星位"（horoscope）的。在夜晚中，占星师端坐高山之顶，仰观星象；另一个人则坐在产妇旁边等待。一旦孩子生出来，他便击锣通知山顶上的人。山顶上的人听到锣声后，就记下当时升起的星位，定为"开端之宫"。不过，在白天当中，占星师只能研究日冕和太阳的运动了。

对于各个星宫就说这么多。至于那七政之星，他们说它们中的有些是"福星"，有些是"恶星"，而有些是"两可的"；木星和金星是福星，火星和土星则是恶星；而水星是两可的——因为它与福星一起就是福星，与恶星一起就是恶星。但是，还有人则认为，这些同样的星由于它们的位置的变化，此一时是福星，彼一时又是恶星；因为或者是由于星宫的原因，或者是由于其他各星的关系配置的原因，恶星并不总是恶的，福星也不总是善的。再者，他们推想太阳和月亮是七政之星之中主要的两星，另外的五星相比之下，在"效能"方面的力量就逊色了；出于这个原因，埃及人将太阳比喻为国王和右眼，将月亮比喻为王后和左眼，将其他五星比喻为执法的官员，并将其他恒星比喻为其他阶层的人民。他们认为，在这五星当中，土星、木星和水星与太阳一致，并辅佐太阳；而且，由于与它们合作的太阳司掌着白天出生的人的命运，所以它们这些星被称为"昼行性的"（火星和金星则辅助月亮）。他们还说，如果这些星处于适当的"家园"或"领域"中，或者被其他星"护卫着"，或者因为它们彼此相对，或相互间处于一定的位置结构中，或者因为它们处于"中央"位置上，那么，同样的这些星就会增长力量。按照他们的看法，太阳的家园是狮子宫，月亮的家园是巨蟹宫，摩羯宫和宝瓶宫是土星的，射手宫和双鱼宫是木星的，白羊宫和天蝎宫是火星的，金牛宫和天秤宫是金星的，双子宫和处女宫是水星的。——他们把七政之星所欢快的宫称为"上扬"之宫，把七政之星在其中缺乏力量的宫称为"低落"之宫；七星处在"上扬"中而欣喜，处在"下降"中则没有什么力量。白羊宫是太阳的"上扬"宫（更确切地讲，是白羊宫的第十九部分），它的"下降"宫是与之交叉（对角线）相对的那个星宫；金牛宫是月亮的"上扬"宫，它的"下降"宫则是与之交叉相对的那个星宫；土星的上扬宫是天秤宫，木星的上扬宫是巨蟹宫，火星的上扬宫是摩羯宫，金星的上扬宫是双鱼宫，水星的上扬宫是处女宫。如我所言，这些星的低落之宫就是与它们的上扬宫交叉相对的那些星宫。这些星在每个星宫中的"领域"就是它们在两个部分之间拥有最大力量的那个范围。有关这些事情，他们以及他们的著作中存在着很多的分歧。他们还说，当这些星处于其他星的中间并与那些星宫相连时，它们是受到"护卫"的；因此在同一星宫内，如果某颗星占据最初的部分，另一颗占据最后的部分，还有一颗占据中间的部分，那么位于中间的那颗星就受到占据两端位置的那些星的"护卫"。如果那些星以三角形或四边形的排列格式出现，那么他们就彼此相对并彼此"一致"。占据三个宫中间部分的那些星形成了一个三角形，并且彼此相对，两个宫之间的那些星形成了一个四边形。有种看法认为，当处于一个三角形中的恶星与福星相对时，它是和气的而且更加能赐福，一颗友善的星与一颗福星相对，就只是"友善"而已；恶星与恶星相对也是如此。但是当图形是四边形的时候，情况就相反了。当它们在"中央"诸宫——"开端"、"中天"、"下沉"、"反中天"——的位置上被观测到时，它们被称为"居中的"。

我们已经概括地解释了这些东西。首先要注意的是：占星师是从这些东西出发进行预言的。这些预言存在着差异，因为它们有的是简要型的，有的是精确型的；简要型的是指从某个天象区或某颗星的简单力量的缘故预测，例如，"当这颗特定的星处于这一特定的天象区中时，便会产生这一类的人"；精确型的是指通过若干个因素的混合进行预测，例如，"如果这颗星处在开端之宫，那颗处在中天星宫，其他一些处在反中天星宫，还有一些处在其他的星宫中，那么，效果如下"。

这些似乎就是占星数术的概要。我们既然已经对占星数术做了说明，那么就容易理智地引出相反的论证了。有些人实际上直截了当地论证，地上的事物根本就不与天上的事物彼此"感应"；因为天穹并非像人体一样联结为统一的整体，所以地上的事物不会与天上的事物相"感应"——就应当像人体的下部与头部、头部与下部相感应一样。天上的事物相互之间缺乏感应，因为它们并未像人体一样连为一个整体。另外还有些人针对宿命提出了反驳；因为如果万物并非都按照命运的安排而发生，那么坚持这一点的占星术也就不存在了。——还有相当多的人提出了如下的反驳论证：由于有些事件是由于必然性而发生，有些事件是由于偶然性而发生，有些由于我们的行为而发生，如果占星师以可能的预言为目标，那么他们当然要对由必然性或偶然性或我们的行为所导致的事件做出预测。但是，如果他们对必然性的事件做出预测，那么他们的预测在实践中就没有什么用，因为人们不可能改变必然要发生的事件；无论我们喜欢与否，必然要发生的事件终究要发生的。只有当预言能够对改变要发生的事件的方法有所建议时，它才是有用的。如果它是关于偶然事件的预言，那么这是完全不可能的事情；因为偶然事件是无规律可言的，而对无规律可言的东西或在不同时候具有不同结果的事物做出可靠的预测是不可行的。最后只剩下这种情况：即对由于我们的行为而出现的事件做出预言。但这又是不可能的；因为这取决于我个人做不做的意愿，而没有任何原初的前定原因可找，所以没人能够对此预言。因此，占星师并不以可能的预言为目标。

大多数人试图通过这种绕远路的方式驳斥占星术，但是我们将采用一种近身格斗的方式；一旦我们推翻了它的基本原则和要素，我们就会发现，他们的理论的其余部分的结构便轰然倒塌了。

占星术的原理和基础就是"开端之宫"（"诞生之星位"）的确立；因为其余各个"中央"之宫都是由此确立的，同样，下降与上升，三角形与四边形，由此而来的众星之间的位置架构，以及从这些当中衍生的预言，也都是由此确立的。因此，如果"诞生之星位"遭到废止，那么"中天"必然也就无从所知了,"下沉"及"反中天"也是如此;由于这些变得不可理解了,那么整个占星术就随之消失了。有多种方式可以表明他们是无法揭示诞生之星位的。因为,为了使之可以被认知,首先要严格地确认被考察的婴孩的出生时间;其次,标识此事的计时方式必须无误;再次,星位的"上升"必须被精确地观测到。占星师在孕妇生育之时观测天空中升起的星宫,并以之决定婴孩的"诞生星位"。在它升起之后,他们就观测被他们称为"架构"的其余各星的位置关系;在此之后,他们就做出预言。但是,如我将要表明的那样,认知所观测的孩子出生时间是不可能的;而且,计时法也不可能是无误的;最后,上升的星宫也不可能得到准确的认知。所以,占星师的教义也就毫无根据可言了。让我们首先讨论第一点。

他们以一种相当粗糙的方式确立那些被观察的婴孩的出生时间,这一点要么是从受孕开始的,要么是从分娩开始的。但是,他们不可能说这是从胎儿受孕开始的,因为胎儿受孕的确切时间自然而然是不能断定的。因为我们没有办法确定怀孕与受精是否发生在同一个时候。这可以和思想一样是迅速地发生的——就像被放入热炉中的生面团会立刻聚合在一起一样;但是它也可能经过一段时间后再发生,因为我们都看到植入地下的种子不会立刻生根并与泥土纠结在一起。而且,由于子宫的口部与底部(即怀孕发生之地)之间还有一段距离,精子通过这段距离当然要占用一定的时间。由于占星师忽略了这段时间,所以他们无法精确地认知怀孕的时间。有时精子被全部径直射入子宫,直达适于怀孕之处;有时精子又在下落之中分散开来,后来在子宫自身的力量的作用下重新聚集在某个地方。所以,我们无法知道何时第一个过程发生、何时第二个过程发生,或者前者的受孕需要多长时间,后者又需要多长时间。当这些东西都无法知道时,对于受孕的确切认知也就烟消云散了。正如有些生理学家所断言的那样,如果精子在子宫中先加温一段时间,经历变化,然后才进入子宫中那些开口接纳它们的处所之中,由于他们不知道这个变化过程所耗用的时间，他们当然也就不知道受孕的时候了。而且，由于妇女在身体其他各个部位的活动方面彼此存在着差异，她们的子宫的活动也可能有所不同，所以很可能有些人受孕较快，有些则较慢。这一点不难相信，一个妇女只要自己与自己比较一下，就会发现她有的时候容易受孕，有的时候非常不容易受孕。因此，不可能精确描述精子何时受孕，而占星师却是用这一时刻来确立婴孩的诞生之宫（the horoscope of nativity）的。而且，也没人能够通过某些其他的迹象来确知怀孕的时间，比如外阴在交合后变干，或是（如果当真发生的话）子宫颈的闭合，月经的停止乃至对于怀孕的特殊欲望等。因为，首先这些迹象也发生在那些未受孕的人身上；其次，即使人们并非都具有这些迹象，有一点也是可以肯定的：受孕是在几天之后才发生的。而受孕的时间无法精确地确定在几个小时的范围之内。但是，由于他们要对不同人的一生的命运作出判断，所以占星师需要的不是对受孕时间的粗略评估，而是一个确切的评估。

从这里可以相当容易地看出，从受孕的时间确立"诞生星位"是不可能的。然而从生育时开始也是不可能的。因为，首先，"生育发生的那个时刻"是一个受到怀疑的概念——它到底指的是婴孩开始露头，还是指已经出来一些了，抑或是指婴孩落地的时候呢？其次，即使不存在以上这些情况，断定生育的确切时间也是不可能的；因为由于当时的精神状态、身体的健康、各部位原先的情况、助产士的技术，以及其他难以枚举的原因，当胎膜破裂之后，婴孩的露头、出来一些、落地的时间等，在不同的情况下是不同的。由于占星师又无法精确地测定这个时间，所以他们无法正确地断定生育的时间。

由此可以明显地看到，尽管占星师认为他们知道诞生之宫，但是如果它依赖于生育的时间，那么他们实际上并不知道它。人们还可以用相似的方式论证占星师的"计时法"（horologe）并非准确无误。他们说，坐在产妇身旁的那个人通过敲锣的方式向山顶上观星的占星师通知生育的时间，然后，那盯着天宇的占星师就记下正在升起的星宫；对这种说法，我们要向他们指出：首先，由于生育的时间无法断定——正如我们刚才所证明的那样——所以通过敲锣的方式通知生育的时间并不容易；其次，即使我们先假设生育的时间是可以揭示的，然而在确切的时间里传递该信号也是不可能的。因为铜锣的声音传递到山顶要花相当一段时间，这段时间甚至可以清晰可察地分成若干部分。在砍伐山坡上的树木时所观察到的那些情况就可以提供这样一个证据；因为在斧头落下之后的相当一段时间里，砍声才能被听到，所以声音传到听者那里要花费一定的时间。因此占星师不可能准确地记录婴孩诞生之时正在升起的星宫。而且，在孩子出生后不仅有相当一段时间在锣声从坐在产妇身旁的那个人传达到位于山顶观星占星师过程中已经流逝，而且，当占星师举头环顾天象揭示月亮居于哪个星宫，其他各星居于哪个星宫之时，"星象"架构已经发生变化；因为在他观察孩子出生时天上的情况并加以描述之际，宇宙正在以难以置信的高速度旋转着。进一步讲，也许占星师在夜晚进行此类观测可能有一些成功，因为此时可以看到黄道带内的东西，并且星位也清晰可见。然而，有些人出生在白天，此时上面提到的星体情况就无法被看到，最多也只是太阳的运动而已；所以人们必须宣称占星师的方法在有些情况下是可能的，在其他情况下则是不可能的。但是，让我们记住：即便在夜晚，他们有时也不能准确地观察天上的东西；因为夜晚经常多云有雾。如果所有这些偶然情况都不存在，或许人们可以在这门科学中发现实质的真理；但是当准确观测天上的事物存在这些障碍之时，情况则大为不然。

既然我们已经驳倒了占星师的"计时法"，而且已经简要地表明了计时法和婴孩的出生时间都不在他们的掌握之中，让我们继续完成余下的任务。接下来的工作是，在不提及我们以上所做的批评的情况下，讨论黄道带中星宫升起的问题。我们认为星宫的各部分彼此很难区分，甚或不可能被准确界分；实际上，很有可能已经上升了的星宫看起来还尚未升起，相反，尚未升起的星宫看起来却已经上升了。上面提到的水壶的设置对于占星师也无济于事，因为水的流动以及空气的混合，都会使水流本身和与之平行的那些时刻并不一一对应。就水的流动而言，有可能在开始水还是清澈的时候，水的流动与当水后来变得混浊缓慢时的流动就不一样；至于空气的混合物，当它雾气朦朦且相当稠密的时候，它或许就会像一种堵塞物一样阻止流溢；当它透明澄清的时候，则有助于流溢。当水壶是满的、半空的或几乎全空的时候，水壶自身的滴漏速度也各不相同；它有的时候较为迅速，有的时候又较缓慢，有时则速度适中；然而天体的运动通常总是匀速进行。最重要的是，每个星宫并不是一个连续的整体，也不与它之前或之后的星宫紧密无隙的牢固相连，而是每个星宫都是由若干彼此分散、间隔很大的星星构成的，这一颗在中央的位置上，那一颗在边限的位置上。因此，由于黄道十二宫被很多部分包围着，所以在地面上进行观测的那些人陷入错误之中就在所难免了——他们不可能说清楚观测到的那一段究竟是在先的那一宫的终点还是后面一宫的开端。而且观星者所处的那些山峰也并不总是一样的，正如宇宙在天命安排下总是在更改与变化一样，山峰或者由于下雨引发的洪水、或者由于地震、或者由于其他一些类似的事故都会被改变，从而，这些变化会使对于星象的观测并不总是一样的；有些人从高处进行的星象观测，结果是一类；有些人从平原上凝望苍穹，所得到的观测则是另一类；前者所见到的并非总能在一切情况下被其他所有人见到。人们还可以想想感官上的差异。因为有些人的视力比别人更加敏锐，正如我们无法看到距离遥远的物体，然而雄鹰由于具有超敏锐的视觉却可以看到，而且在它们看来，那些物体的个头很大。所以，很有可能已经上升的星宫在占星师看来却尚未升起，因为如此遥远的距离会使得占星师的视觉不再敏锐、变得近视。我们必须再增加这一论据：地平线上的空气的差异乃是对星占学最明确的反驳；由于那里的空气可能密度最大，极有可能在可见光的反射作用下，仍在地平面之下的星宫看起来却已经在地平面之上了。这类情况在日光反射到水面时也会发生，因为尽管我们实际上并未看到太阳本身，但我们经常以为"它"就是太阳。不过，所有论证当中最具决定性的是这个论证：如果黄道带的每一个十二分之一部分能够同时向世界上所有观测天象的人显示——并且是在同一直线上被看到的，那么占星术的同道们或许能够确定地察觉到地平线上正在升起的星宫。但是，由于它并非在同一时刻向所有人显示，而是对有些人较快、对有些人则较慢，对有些人是倾斜地显现、对有些人则垂直地显现，所以，同一个星宫不可能在所有人看来都构成了"诞生之宫"；在一些人看来已然升起的星宫，在另一人看来则还处于地平面下方，在某人看来处于诞生之宫的下降之星位，被另一些人则视为诞生之宫，这种情况在恒星中非常明显，例如，牧夫宫（Arcturus）和大犬宫（Canis）并非在同一时刻向各个地区的居民显现，而是在不同的时刻向不同的人显现。

因此，我们现在已经充分证明了，准确地判定婴孩出生时的"开端之宫"是不可能的，并且占星师借以得出预言的其他"中央之宫"也就是不可能被判定的。除了前述的这些论证，我们还应当增加这个论证：即使这些星位上升的确切时间可以认识，然而求问于占星师的普通人自己显然不可能在求问之前对孩子的出生时间作过精确观测。因为，正如我以上所表明的那样，这方面的任务要求很强的专业性，而且它似乎超出了常人的能力。由于占星师并未亲自观测到婴孩出生的确切时间，而只是从普通人那里听到，而普通人部分地由于缺乏专业技能，部分地由于未能精益求精地去做，也并不知道确切的时间。所以，人们从占星学中得不到任何有效的预言，只能得到讹误和欺骗。

如果他们调整立场说：时间无需确切地判定，而只需粗略近似地判定，那么其结果本身还是足以反驳他们；因为大约同时出生的那些人有着不同的命运，有些生而为王、有些终生带枷。虽然世界上很多人和这两个人在同一时间出生，但是没有谁的命运与马其顿的亚历山大相同，也没有谁与哲学家柏拉图的命运相同。因此，如果占星师只是粗略地考虑出生的时间,他就无法确定地说出在某个时候出生的这个人好运连连,而很多在那个时候出生的人所拥有的却是厄运;或相反,这个人命途多舛,而很多与之分享同样星位的人都安享幸福之晚年。而且,掉转过来反驳上述攻击的论证看起来也能彻底地反驳占星师们。因为如果出生时具有同样"星位"的人们在生活中应当碰到同样的结果,那么,出生时间不同的人们的生活命运也就不同了。但这是错误的,因为我们看到很多年龄、相貌,以及其他众多特征都不一样的人却有一个相似的下场——要么战死沙场、要么被坍塌的房屋压死、要么在海难中沉溺而亡。如果这些人度过了这样的一生的话,人们当然满怀疑惑,想要知道占星师是如何给他们的命运做出预言的。如果说按照占星学的理论,在射手宫之箭头端点出生的人要死于非命,那为什么马拉松一役中成千上万与希腊人战斗的、星位各不相同的外邦人会同时被杀呢?诞生星位对他们所有人而言并不相同呵。如果说在宝瓶宫之瓶上出生的人会遭遇海难的厄运,那么从特洛伊城返航的希腊人怎么集体溺亡在尤波亚的漩涡中呢?因为,不可能所有这些彼此很不相同的人都出生在宝瓶宫之瓶上。有人说,由于其中一人的命运是惨死海上,所以其他那些同船的人也就和他一道惨死海难之中了。然而这种说法也是不可能的:有什么理由可以解释偏偏是所有人因这个人注定死于海难的厄运而与其一起受难,而不是因另一个注定要死于陆地上的人的命运而得救呢?另外,还有人提出了基于对非理性的动物的考虑的怀疑。因为,如果命运决定于星象,那么当驮驴和一个人出生在某个星宫的同一部分之时,他们应当拥有同样的命运,然而,很明显两者的命运存在着差别。比如,人或许作为政治家崭露头角,受到景仰,而驴则总是驮着重担、往返于磨坊之间。所以,生命按星星之运行所安排的看法是不合理性的,或即便这是合乎理性的,也超出了我们人的理解力了。

当占星师们提出人的物体和气质与星宫的形状相对应的时候,我们从同样的立场出发,也可以将他们驳斥得彻底出丑。例如,他们说生于狮子宫的人勇敢，生于处女宫的人头发垂直、眼睛明亮、皮肤白皙、无子无女而且为人谦虚之时。这样一些观念徒自让人嘲笑，根本不值得严肃关注。因为，首先，如果他们断言出生在狮子宫的人勇敢的原因在于狮子是勇猛而具有男性气概的动物，那么他们为什么又说与狮子一样勇猛的公牛是具有女子温柔天性的动物呢？其次，设想天空中如此美丽的狮子宫与地面上的狮子有任何可以类比之处，显然纯属无稽之谈。古人称某些星为"狮子宫"，也许只是由于其形状上相似，或者甚至都不是因为这个原因，而仅仅是由于这样表述起来比较明白而已。彼此分离的七颗星与熊有什么相似之处呢？那五颗星与龙头又有什么相像的地方呢？——关于那五颗星，阿拉图斯（Aratus）[①]说：

<blockquote>
两颗位于两鬓上，两颗位于双眼上，
在它们下方，一颗星位于怪兽的下巴上。
</blockquote>

事实上，如我们以上所说的那样，出生在同一星宫的那些人并不具有相同的体形或相似的气质，除非占星师们说每个星宫所划分出的各部分或更细小的部分能够产生出这种差异。但是这又是不可能的；因为我们已经证明过孩子的出生时间和当时的"诞生星位"不可能被精确记录。而且，事情必然总是下列两者之一：或者因为某个人的诞生星位被称为"狮子宫"，所以他天生勇猛；或者由于当时狮子宫下面的天区中的空气发生了变化，从而就在那时在地面上出生的人产生了那种性格倾向。但是，这种说法——即说此人由于自己的"诞生之宫"被称为"狮子宫"，因而就会是勇敢的——完全是不可信的；按照这种推理，那些生而便与地上的狮子长在一起的人也应该是勇敢的，因为与他们长在一起的被称为狮子。另一方面，如果这是由于天区中空气的变化，那么，这种变化

[①] 阿拉图斯是大约生活在公元前 270 年的人，曾写过天文学诗歌。

怎么会与人的命运上的差异相关呢？因为也许某种特定的空气混和会有助于导致出生者的身体强壮和凶猛性格，但是，空气看起来绝不会引起此人负债、称王、入狱或是缺少子女和兄弟什么的。如果生在处女宫上的人是头发垂直、眼睛明亮、皮肤白皙的，那么埃塞俄比亚一定没有人生在处女宫上，否则占星师就得承认埃塞俄比亚人是头发垂直、眼睛明亮、皮肤白皙的，然而这是极为荒谬的。通常，由于他们宣称使他们知道人们命运差异的并非仅仅是星星，而且也是他们所观测到的星星的位置，所以我认为，如果预言是可靠的，那么同样的星位就不应该仅仅被观测到一次与某个特定的人的命运相关联，下一次又与另一种生活相关联，再一次又与不同的生活相关联。所以，由于在所有的情况中都出现同样的结果，我们才可以从中归纳得知：当星星呈现出一定的位置结构之时，结果一定是特定的一种。正如在医学中，当我们观测到不仅狄翁的死、而且铁翁和苏格拉底以及其他很多人的死，都和心脏穿刺相关之后，我们才得出结论：心脏穿刺是致死的原因；占星学也是一样，如果一种特殊的星位布置可以揭示一种特殊的命运这一点是可信的，那么它当然要经过在多种情况下的多次观测，而不只是在单一情况中的一次观测。可是，既然如他们所说，同样的星位布置要在很长的时间间隔后——"大年"（The Great Year）的重现要在9977年之后——才能看到，所以，即使在观测一个人的出生和命运上，人类的观测也将无法跨越那么多世纪；而且这种观测不止一次、而是多次被打断——要么是由于如有的人所说的那样来自宇宙的毁灭，要么是由于那彻底毁掉了历史传统连续性的局部动乱。

  这些就是能用来反驳占星师们的众多的有效论证。

译名对照表

A

Acamas,阿卡玛斯
Achilles,阿基里斯
Admetus,阿德麦图斯
Aeolic,埃奥里亚
Aenesidemus 安尼西德穆斯
Agrippa,阿格里巴
Alcaeus,阿尔卡修斯
Alcestis,阿尔塞斯提斯
Alcinous,阿尔西努斯
Alexander,亚历山大
Amazons,亚马孙族女战士
Ambracia,安伯拉西亚
Anacreon,阿那克里翁
Antipater,安提培特
Antigonus,,安提柯
Antisthenes 安提斯西尼

Antiochus,安条克
Aphrodite,阿佛洛狄特神
Aracynthus,阿拉西杜斯
Aratus,阿拉杜斯
Arcadians,阿卡狄亚人
Arcesilaus,阿尔凯西劳斯
Archilochus,阿尔基洛库斯
Archimedes,阿基米德
Arcturus,牧夫宫
Ares,阿瑞斯
Argive,,阿哥斯
Argolicum,阿格里库
Aristarchus,阿里司塔库斯
Aristippus,阿里斯底波
Aristocles,阿里斯托克勒
Aristophanes,阿里斯托芬尼
Artemis,阿耳特弥斯女神
Asclepius,阿斯克勒庇俄斯

Asclepiadae 阿斯克勒皮阿德派

Ascylepius，阿西勒皮乌斯

Athenagoras 雅典阿哥拉

Atticas，阿提卡

B

Bithynia，比提尼亚

Biton，毕同

Brilesus，玻里利苏斯

C

Camandodus，卡曼多都斯

Cadmus，卡德谟斯

Callimachus，卡里马库斯

Canis，大犬宫

Carneades，卡尔尼亚德

Casius，卡西乌斯

Chaldeans，查尔丹术士

Chares，克卡莱斯

Charmidas，查米达斯

Chlorus，克劳路斯

Chrysippus，克吕西波

Cilician，西里西安人

Clazomenae，克拉佐门尼

Cleanthes，克里安提斯

Cleitomachus 克莱多马库斯

Cleobis，克莱奥比斯

Cleopatra，克利奥帕特拉

Cleombrotus，克莱欧姆伯罗杜

Cnido，克尼杜

Coans，科恩人

Crates，克拉底斯

Creophylus，克莱欧菲路斯

Critias，克里底亚斯

Cronos，克罗诺斯

Cybele，西拜尔

D

Damaratus，达马拉杜斯

Deidameri，里马库斯

Demades，德玛得

Demetrius，德米特里乌

Demophon，德摩风

Demosthenes 德谟斯提尼

Diagoras，第阿哥拉斯

Dicaearchus 蒂凯阿库斯

Diogenes，第欧根尼

Diomede，狄俄墨得斯

Dion，狄翁

Dorian，多里安人

283

E

Epicharmus，埃庇卡尔里默斯
Erasistratus，埃拉西斯特拉图斯
Eriphyle，尤里菲勒
Eteocles，埃苔俄克莱
Eudoxus，欧多克索
Eurytus,，优利土斯

G

Gaetulians，加图利亚人
Germani，基尔穆尼人
Gorgias，高尔吉亚
Gorgon，戈尔工

H

Hecuba，赫库巴
Hera,，赫拉
Heracleides 赫拉克莱德
Heracles，赫拉克勒斯
Hermes，赫耳墨斯
Herophilus，赫罗菲鲁
Hesione，赫西俄涅
Hipparchia，西帕奇娅

Hipparchus，希巴库斯
Hippasus，希帕苏斯
Hippocrates 希波科拉底
Hipponax，希波那克斯
Hippo，希波
Hippolytus，希波吕特斯
Horus，何露斯
Hyrcanians，赫尔卡尼亚人

I

Ioleia，伊欧莱娅
Ionian，伊奥尼亚人
Isis，伊西斯

L

Lacedaemon，拉西蒂孟
Laconians，拉哥尼亚人
Laestrgones 莱斯特吕恭
Lebedians，莱拜多人
Lemnos，姆诺斯岛
Linos，利诺斯
Lycomedes，里科麦第
Lysis，里西斯

译名对照表

M

Manes，梅恩斯
Massagetae，马萨格太人
Menodotus，梅诺多图
Meriones，马里恩
Metrodorus，梅特罗多洛
Musaeus，弥赛乌斯

N

Nausiphanes，瑙西芬尼
Nicaea，尼卡亚
Nicanor，尼卡诺尔

O

Oceanos，乌凯诺斯
Oenopides，俄诺庇得
Onomacritus 沃诺马克利特
Orion，奥里欧
Orpheus，奥菲斯

P

Panyasis，帕耶西斯
Paris，，派瑞斯

Patroclus，帕特洛克勒斯
Pegasus，佩伽苏斯
Pelops，珀罗普斯
Pergamenel，帕迦马
Pherecyde，斐瑞居德
Philip，腓力
Philo，菲罗
Phineus，菲纽斯
Phlius，佛利乌斯
Phrixus，佛里克索斯
Phrygian，富里基亚语
Phylarchus，菲拉库斯
Pindarion，品达里奥学派
Polemo，波来穆
Polyanthus，波吕安杜斯
Poseidonius 波塞多纽
Priene，普里埃尼
Procleus，普洛克留斯
Proetus，普罗伊图斯
Ptolemy，托勒密
Psyllaeans，西拉阳人
Pyrrho，皮罗
Pythias，皮西厄斯

R

Rhegium，雷奇姆

285

S

Saian，赛安族
Sarapis，萨拉皮斯神
Scythian，斯基亚人
Sextus, Empiricus 塞克斯都·恩披里克
Sirens，塞壬
Sophocles，索福克勒斯
Sophron，索福隆
Sostratus，索斯特拉图利
Stageira，斯塔吉拉
Staphylus，斯塔菲路
Stesichorus，斯苔西克路斯
Strato，斯特拉托

T

Tantalus，坦塔卢斯
Tauriscus，托利斯库
Telegonus，忒勒戈诺斯
Telemachus，忒勒马科斯
Teophrastus，色奥费拉斯特
Tethys，德西斯
Thebes，底比斯
Theodorus，色奥多罗斯
Theon，铁翁
Thetis，赛蒂斯，
Timon，蒂孟
Titans，提坦巨人
Troenzen，特洛埃塞，
Tydeus，提丢斯
Tyndareos，梯达瑞斯
Tytios，蒂提奥斯

X

Xeniades，塞尼亚德斯，
Xenophanes，赛诺芬尼

Z

Zeno，芝诺